U0148956

童真著

童真自選集之三

樓外樓：短篇小說下集

文史哲出版社印行

國家圖書館出版品預行編目資料

樓外樓：短篇小說下集 / 童真著. -- 初版. --
臺北市：文史哲, 民 94
頁： 公分. --（童真自選集；3）
ISBN 957-549-631-0 (全七冊平裝) -- ISBN
957-549-634-5 (平裝)

857.6

童真自選集 3

樓 外 樓：短篇小說下集

著　者：童　真
出版者：文史哲出版社
http://www.lapen.com.tw
登記證字號：行政院新聞局版臺業字五三三七號
發行人：彭正雄
發行所：文史哲出版社
印刷者：文史哲出版社
臺北市羅斯福路一段七十二巷四號
郵政劃撥帳號：一六一八〇一七五
電話886-2-23511028・傳真886-2-23965656
實價新臺幣四〇〇元
中華民國九十四年（2005）十一月初版

著財權所有・侵權者必究
ISBN 957-549-634-5

一九九三年冬，是陳森和我在美國過的第一個冬天，外面大雪紛紛，室內爐火熊熊。

一九九六年盛夏，童眞剛過六十八歲生日，在美國新澤西州自宅後院留影。

一九五五年冬（民國四十四年）初春，童眞獲香港祖國周刊短篇小說徵文李白金像獎。合影留念。

一九六一年童真與她的四個稚齡兒女留影於高雄橋頭。

一九八三年攝於台中亞哥花園。

一九八七年初冬，童真與夫婿陳森初訪紐約，在世貿大廈最高層留影。現世貿雙塔已毀，背景已不能再得。

約在一九六〇年新春，童眞、陳森與姜貴及司馬中原夫婦在高雄橋頭糖廠宿舍區合影。

一九六四年初春，右起張秀亞、童眞、聶華苓、陳曉薔在大度山東海大學校園內合影。

陳森、童眞、公孫嬿艾雯、朱介凡夫婦、依風露夫婦在台北朱介凡兄住屋前合影。

一九八八年春，童眞與長子、長孫、次子夫婦合影於潭子老宅門前。

一九九六年炎夏八月，童眞與夫婿陳森及四個兒女攝於新澤西州女兒家後院。

一九九八年秋，童眞與么兒一家攝於新澤西州自宅後院。

二〇〇三年初秋，童真與兄、
嫂、姊攝於上海。

二〇〇三年秋，童真與長子在上
海魯迅紀念館魯迅銅像前留影。

二〇〇一年秋，合家在新澤州自家客廳合影。

二〇〇三年十月，童眞在上海城隍廟先祖創業的童涵春堂門前，與分別五十六年之久的姐姐合影。

二〇〇四年夏，童眞在美國著名總統山前留影。

二〇〇四年八月童眞與長媳同遊加拿大哥倫比亞冰川。

民國五十六年（一九六七）五月四日，童眞獲文藝協會頒發的文學小說創作獎。爲今，時隔近四十年，老年童眞首次與此獎合影，並把照片收進「自選集」裡，這表示感謝，同時也給自己過去的努力留下一個紀念。

二〇〇五年五月，童眞與么兒一家留影於寓所。

二〇〇五年八月，童眞與長孫及外孫在屋前草坪上合影。

二〇〇三年秋，童眞由美返台，與幾十年的老友艾雯聚晤。她家客廳雅致清麗，兩人並肩而坐，彷彿時光倒流，兩人都回到往昔的年輕歲月裡。

二〇〇五年九月，童眞由美返台，與老友司馬中原夫婦合攝於台北。

樓外樓——短篇小說下集

一九六五年——一九七四年（民國五十四年—六十三年）

目次

前言

歲月的飛輪不息地奔馳，在悠邈的時間大漠中激起一串細碎清越的鈴聲；記憶卻總是似風似雲，無聲追趕，輕輕拂撫。多少年了，總是忘不了年輕歲月裡炎夏與寒夜的苦寫，瘦弱的我，內心裡卻澎湃著對小說藝術的欲燃的熱情，恍惚中總切盼著，跨上的是匹千里馬，揮鞭響處，馳騁萬里！然而，卻忽略了自己不過是個跛腿的勇士，在夕照下，只映繪出踽踽獨行的孤影！

近十幾年來，我寄身異國，「漂流」兩字，常灼痛我的雙眼，想起在我小小的小說世界中，出現的，也多是一些在「異鄉」「漂流」的人群，而我自己當然也是其中之一個。正因如此，他們的喜悅與悲痛、堅忍與落寞、尊嚴與憤抑、驕傲與偏見、迷惘與失落……曾深深地滲透了我的心；我塑立了他們，也就是想鐫錄下我曾經貼身生活過的那塊土地、那個時代裡的人物與情景。

我是在一九四七年秋，跟隨外子陳森離開上海，來到台灣，至今已有五十八個年頭。陳森在二零零二年秋以九十高齡在美去世，而當年正青春年華的我，今日也早已成爲一個白髮閃閃的老媼。歲月無情，我們這一代人，正逐漸地，更多地、走入歷史。因之，此時此刻，在我仍健朗未凋之際，緊繫在我心頭的，不是我那些早已成家立業的兒女們，而是我的另類兒女—我的小說兒女們。猶憶他們誕生的當時，也曾贏得過不少的掌聲；而今，我勇敢地再次把他們推陳在讀者之前，讓衆多的目光檢視他們：經歷了三、四十年的風風霜霜，他們到底還留存幾許丰姿！

童　真　寫於新澤西寓所
二零零五年八月

搬家、車禍、愛情

㈠日落之前

七月的炎熱像列長梯，步步上昇，而風則是一個懶漢，滯留在下面，不肯前進。於是，天就格外藍亮了，似乎即將化成一汪流質，什麼時候都會嘩嘩地傾瀉下來。

上午的氣溫是三十四度，標準的大熱天。陸其修要在這天搬家。他一點兒也不喜歡這個日子，但他卻一點兒也沒有辦法躲開它。上星期一，他的上司對他說：小陸啊，你下星期六該可以搬家啦；每星期跑來跑去的，多累啊。我已經叫人給你定好了卡車。

然而，說妥上午七時到達的卡車，卻延至九點才到，害得他白等了兩個鐘頭；這筆帳，向誰去算！而且，雪妮還在一邊嗤笑呢！看她那副斜眼抿嘴的模樣，哪像跟他同患共難的妻子？他捆紮到凌晨一點才睡，五點便又起來打點了，而雪妮卻說，你發神經啦，這麼早就起身準備，那個卡車司機是你的親人嘛，他會準時趕來？你養養神吧，別爲了搬一次家，搞得神經兮兮的！他不信。好，現在可不得不信啦。

陸其修的額上是黏嗒嗒的汗水，心裏也盡是一些毛茸茸的慍憤之感。走出大門去時，他就給那個司機來了一個速寫：一定是個生著倒豎眉、三角眼的刁鑽傢伙，把信用當作擦屁眼的衛生紙，順手就丟！

可是迎向他的司機卻不是他所想像的那個樣子。他是一個略嫌肥胖的中年漢子，圓臉上的兩隻眼睛被兩條粗眉壓得細細的，彷彿始終在笑，倒是一副飯館老闆的長相！他一開口就說：「先生，你好啊；我們來晚了一會，請多多包涵。」陸其修的心一軟，責備話也就嚥回到肚裏去了。

兩個年輕力壯的搬運伕，加上司機，加上陸其修自己，七手八腳的，倒也很快地就把所有的東西全搬到車上去了。雪妮像是局外人，一直遊手好閒地站在一旁。她給自己留下一隻衣箱和一個皮包，因爲她不準備隨車走；她還要在鄰居那裏住上兩天，後天才啓程。

她實在是個會享「清福」的女人，陸其修想，一邊看看自己那雙因幾天的捆紮而被勒得粗糙而發紅的手。

車子幾點鐘可以到沙鎮？陸其修問。

大約下午兩三點鐘。司機回答。

陸其修聳聳肩。啊，那時正是一天氣溫的高峰！這會兒——十點光景——陽光已像薄薄的火焰了。他們在火焰中馳駛！在沙漠的烈日下？不，不，沒有那麼嚴重！路上，他們最需要的該是水吧？幸而，他早已把裝著西瓜和汽水的鉛桶擱在最惹眼的地方。

送行的人並不多，惜別之情在炎陽下逐漸褪色。他坐到司機的旁邊，看到車窗外的雪妮正躲在一頂花陽傘下，依然笑盈盈地。他一氣，便把臉轉開了。車子駛出了巷道。兩個搬運伕就這樣地站在那些行李、傢俱的空隙之間，頭上沒有篷，臀下沒有櫈。

陸其修坐在那裏，開始，他只想著這兩、三天中的辛勞，然後，小小的憂慮就如螞蟻般地爬上心來。那套鐫花的玻璃杯襯得不夠好，不知道會不會被震破？有一隻皮箱似乎忘記上了鎖，還有那盆塞在書桌下的茂茂綠綠的電訊草，它那肥佼的葉子折斷了沒有……車子一個勁地前進，他的思想卻忽東忽西地飄旋。他側臉去看司機：司機的臉一無表情，只是那雙眼睛卻比剛才顯得更細了——半睡不醒地！陸其修驀地不安起來。當車子駛近平交道或轉角時，他情不自禁地捏響手指的關節，並且故意咳嗽幾下，來提高司機的警覺。

那個司機還以爲他眞的感冒了，好心地說：

「近些日子，天氣太熱，先生，你晚上是不是開著電扇睡覺的？要小心啊！」

「沒有……呃，呃，是吹了一會兒；我的身子沒有你的壯。」這時，他又不得不再咳幾下——總不能讓人懷疑他是假裝的吧。

司機用力地揚揚粗重的眉毛。「幹我們這一行的，身子不壯怎麼行？還有我後面的那兩個弟兄，一年到頭過的就是風吹、雨打、日曬的生活；我們的日子是一天當兩天用的。」

「一天當兩天用，這話怎麼說？」

「那還不簡單？我們不僅白天開車，晚上也得運貨。就說昨夜吧，我們到深夜兩點才回到公司裏；所以，你說哪，要我們早上七點趕到你府上，怎麼辦得到？」

「唷，你的貨運公司的老闆，也太不講理了，你們可以提出抗議啊！」

「這也不是老闆單方面的事，這是兩廂情願的。我們是貪圖錢多嘛，我們一個月的薪水，怕抵得上一個小公務員兩三個月的薪水！嘿，憑我只唸過初中的，這種工作，哪裏去找？」司機的胖臉上有著顯著的笑紋。他的右手牢牢地抓住方向盤，就如握住一疊厚厚的百元大鈔。

「但是身子是肉做的，不是鐵打的，不分晝夜地在馬路上闖，太危險啦！要錢不要命，划不划得來？」

「誰管得了這許多！你瞧，我四十二、三歲了，還生龍活虎般的，不就不錯了？」司機漫不在乎地超越了前面的一輛公共汽車，然後還回過頭來，得意地對他笑笑。「警察看不到的地方，有時我們車速高到八、九十公里，嘻，嘻，我還不是照樣好好的，你瞧！」

陸其修聽呆了，汗水一顆顆地從額上滾下來。

午飯是在路邊的小餐館裏吃的。

大夥兒只歇了一會，車子便又開動了。夏陽黃熒熒的，一路燒過去。司機的臉重又一無表情了。陸其修坐在他的身邊，依然慄慄悚悚地，有時揑揑他的手指的關節，有時則咳嗽幾下。下午兩點三刻左右，車子駛到沙鎭的一座小樓房旁，黑黑的大輪子才又熱又累地休息下來。兩個年輕的搬運伕從車上跳下來，臉和胳臂都是黑油油的，其中一個邊拉欄板，邊罵：

「鬼天氣，熱得簡直在熬人油了！」

「罵個屁，在家種田不也一樣熱？」另一個頂了他一句。

陸其修打開屋子的大門。三、四個人又是馬不停蹄地把一大堆的東西從車上搬到屋子裏。大家都呼呼地喘著氣。陸其修把幾隻櫈子和一張矮桌挪到門外。此刻，朝東的屋子正好倒下一大片陰影在那裏。他劈開西瓜，衝著屋裏喊：

「喂，今天你們辛苦了，快歇下來，吃點西瓜吧！」

司機和搬運伕洗了手、臉，用毛巾擦著，走出來。那個愛埋怨的搬運伕，一腳踩在櫈子上，拿了一塊西瓜，狠狠地咬了一口：

「這活兒我幹得有點膩了，整日整夜地獃在轟隆轟隆的車上，把命交給了別人；以後有機會到高雄的碼頭上去幹活兒，可能還要掙得多些！」

另一個又跟他抬起槓來：「你不想幹就別幹，誰也不會拖住你的，反正想吃這碗飯的多的是。我哪，倒是一乘上車，連天塌下來，地陷下去，都不管！」

「你當然啦，沒有老子、娘要奉養啊！」

司機聽了有點兒生氣：「嗳，嗳，誰喜歡車子出事？我家裏還有老婆、兒子，我肯丟下他們？要說出了車禍，還不是由我一人來頂罪？」

呯的一聲，一塊西瓜皮給丟進鉛桶裏。

「前幾天，你還說，天氣熱，車子開久了，睏得就想打盹！」那個不服氣。

「不錯，我好想在車上打盹，但我卻硬挺著，沒打盹呀。我一睏，就停下來灌冷水；我可沒打盹啊！」

「可是，說不定，有一天，你……」

「有一天，我賺夠了錢，就不開車啦。」

又有兩塊西瓜皮給扔進鉛桶裏。陸其修也跟著把自己的一塊扔了進去。

「我嘛，反正早晚要離開的，秋天不走，冬天走。哈哈，到時候，你們就會曉得我的打算沒錯。」

西瓜在口中融化，變爲汁水；言語從口中出來，在陸其修的心上凝固，成了重荷。他們三個繼續啃著西瓜，只陸其修一個坐在那裏。他看看司機的圓臉：臉上那對被粗眉壓細了的眼睛——一闔上，就會睡過去似的。他雖盡力抗拒著，但那種毛茸茸的感覺還是勝過燠熱，緊貼著他。可不是，他已然看得很清楚：今天，他是鴻運當頭，總算逃開了一場大難，但另一場不屬於他的車禍卻是伸手可觸——那陰影就落在司機的沉重的眼皮上。在日落之前，那車子駛走了。那疲乏的司機，那疲乏的眼皮。他很想在開車時打一會兒盹。他眞的這樣渴望著。於是，眼皮垂下來了，臉就伏到方向盤上……沒有關係。警察沒有看到他……天太熱了，他沒有好好地睡過……對面駛來了一輛車子……在日落之前，那車子，那些人，就破碎了。在日落之前，那鮮血濺得猶如打爛了的西瓜的汁水。在日落之前……

陸其修猛可地站起，幾乎要嚷出聲來。

胖司機好脾氣地望著他，一邊抹著嘴巴。「先生，多謝，多謝。那西瓜眞不錯。」

在日落之前……在日落之前……陸其修只聽見自己內心澎湃的呼喊。

「先生，熱天搬家可眞累，你也辛苦好幾天了吧？」

陸其修一驚，忙說道：「噢，噢，累是累了點，但總比不上你們整年累月的累。你們才是眞的辛苦了。」

「好說，好說！」司機看了看手錶。「我們又得上路了。」

陸其修兩手一攔，擋住他：「何必這麼早就上路？太陽還這麼猛，再歇一會。」

「我們想先趕一路程，到別個鎭頭上吃晚飯。」

「啊，那就更不用急了——晚飯由我來作東。今天中飯很怠慢，晚飯該吃得像樣些。你們這會兒歇歇去。等會，在飯館裏，我要好好地點幾隻菜請你們吃一頓。」

三人互望了一下，簡直有些不相信。

「意思意思，沒什麼好客氣的。這次搬家，沒打破東西，眞是好運氣。在日落之前，大家千萬別走！」

胖司機很有禮貌地向他深深一揖：「謝謝你，先生，你眞是個大好人呢，我還是第一次碰到……」

陸其修開始抹去自己額上的汗水。「大家快歇歇去——客廳裏有的是地方，先好好睡一覺。」

陸其修自己又在門外站了一會，望著卡車的大輪子，不由得打了一個寒噤。

在日落之前，在日落之前……他囁嚅著。幸而我及時想到，否則，一場車禍……會發生在……日落之前。

㈡奔馳的夜晚

現在，胖司機和搬運伕都走了，是淺墨色的夜的時刻。陸其修把屋子裏的燈統統捻亮了。盈溢的光，一種無聲的熱鬧。他不止一次地從樓下走到樓上，又從樓上走到樓下。這麼一大堆東西，他簡直不知道如何去安置，正如幾天前，他簡直不知道如何去整理一樣。以前，他認爲雪妮一定會分擔一半的搬家工作，而事實上卻是她根本推著不管。這次搬家把雪妮的自私和懶慢全抖了出來。要是她果眞沒用，但此刻至少也可以跟在他身旁，替他跑跑腿、打打氣，但她居然丟下他，躲到朋友家裏去了——說不定在他忙得焦頭爛額的時刻，她正在喜孜孜地摸牌呢！要說她愛他，他怎麼能相信？

他好睏。他已有幾天沒好好地睡覺了（幸而他不是司機），今天，無論如何，他要舒舒服服、安安穩穩地睡一夜。對了，現在事情總算有了頭緒了。他首先要做的事，就是鋪好床、掛好蚊帳。蚊帳是極淺極淺的水紅色，像一束霞光，而床單，陸其修忽然感到，今夜的床單一定要湖綠色的才好。霞光下的一片澄水，恬熙澹靜，他今夜需要的就是這種氣氛、這種心境。婚後三年，雪妮選中的床單都是粉紅格子的、棗紅格子的，或者咖啡格子的，他眼前看到的就是這幾條，而他所要找尋的那種色澤，喔，他記起來了，是屬於他單身時代所用的那張床單的。那個時代的生活，現在想來，彷彿已很遙遠了。那麼簡單，租一個小房間，有張床、一口櫥以及一桌一椅就行。傢俱清一色是房東的，他自己只有一個鋪蓋、一箱衣服和一箱書籍而已。他雖然常搬家，卻從來不曾爲它煩惱過。那條湖綠色的床單總能帶給他以一夜的酣睡與一個平安的開始。他希望今天晚上也能這樣。他知道自己常在祈求平安。就說今天，他苦苦地留住司機和搬運伕，要他們小睡，請他們吃飯，無非是想使他們無災無禍，也使自己內心獲得平安罷了。啊，在這個熙熙攘攘的世界上，平安是越來越成爲珍品了。

然而，陸其修卻馬上感到苦悶不堪，因爲他已記不起來婚前那條湖綠被單給放在哪裏了。該不會被雪妮撕開，當作抹布了吧？雪妮經常自作主張。她自以爲比他聰明。她老說他這樣不對，那樣不好。他總是容忍著，因爲他不喜歡爭吵。

陸其修把好幾隻皮箱都打開來看看，但全沒有。他沮喪得很，而且，也委實太倦了，就十分勉強地把咖啡格子的床單鋪上去，然後，熄去了燈，重重地倒到床上。他只感到那床單就像一堆枯草，令他混身都不自在。

他終於睡去了。恍惚是在船上，巨浪蕩蕩，把他沖到一片嶒棱棱的削崖邊；又恍惚是在卡車上，司機在打瞌睡，車子骨碌碌地滾下山谷去，身上是自己以及別人的鮮血！然後，他恍惚是在馬上，駿奔於山野間，一不小心，猝地竟把一個從路旁閃出來的老人撞倒了。而當他躍下馬背時，卻發覺那不是馬，而是摩托車。

他醒來時還在喘息、顫慄。窗外傳來賣餛飩麵的叫喊聲。還未近午夜呢，而他在短短的兩三個鐘頭的睡眠中，卻爬山越嶺地驅馳了千百里！

他感到口渴，就起身走到樓下，把水瓶裏的冷開水全喝完了。望向窗外，看見那個賣餛飩的，亮著一盞電燈，就憩在這屋子的不遠處。

他委實有些餓了，而且，屋外的涼爽也引誘著他。他開門出去，在攤子旁邊坐下來。有一個老人已先他坐在那裏。老人的左臂吊著繃帶，癯瘠的臉容透露出病後的衰竭。看到他，似笑非笑地牽動了一下嘴角。攤主人一邊抹著鋁板，一邊問他：

「先生，你今天剛搬來的？」

「不錯。」

「太太還沒有來？」

「她有事，要遲一兩天才來。」

「這一帶我最熟悉，誰走了，誰來了，我全清楚。這一帶的人，晚上餓了，都吃我的餛飩麵。像這位老伯，一個月倒有二十來個晚上在我這裏吃宵夜。」攤主人哈哈地笑著，替自己作宣傳。「以後，先生，你也會吃上癮的。」

「噢，是的，一定！」陸其修應著。「早上，你賣不賣早點？」

「早點？呵，我專做晚上的生意。先生，你晚上吃得飽一點，早上就可以馬虎一點。當然，要在這一帶吃早點，也很方便。大約早上六、七點鐘，那邊轉角的地方，有一個賣饅頭、豆漿的，也很不錯。」他把一碗餛飩麵放在陸其修的面前。「先生，你嚐嚐，雖然肉貴了，但我用的還是上好的腿肉。」

陸其修笑笑、點點頭，又跟老人笑笑、點點頭。老人依然陰陰地咧一下嘴。陸其修感到自己像個小丑，尷尬得很。他新來這裏，急想結識幾個人，但老人似乎並不歡迎他。老人吃完了，丟下錢，也不打一下招呼，就走了。陸其修目送他彎入隔壁的那條巷子裏。

「那老先生就住在你家附近。」賣餛飩麵的說。

「他好像不愛說話。」陸其修說。

「碰上車禍以後，他的心情一直不好。你看到他的左臂沒有？」

「是不是骨頭斷了？」

「是啊，醫了個把月了，還沒有全好；看樣子，即使好了，遇到陰雨天，也準會酸痛的。」

「被卡車撞的？」陸其修又想起了卡車司機的細眼睛。

「被卡車撞還得了，早就沒命了；是被摩托車撞的。那天也是他的運氣不好，晚上去看朋友，回來時，在公路上被一個年輕的摩托車騎士撞到了。」

陸其修吃完了餛飩麵，回到屋內，更感到悶熱得像下了礦坑。那樣的天氣，晚上應該下場驟雨才對。白天塵沙飛揚的柏油路，也該用雨水洗一洗了。落雨的晚上，燈光會被雨水撕得很長、很美。他喜歡那情調，他喜歡披著雨絲，騎著單車去蹓躂，兜攬那雨夜的詩意。

燈已經熄了。陸其修坐在床上，不想躺下來。咖啡格子的被單在他心中所造成的惶惑感仍然存在。今夜註定是不能恬甯了。他依舊很累，但卻沒有睡意。他閉著眼。在許多物件圍繞著的孤島上靜坐，耳畔只聽見車子在轟隆轟隆地疾駛。是細眼睛胖司機所開的卡車。是年輕騎士的摩托車？那麼多的車子在奔馳，加上在那個下雨的晚上自己駕駛的那一輛。那件事，他從未細想過，因爲它始終陷在飄忽、朦朧裏。黑夜、細雨、酒意交織成一個網；他在網裏，又似在夢裏。現在，他要掌起一盞燈，探索著走進網裏去。

大概是在一個多月以前吧。初夏的單身宿舍裏，夜晚是既熱鬧而又孤孑的。晚飯後的一段時間裏，大家坐在寬寬的長廊上，談天說笑，雖然他並不喜歡那裏的每一個人，甚或不喜歡那裏的情調，但他還是參加了進去，因爲白天的工作需要去忘記，白天的燠熱需要去舒散。在那一時刻裏，大家都像成了流浪漢，忘記了明天，也忘記了家累。於是，悄悄地，有一個人回到房間裏，換好衣服，去看電影；接著，又有二、三個人起身離開，去打牌了。走廊上突然冷清下來。有人想起還有一封家信要寫呢！留下來的一兩個，馬上感到即使在夏夜，單身宿舍也是這樣地淒寥。

他是屬於最後離去的一、兩個。想回到臥室裏去看一會書，卻又收不起心，而小鎭的電影院裏又沒冷氣，所以他也不願去受這份熱罪。因此，他就把兩條腿掛在廊外，坐在那裏，注視著夏日小院的黑夜。白天裏鮮紅的燈籠扶桑和淡紫的繡球花都融在黑暗裏了。他彷彿聽到一點水滴從葉上滑下，他把手臂伸到廊簷外，才發覺天已飄起牛毛細雨來了。

一陣莫名的喜悅衝了上來。彷彿回到少年時代，夏日在運動場上跑步，無數雨點洒下來，淋涼了火熱的身子；跑完了，簡直想擁抱一下亮晶晶的雨。單車全放在車棚下，同學們都喜歡騎著車、頂著雨絲、瀟灑地回家去。此刻，在夏夜的細雨中，他也願意再去享受這份灑落與無羈。

於是，他匆匆地站起身，走到門廊那兒一看，只見單車都給騎走了，只剩下一輛摩托車在那裏。撫摸著車子光滑的把手，思量了一下，畢竟他在不久之前已經考取了駕駛執照，就不妨駕著它去兜兜風。車主人當然滿口答應，於是他就騎著車子出來了。雨，細、柔、涼，像愛人的手指，馳著，馳著，他想起妻子雪妮來了。那種思念在雨中竟變得如同火焰那樣熾烈，於是，他就在鄰鎮小攤子旁停下來，叫了兩碟滷菜和一瓶紅露酒。慢慢地啜，慢慢地吃，反正單身宿舍裏正被孤獨侵佔著。喝完了酒，人就感到輕飄飄的，把思念和煩惱全拋開了。雨還是剛才的細雨，夜卻已經深了。摩托車駛上了回程的路。黑烏烏的夜，滑油油的路，軟綿綿的雨，混淘淘的他。車子飛馳著，飛馳著，一個人影出現在車燈的光圈內，於是，他聽見有人驚叫一聲，然而車子還是往前馳去了。他的大腦麻木得沒法思索。第二天早上醒來，他分辨不清那是不是夢？

現在，他靜坐著，而夜卻在奔馳。他的心境十分清明。他步步追憶：那天晚上出現在他車前的，確實也是一個老人，而且也是在同一段的公路上。自然，那時，他根本沒有看到那老人是不是被撞上了，然而，根據一聲慘叫去推斷，那不正是他被撞上的訊號？那是說，像他這樣祈求平安的人，竟也糊里糊塗地幹下了一件罪行：撞傷了人，然後駕車潛逃。

在下半夜裏，那條咖啡格子的床單上似乎鋪了一層荆棘。陸其修輾轉不能入睡。現在，他的心眼越來越明亮。他幾乎可以看到老人被撞倒在公路上的扭曲痛苦的模樣，而且，他還聽見了他的呻吟，看到了他的鮮血。他凝眸瞪視，發覺那個老人被撞傷的也是左臂。

在夜晚的冗長的探索中，使陸其修獲得一個結論：剛才在餛飩麵攤前遇到的那個「斷臂」老人就是那個雨夜裏的犧牲者。

㈢兩個年輕的騎士

早上起來，陸其修還是沒有心情去整理東西。七點半左右，他去外面吃早點時，在饅頭、豆漿攤旁，又碰見那個左臂吊著綳帶的老人。他立刻臉兒通紅，心臟猛跳，感到對方似乎已經清楚了他的底細。

「老先生，您早！」他說。

老人僵硬地咧一下嘴，沒說什麼。

吃到一半，陸其修又說：「老先生，您的手臂……」

「被摩托車撞的。現在的年輕人專愛開快車，眞不像話！」不開口則已，一說話就怒氣沖天。

「現在是不是快好了？」

「好？有那麼容易！一撞上，我就知道好不了。六、七十歲的人了，沒把命送掉，還算是運氣呢！」

饅頭和豆漿全梗在陸其修的胸口。老人離去後，他到食品店裏買了兩罐奶粉，悄悄地彎入老人居住的那條巷子裏。

「老先生！」

老人看到他，吃了一驚：「你上這裏來，找誰啊！」

「我是專來拜訪您的。老先生，沒想到事情這麼巧，我搬來這裏就碰上了您。您的手臂……是的，今天，我想好好跟您談談你受傷的事。」

「那有什麼好談的？好不了就是好不了！你不必可憐我，即使我的手臂不靈活，但我相信我還能再活十年、二十年！」

「老先生，我是說，那天晚上，天這麼黑，路這麼滑……」

「天下毛毛雨嘛！」

「可不是，我一點也看不清楚。」

「奇怪，這干你什麼事？」

「我想，您是被我撞倒的。我昨天晚上細細地想了好幾遍，相信您一定是被我撞倒的。老先生，您先讓我說完。那夜我喝了一瓶酒，以致把車開得快了些。這的確是我的錯。不過，我實在不知道把您撞倒了，否則我是不會逃跑的。」

老人忽然笑了起來，呵，呵，呵，呵，使陸其修怔住了。

「先生，你大概爲了搬家，幾天沒睡好吧？」

「是的，我幾天沒好好睡了。不過，那次車禍，無論如何應該由我來負責。」

「你好好睡覺去。睡飽之後，再細細地想一想。噢，還是讓我來告訴你吧。那夜，撞倒我的年輕人，並沒有逃走，他當即把我載到醫院裏。撞倒我的並不是你。你快去睡吧！別胡思亂想了。我不騙你。的確不是你把我撞倒的，那年輕人已經賠了我一萬元的療傷費。你快去睡吧！」

陸其修緩緩地走出巷子。這是早上？當然，沒有錯；陽光正從東方射過來。可是老人卻叫他去睡，一再地叫他去睡，難道他眞的這樣神志不清？他沒有撞倒那個老人，那末，他撞倒的會是誰呢？而他在長長的回溯、推斷中，確實感到自己是撞上了人的。他不願自己逃避罪行，因爲他不願夜復一夜地去追憶，去懺悔！

陸其修回到屋子裏。七月的炎威四面八方逼迫他。他有點兒頭痛，也有點兒昏暈。打開紙箱，他把立扇拿出來，放在客廳的正中，朝著自己沒頭沒腦地吹，一邊望著那些散放在屋裏的東西。什麼時候才能把家安頓好——誰管得了？雪妮管了沒有？他現在還有更重要的事呢！他到底撞上了誰？

此刻，他又得重新追憶、仔細探索，那件事究竟發生在六月裏的哪一天？十？十八？二十？一點也記不清了。他又把月曆找出來。十六是星期日。不可能；他回家去了。十八星期二。他那天上午爲了一點公事跟同事爭吵了一次，晚上寫了一張簽呈，只是寫好撕了。十九？

可能是十九日的晚上，又好像是二十日的晚上，只記得第二天，他宿醉醒來，瞧見同房間的同事開著收音機對時，對方戴的是日曆錶，他問了一聲：今天幾號？那個同事回答：二十。啊，該是十九日晚上的事！

陸其修覺得自己就像偵探一樣，抽絲剝繭，一點一滴都不放鬆；這個自己在偵查另一個自己。案子本來撲朔迷離，現在卻已逐漸開朗。日期、時間、地點，都出來了；剩下來的，只要他到鎮上的派出所去，問清楚六月十九日晚上十一時左右，在鎮外的公路上，誰被機車撞倒了？

他在沙發上小睡一會。中午，他在飯館裏飽餐一頓，然後走到派出所去。那時午後一點半，溫度是卅五度。

「警察先生。」陸其修邊擦著汗，邊說。

「什麼事啊？」那位警員說。

「我想請你查一查；我想來想去，只有在你們這裏才查得出來。」

「找人嗎？我們這裏有流動戶口登記。」

「不是找人——啊，也可以說是找人——我只是想請你查一查，上個月在這一段公路上發生的一樁車禍。」

「車禍？」警員挺挺腰板，嚴肅起來。「哪一天？你是想找車禍的肇事人？」

「不是，是受害人。上個月十九日深夜十一時左右。」

那個警員開始翻看著案卷，但怎麼也查不出這樁車禍來。

「你確實記得是在十九日的深夜？」

「不錯，那天夜裏，我喝了一點酒，在這段公路上騎摩托車。」

「你是說，你撞倒了人？」

「我想，我撞倒了一個老人。」

「那末，你當時爲什麼不報案，現在才來？」

「當時，我不知道撞上了人。現在，我越想越認爲我是撞上了人。」

警員對他上上下下打量了一遍，笑著：「不過，我們對於這一帶所發生的車禍，是絕對不會沒有記載的。六月裏，從十六到二十二這一星期中，這段公路上沒有發生過大小車禍。」

「這……」陸其修感到很困惑。

「天太熱，你還是到冰果店裏去喝杯冰水吧。如果還是覺得不舒服，我看，你最好還是找個醫生看一看。眞的，這天氣太熱了。」警員說。

(四)一箱子的愛情

陸其修有一種嗒然若失的空虛。他又走在陽光下。燃燒的陽光。難道他眞的熱得快要病了？似乎不見得。不過，冰淇淋和檸檬水的確都很誘人，比家裏的白開水要可口得多。他進入一家冰果室裏，要了這兩份冷飲。

在冰果室的一堵牆上，右首畫著一叢綠蔭，中間是草坪，左首則是海灘。有幾個男女在散步、嬉水。在淡幽幽的燈光下，看起來，景物都很逼真。陸其修徐徐地啜著，看著。他感到迷惘。現在，對於眞與假，他有點兒分辨不清。

他一直坐著，坐著。冰果室裏的情調似眞似假，倒很吻合他此刻的心境。他又要了布丁和牛奶。他願意多坐一會。突然他發覺，他並不想回家去。他現在的家亂得像個堆棧，看來也不像是眞的家，而且，雪妮也不在那裏。他不想回去，也不想把家裏的東西全安頓好，他一定要留一點給雪妮去整理，不管她明天回來，或者後天回來，甚至是哪一天回來都好！

雪妮這一次的作風，實在太令他不滿了；她簡直一點兒也不像從前跟他通信的雪妮。

雪妮的家在香港。

他今年廿九歲。廿三歲那一年，他開始跟十九歲的雪妮通訊，他們是筆友。他們在信中談愛好、志趣與個性。最初是一個月一封，交換一些郵票和風景卡。半年後，是十幾天一封，話題越來越廣泛，談的事情也越來越細碎。最後是一星期一封信。雪妮在信中所顯露的是個細心、體貼、聰慧的女孩，而在照片上所顯示的，又是一個姣美的女孩。他是深深地愛上她了，而她也是。三年後，她來臺灣跟他結了婚。他們兩人往返的書信，合起來總有近百封，現在一同給放在一隻結實的木箱子裏。眞是一箱子的愛情！

婚後不久，他們有了齟齬，但過後又和好如初。婚後的雪妮不會燒菜，不會理家，而且有時也很暴躁，加上這一次搬家她所表現的，使他更感到眞實的雪妮跟信中的雪妮有一段很大的差距。他唸大學時就有一個文筆很差的同學請另一個同學寫情書。雪妮以前寫給他的許多信，會不會是另一個女孩捉刀的？至於他自己，愛的本來不只是照片中的一張臉，而是那些信——一個人的心靈！

假如是這樣，那他是愛錯人了，他愛的並不是眞實的雪妮，而是她的幕後人！然而，這件事情的眞假，又如何去分辨？

陸其修一直坐到五點鐘才離開冰果店，在街上兜了一圈，便又彎進小館子裏去。或許是因爲一下午喝得太多了，他沒有一點兒胃口，叫了一碗牛肉麵，卻只揀了上面的幾塊牛肉。

晚上又得吃宵夜了，陸其修想，走了出來，心裏空空的。他去小學的校園裏坐了一會。有點兒微風，空氣中有含笑花的香味。有一個貪玩的孩子還在盪韆鞦。然後，他又站起來，走回家去。天色將黑未黑，七月之暮像一匹拉不完的灰色薄紗，持續了很久很久；它又像不散的漫天輕霧，使許多事物都陷在一片混沌中。陸其修打開門，也不開亮屋內的電燈，一直走到浴室裏，洗了一個淋浴，然後走到樓上，在床上躺下來，望著那抓不住、碰不響的深深的灰色。

於是，他聽到，屋子的門被人推開了，又急又響的皮鞋聲敲在客廳的磨石子地上。女人的皮鞋聲，是雪妮的？他正想否認，就聽見雪妮在樓下高聲喊：

「其修！其修！」

他不動，也不吭聲，突然皮鞋聲沒有了，卻聽見有人赤著足跑上樓來，推開了臥室的門，扳開了門邊的一個開關，開亮了房東裝在那裏的一盞五瓦特的壁燈。一室的朦朧燈光！

「其修，其修，你聽見我在喚你嗎？你怎麼不答應？」雪妮赤著腳，站在房間中，有點兒喘吁吁的。

陸其修依然不動，依然不響。他看清是雪妮，但隔著那段距離，雪妮的清晰輪廓依然融在一團暗黃中。

「其修，你怎麼不應我一聲？我找了你一下午了？我好心急，我碰到一位老先生，他說，你精神不好，幾天沒好好地睡了。」

「……」

「其修，應我一聲好不好？你還在生我的氣？我知道自己錯了；昨天晚上，我住在朋友家裏，就知道自己不對。我好想念你，就早早地趕來了。你應我一聲，其修！」

陸其修瞧見雪妮慢慢地走近來。她赤著腳。她的臉越來越清晰了，他看到她敏慧的眼睛，柔滑的嘴唇。她的瑩潔的面頰貼上了他的。

「其修，我愛你，應我一聲。」她細聲地說。陸其修把一條手臂伸過去，環住她。他們兩人緊挨著，躺在床上，望著那七月的暮色。

一九七四年（民國六十三年）八月

母親的理想屋

那是一條我從未走過的小徑。

「當然你沒有走過，所以我今天要帶你來。」母親說。她沒有轉臉看我，但竟知道我想的是什麼。她是個溫和卻又細心的人。

那條泥路傍著水利渠一路前進。水利渠不過六、七尺寬，在初夏的季節裏滑流著一層薄薄的清水。在泥路迂折處，常有一叢白色芬芳的薑花或一簇金紅耀眼的美人蕉，我好想停下來，先摘幾枝，好讓我回到家裏以後替那間簡陋窄小的客廳裝飾一番。

可是，母親的步子卻快捷得很，彷彿有股風在背後推著她。我十三歲，她四十五歲，我居然快要跟不上她了。

「媽，」我大聲問，「你有朋友住在那裏嗎？」

「沒有。」

「你是去挖一種藥草嗎？」

「不是。」

「那麼，你可以稍微走得慢些嗎？我快要跟不上你了。」

母親這才回過身來。驀地，她笑了。是對著我笑，還是對著遼闊的田野或者更浩瀚的天空笑？當時，我很難斷定，因爲她是笑得這麼年輕，溶入了田野的黛綠與天空的悠逸。她的目光是這麼亮、這麼柔、這麼深，她一定看到了許多東西——她心裡想看到的東西。

「媽！」我走近她，拉拉她的衣角。

「乖女兒，我們馬上就到了。」

「媽？」

「我今天有點兒特別？」

「是的。」

「不錯，因爲我要讓你看一個秘密。」

「嗬，秘密！」我興奮得叫了起來。

母親牽著我的手。小泥路上，我們母女並肩而行。我想不出是屬於那一種秘密。我父親是某個機構裏的小職員，因爲有四個正在唸書的孩子經常在啃他的荷包，他有時所說的秘密就是：突然從衣袋裏掏出來一袋半斤裝的什錦糖果或者兩個蘋果！那是他加班費的一部分。我們這幾個孩子的歡呼常使這小事變得很隆重。而今，母親的秘密呢？

她在年輕時曾做過幼稚園老師，這時忽然低低地哼了起來：

在那清清的小溪旁，

有座綠綠的小洋房；
當月兒從夜空中昇上，
全家人都在那兒歡狂！

然後，我們走過架在渠上的一座竹橋，她在一塊低陷的田地邊上停住了。

「瞧，就在這兒，就是這塊田，媽不久以前把它買下來了。」

我望著她。我不知道這是爲什麼。

「這有分把田。有一天，我要在這兒蓋一座新屋子。嘿，小乖，一座漂亮的洋房！每個孩子都有一個房間。小乖，你等著，有一天，媽會把它蓋起來。」

「唷，該比現在的房子大上好多囉！」

「當然，當然要大得多。」母親鄭重地說，「嘿，小乖，你聽清楚了沒有？在那座房子裏，每一個孩子都有他自己的臥室！」

這條陋巷其實比那條小泥路寬不了多少，大約不過五、六尺吧，也像那條小泥路那樣曲折有致。我閉著眼睛可以數出那五六個彎兒。騎單車通過這條巷子，鈴聲就會一路地響過去，我也在這條巷內捉過迷藏、跳過繩子、玩過彈子。我本是在這條陋巷裏長大的孩子。

我們已在這兒住了七、八年。以前，我們是住在另一個地方——另一條陋巷。我們不喜歡搬家，因爲寬敞的房子跟父親的收入攀不上交情。我們每每看到漂亮的房子，總用袖口抹一下鼻子，酸溜溜地哼一聲。我們租住的房子是用磚塊砌成的兩房一廳。其中有一個房間，放著兩張雙層床，我們四個孩子——三男一女——就在那兒睡覺，做功課，有時候在那兒玩耍、鬥嘴。母親走過來說：「好了，快靜下來。這屋子快被你們鬥垮了。」這就是我們的家。

屋子很小，母親卻總是打掃得很整潔。她有一張白淨的臉，戴一副珍珠的耳環，頭髮略略攏向後腦，走到街上，一點兒也看不出她是一個住在陋巷裏的婦人。父親常對我們說：「你們的姥姥家好有錢呵！當年給了你們的母親許多粧奩，而且還跟來了一個丫頭。」這時，母親就會笑著阻止：別提了，如今只剩下一副耳環了。珍珠耳環是母親從大陸帶來的僅存的紀念物。當父親和母親閒坐在一起時，他就會伸手去摸摸她的耳環，彷彿那瑩滑的珍珠就是她的圓臉。

陋巷不僅也是在外表上配不上母親，而且是在氣質上，但她卻毫無怨尤地接受下來。成問題的是我們兄妹四個卻無法不怨尤，因爲我們都竄得像春筍那樣地快，一個個都長高到一百五、六十公分了。我們擠在這小小的空間裏，幾乎喘不過氣來。當大哥、二哥相繼升上了高中，抱怨著家裏無法好好唸書時，母親就陷入了沉思。

「委曲你們了，孩子，」母親說，「我早知道有這麼一天的。多年以前，當我們搬到這兒來時，我就想到了。」她說得很輕，語音裏涵著歉意，彷彿這是她一個人的過錯。她是背著父親說這些話的，她怕刺傷父親。

「至少，」大哥說，「兩個人一個小房間還像話。」

「有人還一個人一個房間哩。」這是二哥的話。

母親走過來，摸摸兩個兒子的頭，看看他們的臉，神色安祥而莊嚴。「乖孩子，你們的要求不算過份。我也常常想，如果你們有一個比較寬敞的房間，一定會過得很快樂，書也會讀得更好。啲，現在只好忍耐點兒，將來總有一天，大家會住得舒服些的。」

不久，我就從哥哥的房間裏搬到爸媽的房間裏去睡，因爲大哥已經升上高三了，他常常在學校圖書館裏讀到深夜十點才乘車回家。我更感覺到侷促的房屋帶給我們一家人的壓力與折磨；同時，我還注意到母親總在抽空縫製或編織一些手工藝品。她縫著縫著，忽然停下來，望著前面笑了。她爲什麼笑呢？直到她帶著我去看過那塊低陷的土地以後，我才知道她是在計劃——或許她搬進陋巷的第一天就開始在計劃了：計劃一個新家。

母親跟我雖然興奮，卻有一個默契：不把這秘密洩漏出來。那兩天，我們特別快樂，兩人交換眼色時的那份得意，可別提啦，害得父親看到了禁不住問我：

「小丫頭，你到底撿到了什麼，樂得這個樣子？」

隨後，父親便在母親的身邊坐下來。他翻看著報紙，一面伸出右手，習慣地想去摸母親的耳環。猝地，他驚叫起來：

「啊，你的珍珠耳環呢？」

母親低著頭在編鈎一朵絨花，靜靜地說：「我把它們摘下來了。」

「你戴了二十幾年啦，從來沒有離開過，怎麼一下子想把它們摘下來了？」

「我倒是覺得戴著也實在沒有多大意思。這麼多年，連珍珠也有點泛黃了。你看我這樣不是反而顯得乾淨清爽些？」母親把幾絡頭髮掠到耳後去，露出兩個光滑的耳輪。

「小丫頭！」父親還不肯罷休，回過頭來對我說：「或許是你想出來的主意。你一定知道你媽把耳環放到哪兒去了，快替她拿來！」

我愣住了。老實說，這兩天我根本就沒注意過媽的耳環；我光是想著美好的將來，一項豐碩的收穫。

母親把絨花放到桌上，也把父親手中的報紙放在桌上，然後整了整坐姿：

「這是一個秘密，我已把它賣了，買了別的東西。」

「買了什麼？」父親緊張地問。

「我只是買了一小塊田地，以後用來蓋屋子的。我的私蓄不夠，只好把耳環湊了進去。」

大家都驚呆了。父親彷彿想祈禱似地，閉了一會眼睛，然後說：

「我很慚愧，這本是我的責任。這些年來，我枉做了一家之主。我只是一天挨一天的，從未爲明天打算過。我知道陋巷的環境差，我知道屋子不夠大，但我對自己說，那是沒法改變的事實，因爲我怎麼也升不上去。我安慰自己以及勉勵孩子知足常樂。我自以爲已經做到了一切，但我忽略了一件事：我從來沒有計劃。」

母親拉拉他的胳臂：「你說這一套幹嗎？你本來就是一個好丈夫、好爸爸呀！我只不過盡了我的一份力。隔天，我帶你們去看那塊田去。」

「可是，我以後卻再也看不到你戴著珍珠耳環的俏模樣了！二十幾年前，那時候，只你和我，你正年輕，戴著一副珍珠耳環……」悄悄的尾音在小屋裏幌動不散。此刻，映在父親瞳仁裏的，也許正是青春年華的母親！

畢竟歡欣還是超過了惆悵。希望像一頭闖進來的五彩鳥，在屋內四處低掠、飛撲，添上了似光似影的繽紛。星期日的上午，全家人就作了一次小遊。二哥扛著鋤頭，他要在田地的一個角落上植一株鳳凰木，因爲有一天，那兒會是他讀書、乘涼的好地方。

那塊低陷的長方形田，大約有兩百多坪，全家人對它的意見並不一致。

「太低了一點，」大哥說，「以後下大雨時，水都會灌到屋子裏來的。」

「可以用客土呀，」父親說。「在我們浙東老家，祖父用來造那座大房子的土地原先就是這樣。他那時只是選中了它的風水好。他說，客土一下也就好了。我就記得他這麼說過。哈哈，香港還在塡海呢，我們這兒用上一點客土，算得了什麼？」

「我喜歡掘個養魚的大池塘，用挖出來的泥土來糞屋基，那不是一舉兩得嗎？」三哥是個調皮蛋，有時卻有驚人的高見。

腳踏實地的二哥這時已經種好鳳凰木，回到我們旁邊。「土壤不壞，只要過兩三年，鳳凰木就會長得一、兩丈高了。以後，夏天在家，嘿嘿，搬一張籐椅在綠蔭下一坐，哪兒也比不上！」

母親只是靜靜地淺笑著。「地是太低了一點，只是貪它便宜，所以才把它買了下來。今天老二種了樹，過幾天還要你們幫我鋤鋤地，我想先種些雜糧。」

而在小屋裏，我們兄妹四個卻依舊爲空間的狹隘而爭吵、抱怨。不同的是，每個星期日上午，只要不是下大雨，除了大哥，我們都全到田裏去工作。那年，我們種了玉米和甘薯；第二年，我們種了花生、綠豆和番茄。我們的家庭正需要這些來補充。「這是第一步，」母親說，「我們會慢慢邁向理想。乖孩子，你懂不懂，沒有一種理想不是慢慢地實現的。你每次去田間，你可曾注意到：二哥種的那棵鳳凰木正在漸漸地長高？」

但我們仍然住在陋巷裏；單車馳過，整條小巷就被鈴聲串了起來。那幾年，日子像鈴聲那樣一串一串地過去，而大哥和二哥也先後上了大學。冷天裏，冬陽煨暖了小屋的南窗，掛一幅淡金的帘帷在窗前，母親就坐在那兒編鈎：絨花、圍巾、絨線帽、披風、桌巾……暖陽下一張白淨的圓臉，刻著風霜，也亮著希望。笑花在光中徐徐展開，它灼醉了我的眼睛。

我輕輕地喚她一聲，應和我的是慈和的一瞥。「有一天……有一天……」一種音響迴旋在母親的心裏，也繚繞在我的耳畔。有一天，炎夏裏，在翠羽疊成的鳳凰木下乘涼，紅花飄落，驚動了池中的魚。寬大的客廳裏，幾張座椅之旁是些靈巧的凳子。冬夜裏，一盆爐火是個自製的小太陽，長大的孩子們圍爐而坐，舒吐著在外歲月中的一些趣事與辛楚。然後，大家都回到各自的房裏，那是童年時代不曾觸及過的敞曠，而她做母親的，終於給了他們。

坐著，在小屋的南窗之下；坐著，在碧碧的樹蔭之下；坐著，在竄躍的爐火之旁。到底坐在哪兒？她已經分不清了。哦，母親！

陋巷不變，巷口的大街卻在蛻脫它的舊容。已經蹲了二十幾年的低低街屋像被一陣風暴摧毀了似地，在短短的一、兩個月內便被拆去了大半。於是，沙石堆積，塵土飛揚，鷹架高聳……有一天，它們從蛹裏出來，已經是漂亮的兩、三層洋樓了。

巷口右首的第一家，本是個木工作場。店門前擺的盡是一些沉實的衣櫥、大床，精巧的床頭櫃、桌子、椅子、凳子和成批成批的沒嵌玻璃的窗架……。晴天裏，小徒弟一早把微黃潮濕的新木板一塊一塊地掮出來，擱在巷子邊上晒太陽，到了傍晚，又收回去。蓋新房子的人很多，木工的生意十分興隆。母親有時會在店面前停下來，探詢一下各種木材的價格，辨認辨認木材的好壞。

「李太太，你們什麼時候蓋房子啊？」蔡老闆問。他的大女兒比我低一班，我現在已是商專的學生了。「到時候，我替你們做門、做窗、做櫃子，手工一定特別好。」

「謝謝你，我想也不會太遠了吧。我的老大已經大學畢業，等今年他退了役，老二也快唸完大學了。他們是靠將大學金和家教來唸書的。這幾年裏，這兩兄弟也沒花我多少錢；等他們兩人都能賺錢了，家裏就要寬裕多了，你說是不是？」

「是呀，李太太，蓋了新房子，以後就要娶媳婦啦，那多體面！」

「哦，當然，以後還要買家俱哩！」

捨棄了大街的囂攘，彎入陋巷，竟然也有一份清恬之感了。我傍著母親走，問：

「蔡老闆很和氣，媽，以後，你眞的要他做新屋的門窗嗎？」

「當然是眞的，老街坊，價錢也要公道些。而且，你也看得出，他的手藝挺不錯。」

「媽，我很喜歡他店裏的那隻奶油黃的小立櫥。你注意到沒有？」

母親想了一想。「喔，我看了一眼，很漂亮。如果你眞的喜歡，在新房子裏，一定替你備一隻。」

「爲什麼不現在買？」

「房子太小了，放在哪兒？你怎麼糊塗起來了？」

「可是，現在哥哥他們都很少在家，連三哥都去服兵役了。一年中倒有九個月是我一個人佔用這間臥室的。多一個小立櫥有什麼關係？」

「不，」母親說，「不。」

「爲什麼？爲什麼不先買一隻，以後，等房子蓋好了，再搬過去？我快二十歲了，我從來不曾有過一口衣櫥。你沒有替我想想！」

「這麼多年來，我也同樣沒有，難道你沒看到？」

「可是，你年輕時有過，你結婚時更有過。我不像哥哥他們，他們是男生，他們可以馬馬虎虎。我是女孩，我要像別的女孩那樣，穿得挺挺括括、漂漂亮亮地出去！」

母親呆住了，我自己也呆住了。我沒有想到我會這麼渴望，這麼激動。是我已經長大了？是的，前個週末，沈來學校看我，我們一同去看電影，然後，在公園裏坐著聊天。當他撫平我外套上一條不應有的褶痕時，我心中大概已經有了買口小立櫥的慾望了。母親不會懂，我也不會說。我已經長大了，而她認為我還是個小女孩。

「媽，我很抱歉。我知道你很愛我。」

「唉，也不全是你的錯。我們家實在需要一口衣櫥，或者說，需要很多別的東西。但我想，這麼多年，我們都忍下來了，還在乎短短的兩年嗎？」

「兩年？我不相信。兩年後，我家怎會有錢把房子蓋起來？媽，大哥、二哥，即使做事，即使做私人工廠裏的工程師，他們的薪水也不可能一下子就比爸多上好多！而且，三哥退役回來，還要讀大學夜間部。蓋幢房子，可要好多錢啊！」

「當然是個大數目，我們不可能盼望天降錢財，所以前些日子，我跟你爸商量多次，他或許可以在服務機構裏貸一筆款子，再來兩個幾萬塊錢的會，這樣，也就差不多了，至少可以不必再買土地。這附近，地價也已經要好幾百塊錢一坪了。這幾年，我們人手不夠，但這塊田已經改種了甘蔗，到底也有點兒收益。」

「媽！」一會後，我又喚。

她停了下來。「你還是想買那口小立櫥？」

我搖搖頭。我只是想問，我們這塊土地已經買了多久了？但是，這實在也是無需問的。陋巷外的大街繼續在變，新樓越來越多。那繁榮似一股泉水，從都市流湧到鄉鎮。許多農田上都建起了工廠，大哥也就很順利地在附近一家化工廠裏找到了工作。我又重把那間臥室讓給他，搬回爸媽的房間裏。大哥還是像高中或大學時代那樣地讀書到深夜。他是我們兄妹中最特出的一個。母親說，以後，新屋裏，大哥的房間將是全屋中最靜、最亮的一間，誰也無權跟他爭搶。她自己寧可沒有一隻壁櫥，也要爲他做上成排的書架。

然而，大哥在工廠裏幹不到一年，就通過了托福等考試，申請到優厚的獎學金。他要出國去了。他這些日子積下來的薪水正好作爲他的治裝費和旅費。

幾時回來？爸媽問他。

「大概是獲得博士學位以後。」大哥回答。

「你知道，」母親說，「以後，新屋蓋成後，有一個房間是專爲你備的。」

「我知道，」大哥邊說邊看他的行程表。「不必爲我過分擔心，我知道怎麼照顧自己，我也會常常寫信回來。」

小鎭拓展著，都市計劃後，小鎭闢了一條十五公尺的道路，那道路恰好跨過我家的那塊低田，削去了三分之一弱的面積。以前，我們去那兒時，水利渠導引著我們，如今，我們可以騎著單車去那兒。垂直的路把田地拖近了。從未想到那兒離街道只有五、六分鐘的路程。父親在前面，我載著母親。路是那麼坦蕩，天是那麼亮藍，彷彿人生中所有的崎嶇、墝埆都已遠去，悉心經營的幸福就在眼前。二哥種植的那株鳳凰木仍在那兒。我們惟恐它長得太高、太大，擋住了農作物應該吸收的陽光，所以每年還叫二哥把梢頭鋸去了些，使它主幹粗壯，枝葉密集。

父親說：「闢路把田削掉了些也好，否則，兩百多坪地，也嫌太大了些；要把院子整理得好好的，也是夠累的。」

「老二喜歡在樹下讀書，」母親說，「老三喜歡有個池塘。」

我們依然籌不著足夠的款子來蓋屋，因爲預計中的父親的貸款落了空。就在這時，建材突然波動起來，而在路邊的田地上，也一窩風地在短短的一個月中豎起了鋼筋。巷口邊那個木工作場的蔡老闆走到我家來了，他的衣褲上散發著一股木材的香味。

「李先生，李太太，你們好啊！最近木材可漲得厲害啊！單說檜木，就漲了一倍多。我知道檜木供不應求，還會繼續漲下去。還有鋼筋，也漲得厲害啊！」

母親嘆了一口氣。「那也沒有辦法，只有聽它漲下去！」

「李太太，我知道你早想蓋幢房子，你得趕快動工呀！」

「趕快？哈哈，哪有這麼容易？十年前，我就想蓋一幢房子了，你問問我的女兒看，那時，她才十三歲！」

「不過，現在蓋起來也不遲。」蔡老闆笑瞇瞇的，今天他的談鋒很健，「你瞧，我辛苦了這麼多年，積起來的錢也不過蓋了一間店舖；李太太，你眞是個有福之人，現在，路經過你的田邊，財氣落在你的頭上來啦。李太太，我有個表弟是營造商，我叫他來看看你們，談一談，只要你們出地，不要你們出錢。李先生，你看怎麼樣？你們要趕快決定呀。照我看來，建材還會漲，拖下去，怕就划不來了。你看看別人，已經比你們搶先了一步，我跟你們是老街坊，總不能眼看著你們吃虧呀！」

「蔡老闆，」母親謹愼地說，「讓我們商量一下看，好不好？過兩三天，我給你回音。」

小屋的南窗下，父親和母親愣坐在那兒。這是怎麼一回事？來台灣以後，這麼多年，他們克勤克儉地過活，他們節省下可以節省的每一塊錢，他們周到而精細地作各種借貸的打算，但這些都幫不了他們，而那塊毫不起眼的低地在一種抗拒不了的力量之下卻忽然變成了一宗財富。木材漲了，鋼筋漲了，紅磚和人工都漲了，而那塊田地卻靜靜地躺在藍天之下，不曾受到人世間的驚嚇、困擾，不動聲色……，它本身就擁有一種力量。

該怎麼辦才是？接受蔡老闆的好意吧，這該是一個不該失去的機會。可是，池塘一定不可能有了，而那株鳳凰木卻非得要保存下來不可。本來是想蓋平房的，現在似乎得建二樓了。老大的臥室要亮、要朝南；女兒的臥室裏要有一個漂亮小立櫥，裏面有面穿衣鏡。反正每個房間都要大大的，再不能讓孩子們擁擁擠擠地受委屈。不要自己花錢總是好的，對不對？實際上，自己也花不起！

中部的冬天很少有雨，暖暖的陽光，乾乾的風；暮春的霉雨和初秋的豪雨都被忘却了。那是建築的季節。比爸媽想像中更迅速的，低陷的地給塡高了，鵝卵石、細沙、水泥、鋼筋、紅磚……都被運到工地上來。我們：爸媽和我，隔不了一、兩天就要去看看。母親感到很驕傲。跟其他許多正在興建中房屋相比，它具有衆多的特色。別的大多是呆板的兩層店舖式，兩旁沒有窗戶，像米達尺那樣直直長長的一條，既無美感，也不實用。而在設計圖裏，我家的那一幢却是富於詩意的L形，底層進門處有寬大的門廊；二樓，有別緻的迴廊。哦，還有屋後那株瀟洒的鳳凰木。母親說：「以後，如果從迴廊的鐵梯往上走，站在屋頂上眺望，或許還可瞧見我們住了十幾年的陋巷和小屋呢！」

房子蓋好一樓時，大哥從美國來信說，他已得到了工程碩士，而且已經找到了一份滿不錯的工作。那是一個喜訊。然後，在高雄加工區工作的二哥也來了信，同樣是好消息：他晉了級，做了副工程師，還由廠方配給了一幢小小的宿舍，只是忙得分不開身。

房子在雨季之前全部完工。那確是一座瑰麗的屋子，淡黃和淺綠巧妙地交互應用，使它看起來華美而又富於幻想，而銀色的鋁門窗又透著它的雅潔。蔡老闆的表弟依照合約，如期把房子交到母親的手中，還抱歉地說，水廠和電力公司因爲忙，要過十來天才來接水電。

他的話倒很可靠，有一天，水廠和電力公司的人就來找我母親了。母親婉言說：她還要考慮把屋子的內部改裝一下，等改裝好了，再去通知他們來接水電。

這座屋子原本就造得很完美，母親並沒有再僱工改裝，但也始終沒有通知他們來接水電。我們還是住在陋巷的小屋裏，只是父親、母親和我總經常去新屋。在有陽光的日子，風帶著愛與夢，柔柔地，柔柔地拂著，鳳凰木痴立在屋後。我們把門窗打開，讓新鮮的空氣流進來。母親在大客廳裏走動，然後，她跟我一起走到樓上去。你瞧，這間朝南的大房間是給你大哥的，冬暖夏涼，有多好；左右還有兩排書櫃，足夠你大哥藏書了。他會喜歡它的。這間是你二哥的臥房，有一個玻璃櫥。你二哥喜歡擺些小玩意兒。至於你三哥是最好動了，又是從小就喜歡坐小椅子、小凳子的，我替他安置了一排靠壁的矮凳。你，我的乖女兒，你瞧，媽沒失信吧？以前我答應給你一口奶油色的小立櫥的，現在就在這兒，嵌在牆壁裏，你喜歡不喜歡？有一天，當這座屋子接上了水電，可以使用以後，我相信，我的乖兒女們全會住在這兒了。

屋子很亮，鳳凰木很翠，風帶著愛與夢，柔柔地，柔柔地拂著。父親走上來，關好了門窗，牽著母親的手，走下樓去，走出屋去。我立在高樓上久久，我不敢追著去看母親的眼神，因爲我，她的小女兒，也快要結婚離開家了。

一九七四年（民國六十三年）四月

林青，你去不去呢？

你去不去呢，林青？

上哪兒去？小周，你指的是上電影院，還是逛大街？你說清楚些！

噢，全不是。我是問你：你去不去參加這次的班級同學會？當然是H中的。節目很多，摸彩啦，郊遊啦，爬山啦，看來倒是蠻好玩的。林青，你怎麼啦，對這件事，竟一點兒也不知道，難道你沒接到通知？

嗬，慢著，讓我想一想——對了，通知是接到了的，好像是兩、三天前，也可能是四、五天前，反正有這麼一封從高雄寄來的信就是了。當時，我拆開來，一瞧是通函，就沒仔細看下去，順手把它扔了。小周，你是知道的，近兩年來，我忙得厲害，忙得不分晝夜，不分季節，而且，或許是因爲兼了幾個職務，常會收到好些信——多半都是無聊得不值一看，所以我根本不想知道那上面寫的是些什麼。你剛才怎麼說，還要去爬山？是通知上這麼說的？是誰想出來的玩意兒？

總該是那個「李白第二」吧。這次召開班級同學會，就是他發起的。想當年，還在唸高中的時候，他就出版了一本新詩集，叫「風鈴的季節」。在H中裏，他是一個風頭人物：現在吶，聽說做了印刷廠的老闆，無怪乎，印起通知來也比別人方便多了。你沒瞧見，印得硬是不壞！

唏，唏，原來如此！他原叫李文立，對不對？瘦長個子，蒼白臉兒。他老兄最愛舞文弄墨，因而贏得了「李白第二」的雅號。我現在倒記起來了，開第一次班級同學會，不也是他發起的！通知是一首小詩，眞絕。那還是大家讀大二那年的寒假，我剛從學校趕回家來，一進門，就撞見了郵差。啊呀，這一下，我也不知道在家過年的好，還是去開同學會的好；更妙的是，也不知道去哪兒集會。那首小詩似是象徵派，也可能是超現實派，也或許是別的。你是知道的，我對於詩眞可以說是一竅不通，看了十幾遍，還是看不出目的何在，集會地在哪兒。結果，大夥兒都忙著在同學錄上查看李文立的地址，然後上門去找他。你也是的，小周，對不對？你比我早到幾分鐘。

是呀，我正在大聲嚷嚷，你就急沖沖地衝進來了。說起那首詩，我倒是默記在心，直到現在還沒忘記：裏面有這麼幾句：

冬日　澄淨得
如一隻碩大的白色細瓷長頸瓶，
當風　用老船夫的貝殼
在岸上　在水畔

吹出響亮的啓碇號時，

牠遂徐徐地、徐徐地

從一湖的水中浮起……

那時候，「澄清湖」還叫「大貝湖」；「李白第二」說，他是把「大貝湖」三個字嵌在詩句裏了。我們這些人，都是毫無靈感的凡夫俗子，被他一點破，才恍然大悟，也才轟然大笑。想起來，那一次的同學會實在有趣。大家都玩得很盡興。而冬日的大貝湖，也直像一隻藍色的水晶盤！

對，對，美極了。不論是大貝湖，或者是那次同學會，都美得像我們的青春！喔，青春！你知道嗎，那時，我們剛滿二十歲，不正是「雙十年華」嘛？哈哈！小周，在讀大學的四年中，「李白第二」不是每年都要出版一本詩集嗎？據內行人說，他的詩確實寫得不錯：富有靈氣！寫詩這玩意兒，可是絕對不能「亂蓋」的，對不對？我呀，我硬是連一首也寫不出。說起來也好笑，前一陣子，有幾個幹國際貿易的朋友，想辦一個經濟方面的刊物，後面還附一個新詩欄。我說，算了，誰懂？他們懂，還是我懂？那次，我倒是想起「李白第二」來了；要是有他在近旁，那該多好！對了，近幾年來，他的詩寫得怎樣了？邁入一種怎樣的境界了？且說，他現在有錢當印刷廠的老闆了，印幾本詩集，該算不了一回事啦。

就是這麼說嘛，有了錢，什麼事都好辦，慢說是幾本薄薄的詩集；即使銷路不好，蝕點老本，也沒大不了。至於近幾年來，他究竟寫了一些什麼，我倒是一點兒也不清楚。以前，他每出版詩集，總要送我一本。而我吶，不知是對詩熱愛呢，還是對朋友熱愛呢，也少不得要讀上五遍、十遍，甚至十幾遍，誠心誠意地希望他成爲一個名詩人、大詩人。可是，近兩三年來，我們失去了連絡，要不是接到他的通知，我連他的現址也不知道哩，原來他早搬了家。

喏，連我在內，好多人都搬了家，住到新屋子裏去了。這些年來，變遷不少！小周，你算算看，我們高中畢業多少年了？

十四年。那時候，我們十八歲，現在我們都三十二、三了。大學畢業也十年了。好快呵，林青！

這樣看來，大概我們班上的同學沒有幾個沒結婚吧，除非他原本打定主意不想結婚的。

那倒不一定。有人是讀書第一，三十出頭還在攻讀博士學位。林青，有時，我不禁要想，一邊唸書，一邊做事，再加身處異邦，人生幾何，也實在有點兒划不來。當然，這是我這個沒出息的人的想法。你知道呢，我們的班長現在正在美國做「超博士」！

我不知道。還是那句老話，近幾年來，我實在忙得厲害，除了忙自己的工作而外，對什麼都沒興趣。當年，班長坐在我的前排，可說交情不淺。現在想想，當年的交情再好些也沒有用，一旦分離，一在天之涯，一在地之角，也就慢慢兒地疏遠了。班長是個喜歡寫信的人，去美國以後，卻惜墨如金，其餘的人，更甭說了。要我到處打聽朋友的地址，哪有這份閒情？

可不是？這年頭兒，哪個眞的有空、有閒？縱然去哪個地方玩一次，也是忙中偷閒。不過，對於寫信，我個人的見解是：想寫的時候，就該馬上提起筆來，否則，一擱下來，就不知道會拖到何年何月。就如開同學會吧，情況也是這樣。哪一個人先想到，哪一個人就該毫不遲疑，馬上發出通知；倘若一定要顧前思後，或者挑個黃道吉日才動筆，那末，這件事，多半就吹定了。對啦，林青，你還沒有回答我：你去不去呢？

是呀，我去不去呢？但，至少，我得知道哪天去呀！那份通知，我千眞萬確地沒有仔細看，但你總該知道是在哪天開呀？

噢，噢，這個，哎啊，這個我倒沒記住。我這個人就是不愛記日子，這有什麼辦法？我只知道就在這幾天內，至於正確的日期……眞是的，誰會想到你竟不知道！不過，那份通知，我倒留著，我可以回去查一查，然後再告訴你。對啦，我還可以在這會兒打電話到家裏去，叫秀琴在我的書桌上找一找。怎麼，你說不必這麼急，明天告訴你也不遲，那也好。秀琴委實不太會找東西，沒有絕對的把握找得到。有一天，我叫她找印章，她幾乎把整張的書桌都翻過來了，結果，印章卻在三歲兒子的手上；他倒比秀琴眼快、手快，早抓在手裏把玩咧。找別的東西也差不離，鋼筆啦、手錶啦、稅單啦，總是找上半天也未必找得到，但她從不承認這是她的缺點，卻說我放什麼東西都該事後跟她說一聲。當然，這也有幾分對；我一向不喜歡把大小事情全告訴她，那多囉嗦！而且，光是兩個小傢伙已經叫她忙得昏頭昏腦，縱令我跟她說了，她也未必有心聽，而且也未必有心記。母親萬歲！女人有了兒女，什麼事對她都不重要了。就說開同學會這件事吧，我到今天還沒跟她提起過呢，反正還早吶，急什麼，對不對，林青？

急什麼，確是不用急。我是說，不必爲我著急。至於你，你是決定去赴會的，而且，看樣子，是準備帶著太太、孩子一起去的？

我有這個意思，因爲通知上這樣寫著：歡迎攜眷參加！那就好了。你去，你太太也去，你兩個孩子也去，趁機作次「合家歡」旅行，一舉兩得，何樂不爲！你的兩個孩子幾歲了？大的五歲，小的三歲？

要眞是這樣，那就好了。說眞的，大的是三歲，小的才一歲——十一個月，乖乖，還不會走路哩。

那倒是夠你辛苦的。小周，就你的情況來說，我想，不如早跟你的太太說明的好，也好叫她從早準備，不至於臨陣磨槍，搞得手忙腳亂。你知道，女人家出門可是一件大事，尤其是帶著兩個小孩，什麼尿布、奶粉、奶瓶、水瓶、感冒藥、消炎膏、麥片、餅干、糖果……一應俱全。而且，太太們哪，還要做頭髮、買皮鞋、添服飾，不勝其煩。嘿，小周，看來，你告訴你太太要比告訴我還來得迫切！

什麼？你認爲在同學會中，太太們也要鬥艷爭妍一番嗎？

誰知道？女人哪，愛美是她們的天性，同時，妒嫉可也是她們的天性呀！依我看來，哪一個女人不喜歡別人說她漂亮？哪一個女人又有胸懷忍受得了別人比她漂亮？就是這麼一回事。小周，你敢不敢跟我打賭，如果這次你太太黯然失色地回來，那會比不去的更糟。她哪，會認爲你這個做丈夫的是個窩囊廢，你的錢賺得不及別人的多，你待她不及別人待太太的體貼，甚至你愛她也不及別人愛太太的深；如此、這般，她會像隻沒嘴葫蘆般地對你嘀咕上幾個禮拜，包叫你吃不了兜著走！小周，你相不相信我的話？我甚至可以說，即使是過了一年半載，提起這件事來，她依然會創痛猶新，餘恨未消。當然，你不願意她這樣，也不願意自己這樣，對不對？而且，嫂夫人天生麗質，打扮起來，絕對輸不了別人；這點，你大可放心！

呃，呃，聽你這麼一說，這次郊遊不就等於赴宴了？那是非穿一件別緻的旗袍前去不可的！然而，這又怎能爬山呢？

爲什麼非穿旗袍不可？可以穿迷你裙呀！又活潑、又美麗、又年輕、又大方！

天哪，三十幾歲的女人穿迷你裙！我可一點兒也不欣賞。已是準徐娘了，還要向十八歲的小妞兒看齊？當然，別的女人穿，我可沒話說，不過，秀琴要穿，我可有權反對。這絕對不是她的皮膚黑，或者兩腿粗短、疤痕纍纍，或者別的什麼，而是我委實看不出這種年齡的女人穿起迷你裙來還有什麼美？如果她爲此嘮叨，那我也就顧不得這麼多了。或許你認爲我有點兒古板；或許我是一個鑑賞力不很高的男人，然而，光是欣賞那些流行的玩意兒，可也不是一等高手呀。

這就是所謂見仁見智，每個人的看法不同；誰也不必勉強誰。這是我個人的人生觀。嫂夫人那天要穿什麼，她有她的卓見，你也不必爲她操心。至於我呢，我是根本不管我太太的衣著什麼的。她總跟她辦公廳裏的同事商量，不時添置一、兩件新裝，把舊的送給了傭人。

我不能否認，她有點兒愛美，但她今年才二十八歲，才生下第一個孩子，不穿些時髦的衣服，誰穿？她幾乎把每個月賺來的錢全花在衣著、化粧和應酬上了。她喜歡這樣。是她自己的錢呀，她有自由支配的權利，我不能干涉她；一句話，我不想勉強她。任何事，一勉強，就會叫人怪不痛快的。

這倒是由衷之言、經驗之談。噢，噢，任何事，一勉強，就會叫人怪不痛快的。再說這次班級同學會吧，去與不去，也儘憑自己高興，絕沒有勉強的意思。我記得，第一次開會，去的共有三十八人，第二次是二十五個，因爲有些正忙著出國去。正如你所說，任何事，都勉強不得。今年呢，加上太太和孩子，不知道有四十個沒有；其實，要眞有三十個，也可以算是不錯了。通知上還說，希望參加的人先給他一個回信，讓他可以統計一下人數，安排餐點什麼的。這一回，「李白第二」做事可一點也不含糊。畢道，他當了印刷廠的老闆，慢慢兒地也就精明起來了。

是呀，精明是可以學的。其實，以前，他的糊塗也是學來的；李白有時不也是糊裏糊塗的？小周，你說對不對？李文立哪兒眞的是個糊塗蛋？寫詩、作文、演講，無一不精；開辯論會時，誰也不是他的對手。這一次，你碰到他時，可別忘了向他要本最新的詩集！嘿，嘿，要是他果眞精明起來的話，這幾年來，他或許已從詩人變爲小說家了。

我不知道他現在是詩人還是小說家；或者是，既是詩人，也是小說家；也或許是，既非詩人，也非小說家，因爲他現在已是印刷廠的老闆了。我多希望早點看到他，你呢？說來說去，林青，你去不去呢？

我去不去呢？哎喲，我去不去呢？那天又是郊遊，又是爬山！我一向是這樣喜歡爬山的！年輕時，我曾不止一次地參加過登山隊。

可是，現在，你仍然很年輕，我們全都很年輕，我們甚至還算不得是中年。我們這次甚至也可以成立一支登山隊，你贊成不贊成？我們可以在給「李白第二」的回信上作這樣的建議！

呵，回信不妨慢慢寫，至少，等我知道了哪天去，再寫也不遲。什麼事，我都喜歡經過考慮、經過安排。爬山是個有趣而精彩的節目；我認爲，那座山上最好有個招待所。小周，你用不著這樣看我，我不得不這樣希望，因爲除了我們男人之外，還有女人和小孩。至於我自己，在帳篷裏躺過，在岩洞裏睡過，也在山胞家裏宿過，我可不在乎？雖然，如今，我家裏有冷氣機、有各種現代化的設備，但我仍不在乎。你也不會在乎，是嗎？

我也同樣不在乎，我們都是大男人。

我們都在爲女人和孩子著想。

是的，因爲他們是弱者，而我們卻是強者。

而且，我們又是一家的首腦人物，一家經濟的主要來源，一家計劃的決策人；譬如說，我最近正在計劃添置一輛汽車。

汽車？噢，眞的？

當然是真的？我哪一件事騙過你？我喜歡汽車，喜歡自備汽車。

噢，當然，我也喜歡。你預備買哪種牌子的？青鳥牌？

青島牌，不夠氣派。老實說，買汽車就在講究氣派。

那末，雪佛蘭、培客、飛也特、還是卡特力克？

噯，這些牌子倒還差不多，我的一個朋友買的就是雪佛蘭，奶油色的，嘿，漂亮，裏面還有冷暖氣設備，舒服極了。

多少一輛？二十萬？二十五萬？

誰知道？還得看出廠的年份。總得二、三十萬吧。小周，現在的二、三十萬，也算不了什麼了；譬如，三年前，我買的那戶公寓是三十萬，現在是五十幾萬。

可是，以前，當我們讀高中的時候，往往連五十塊錢也湊不起來；一句話，大家都變了。這次見面，可能有些人都認不得了。那是很好玩的，林青，你究竟去不去呢？

是啊，是啊，我是很想去的。我早就想出去玩玩的，我早就想跟大夥兒碰碰面，敘敘舊情，談談近況。我實在很喜歡朋友，尤其是老朋友、老同學，不管分別多久，總有一份情誼在。有一次，我還想到：大家最好捐些錢，買些運動器具，或者實驗儀器，獻給母校，但近幾年來，我實在太忙了，一躭下來，就忘個精光。譬如說，在你未來之前，我正在接洽一樁業務，而在晚上，我還要去赴一個宴會，明天上午，又要出席一個簡報，並且，我還在另兩個機構裏兼了差使，每一處，一星期上兩個下午的班。我實在討厭開會或者赴宴，但是沒有辦法呀。我倒是喜歡參加班級同學會的，因為輕鬆而愉快。假如去爬山，那我一定要拍一卷彩色照片回來。我太喜歡山景了。記得十幾歲時，有一次，我還在山裏打過獵；啊，啊，就是這麼一回事。我以前曾經發誓不在都市裏做事，不料如今一做就是十來年。人就是這樣，不僅是我，還有你。你以前是怎麼打算的，小周？

我不知道。我似乎沒有作過什麼打算；我這個人就是缺少計劃、缺少抱負。秀琴埋怨過我，說我從不為她跟孩子們著想。

那是不眞實的。

因此，我就把她的話頂回去。秀琴原是一個好妻子，雖然有時不免嘴不留情。不過，有時，我就乾脆做個好丈夫，讓著她一點。

對呀，自家人嘛，有什麼好較的？今天回去，你要不要馬上把班級同學會這件事告訴她？

這嘛，還沒決定。我現在覺得還得考慮一下。我自己可以去，而她和孩子……出外一次，可不容易。不過，有一件事，你倒可以放心，我一定會把開會的日期和地點用電話通知你。

可是，可是，你何必這麼心急呢，近幾年來，我一直忙得厲害，連星期天也不例外……是的，是的，可是，我總得通知你。假如那天果眞是星期天，那末，林青，你是去呢，還是不去呢？

一九七〇年（民國五十九年）十一月

深谷

有好幾天，李大棟整個下午都坐在陽台上，望著南方。

爲什麼那件事會是這樣的呢？

爲什麼那件事會是這樣的呢？

這裏是台北市，李大棟在南方所看到的除了樓與樓以及夏日那塊鎳片似的亮炎炎的晴空而外，卻看不到他所想看到的綠山。即使到郊外，他也看不到牠，因爲他所想看到的不是平凡的山岡，而是長著參天古木的巍峨的阿里山。

爲什麼那件事會是這樣的呢？

他沒有去過阿里山，他爹不讓他去；理由是去那裏太危險。每年暑假，他都要求一次，今年是第三次。第一次是升高三的那個暑假，現在，他已讀完大一。爹的理由不變：「如果你去，一不小心，可能就會跌落到萬丈深谷中。」爹說這話時，聲音顫抖，神情痛苦，似乎只要他去阿里山，他就準會失足摔下去。不錯，爹只有他這個兒子。

然而，他也有反駁爹的理由：「爲什麼你就不怕危險？十多年之前，你在山上林場打工；你在山上做了十年，爲什麼你就沒有危險？」

爹只悽笑著：「就因爲我在山上呆得太久了，看得多，聽得多，才不肯讓你去冒危險。我上山去做工，只因爲我不得不去，所以也就不怕危險了。」

「可是，現在卻比不得十多年前，現在交通方面要比以前安全多了。你看，我的那些同學，哪一個出過岔兒？有些人，還一去再去呢。危險，爹，憑你這個在石山、神木坑一帶做過十年苦工的硬漢，實在不該說出這種話來！」

「不行！」爹說。「大棟，我告訴你，別的事我都依了你，去阿里山這件事可辦不到。」說完，爹就坐到一邊去，閉口不語了。每次，他總是在晚上提起這件事，每次，爹準可以在那裏坐上大半夜；不喝茶，也不抽煙，就是那麼坐著。於是，本來也在生爹的氣的他，也就漸漸變得不安而且痛苦起來。他走過去，向爹陪罪，說他清楚爹是多麼地愛他；爲了他，爹在高山上造林、伐木了十年。這些，他都記在心裏。爹啊，千萬不要爲了這件小事生這麼大的氣，爹用手推開他，說：

「我沒有生你的氣，你去睡吧；這不關你的事，我喜歡坐在這裏。」

平日，爹是從不這樣冷漠的，而這時，爹就冷漠得像株大樹。他想，爹是在回憶十年林工生活的孤寂與艱苦，以及那份帶上山去的辛酸。三十歲上，爹取了一個菜販的女兒做妻子，生下一個胖胖的兒子；不久，做妻子的卻席捲了他的積蓄，跟人私奔了。他很小就體會到爹的悲愴的心境，因此，他的心中沒有母親。

但是，爲什麼那件事會是這樣的呢？

他沒有去過阿里山，所以，他對阿里山的嚮往的心也就死不了。爹下山後，就帶著十歲的兒子在台北定居下來。再也沒有去過阿里山；但他清楚，爹心中的一個角落仍被阿里山盤踞著，就像一大塊的山岩滾落在澗床中，推不掉，搬不走。你喜歡或不喜歡都沒關係，牠就是存在著。

「大棟，」爹在客廳裏喚他：「你老坐在陽台上幹嗎？」

李大棟沒有動，只回答：

「爹，我在看風景。」

「什麼好看的風景有好幾天都看不厭的？快進來吧。陽台上雖然晒不到太陽、挺涼快的，但在客廳的長沙發上躺一會，也怪舒服的；剛才，我就那樣地睡了一會。」

「我不要！」李大棟固執地說。「我不要，我要坐在這裏！」他說這話時的語氣跟他爹堅決地說是喜歡孤坐到夜深時的語氣一模一樣，宛如要把所有的人都從他的周遭推開去。只要他一個人，只要那一件事。

現在，他知道他們父子倆在這一點上是會合在一起了：晚上讓爹沉思的那件事，也就是現在讓他沉思的那件事。

為什麼那件事會是這樣的呢？

「大棟，你眞的要呆坐在那裏？到底是什麼東西，我倒也要來看看！」

李大棟轉過臉去，他看到他爹李春茂果然帶著一絲好奇，推開紗門走出來。熟悉的臉：四方型的，有稜有角，堅毅而飽經風霜。熟悉的軀體：高大、寬肩、闊胸、臂膀和腿壯都綻著肌肉，也鏤著好些疤痕。夏天裏不變的服裝：圓領汗衫，深色短褲。十年前，爹下山來時也是這樣的嗎？李大棟想。他現在有股慾望，想重看一下十年前爹下山來的那一天的模樣。他的臉，他的眼神……

「爹，我再去搬張椅子，你也坐到陽台上來，怎樣？」

「為什麼──對了，大棟，你說說看，你在看什麼？」

「我只是望著南方，爹，望著那些我看不到的東西，那脈聳立的大山，那山上的深谷、懸崖、木柵、棧道、古木、工寮……」

他爹的臉色驟變：「你瘋了？你坐了個下午、想的原來還是這些！我告訴你，你就斷了這個念頭吧！」

他爹想轉身離開時，李大棟抓住他的手：「爹，你難道就不想嗎？你從來就不談山上的事，不像我的那些同學，他們一回來，就要談上好幾天。那株神木，還有另一株大神木，還有姐妹潭、兄弟樹，……還有毛茸茸的野生植物『咬人貓』，附在樹葉上的吸血蛭、大螞蟻。爹，你在山上打工時也一定吃過牠們不少苦頭，可是，好的，壞的，你從來不提。」

「有什麼好提的？我在那裏做過工，後來回來了，而且也不想再去，這不就結了？」他摔開兒子的手，微慍地走進客廳去。

李大棟重又望著南方。他這樣望著，有一天，那座大山，總會在台北市龐然浮現的。爹不肯跟我說，他想，正因爲爹心裏有著痛苦、悔恨。那大山是仁慈的，牠涵容了人們的一切；或許大山早已寬恕了做過錯事的人們，只是人們事後常常不能原諒自己。爹沒法原諒他自己；夜晚的獨坐、夢中的囈語、對於大山的恐懼，萬丈深谷，萬丈深谷………

爲什麼那件事會是這樣的呢？

他望著南方，把那個問題抛向天際。七天之前，那個問題並不存在，他活在單純的愛中。靠著爹做零工時的積蓄，下山後，悉心經營，勤儉持家，他們終於住上了都市的高級公寓。那漫長的歷程猶似泉水一般，曲折可尋。上山，下山，遷到都市，全是爲了他這個兒子。叮嚀聲如晨鳥的鳴囀，在記憶的花園裏隨處可聞。爹，在考上大學的去年夏天，我暗暗發誓，我要做正直的人，善良的人，有成就的人，正如你平日所期望於我的，正如你平日對友朋、鄰居們的言行所昭示我的。爹呀，每次，我那麼走出去，你送我的目光就成了套在我頭上的花環。我是多麼自豪呢，而你，也多麼以有我這個讀大學的兒子而感到光榮啊！

爲什麼那件事會是這樣的呢？

爲了那件事，他已經在陽台上接連坐了六個下午。但這卻是一個無法解答的數學題，彷彿出題的人把中間的一個數字寫錯了。這幾天來，他也常常做夢。他的夢或許跟他爹的那些嚇出一身冷汗來的夢差不多，總是那大山，那架在斷崖邊的棧道，那深不可測的山谷；一聲驚呼，一個人影落下崖去，棧道上是個顫抖的人以及那顫抖的雙手。早晨起來，他不敢去看爹的臉和他的手，因爲昨夜在夢中，爹是那樣地可怕，他是愛爹的，他一再告訴自己，他是愛爹的。然而，要是那個夢一再重現的話，或者說，永無止境地出現的話，他是否會慢慢地不再愛他，轉而開始恨他呢？以及慢慢地不再愛他自己，轉而恨他自己呢？

眞是那樣的話，爹會受不了，他自己也會受不了。

那件事的經過情形，他沒有親眼看到，牠是由許多事一點一滴地匯成的。爹一年中總要做好幾次惡夢。爹在日常生活中是個堅強的人，但在夢中卻總是哭哭啼啼，嘎聲哀求：「老黃，請你饒了我吧，請你饒了我吧！」十幾歲時的他，老認爲爹在夢中挨了別人的毒打，便輕輕地推醒他。爹在床上坐起，惶悚地摟住他，喚道：孩子！孩子！我的孩子！喚聲那麼淒厲，在靜夜中迴盪，正如迴盪在深谷中一樣，久久不去。他問：爹，你夢見了那座大山了嗎？是的，是的，那座大山，我愛牠，也恨牠，或許，我不該把你寄在別人家裏，自己跑到山上去做工。可是，爹，現在一切不都過去了嗎？是的，孩子，應該都過去了，但在夢中，他仍沒有，仍像剛剛才發生；我無法相信自己會……爹突然的停住了，把他推開去，大聲說：大棟，你回房睡覺去，我沒事了。第二天起來，爹除了臉色冷青而外，的確沒有什麼事，連做過夢這一點都絕口不提。於是好多年過去了，連他這個做兒子的也不再重視他的惡夢了。

於是，一星期前的一個上午，那個跟爹同在石山、神木坑一帶做過幾年林工的馬叔叔來了。他拍拍他的肩頭，說：「嘿，你這小夥子，竟長得這麼高大了，而且，竟做了大學生了，也不虧你爹在高山上爲你受了十年的苦。你爹呀，人是好人，但爲了你，幾乎跟所有的同伴翻了臉，一毛不拔，賺的錢全存了起來，誰有像他這樣的？」

爹就打岔說：「馬三，山上的事還提牠幹嗎？今天，你來看我這老兄弟，我請你上館子，喝酒、吃雞鴨魚，怎樣？」

「當然好。李大哥，你現在是苦盡甘來，好福氣啊。在我們這夥兄弟當中，你混得最要得。說起來，也是你李大哥命大、福大，就說跟你同天下山的老黃哪……」

爹馬上阻止他：「馬三，你最好別提老黃的事。」

馬叔叔說：「我知道你比別人難過。你倆是十年同甘共苦的朋友，但他的命不好，怪得了誰呢？他白辛苦了十年，白積了十年的錢。在山上這麼長的歲月，多少苦難都捱過去了，就是逃不過下山的那一天。從棧道上滑腳摔到深谷中去，屍體吊不上來；不用說，連十年的血汗錢也白白地陪葬了，幸虧家裏沒有老婆、兒女，要不然……」

爹嚴肅地說：「馬三，你別說了，別說了。你這張嘴就不肯歇一會嗎？你想喝酒，你就閉上嘴，跟我上館子去！」

但那天晚上，爹又做惡夢了，哭泣著，哀求著，聲音比任何一次都悽厲。他睡在隔室，聽得很清楚。他幾乎又忍不住要去搖醒爹，然而，猛然間，他明白了，明白了爹所經歷的夢境；明白了那高山，那深谷，那年久失修的棧道；明白了他不該明白的那一部份。那是只有大山本身纔能包容的。他在第一刹那幾乎尖叫起來。那太可怕了。然後，他克制著自己勉強冷靜下來。他在冷靜中看到的是爹的痛苦。在這十年中，爹的歡樂從來沒有不含著痛苦的。他是一個可憐的人。爹，可憐的爹，你怎麼能夠這樣呢？爹，我知道你一直是個正直、善良的人……在這之前，或者在這之後，你從來不曾有過邪念，而只有在那一瞬間，你被山下的兒子蠱惑了。爹，可憐的爹，就爲了好讓兒子活得好一點，好讓兒子也能上大學……他那樣地引誘著你。多可憐，爹，就爲了這一點……

我是罪人！他在心裏大聲說。

爲什麼那件事會是這樣的呢？

他已經在陽台上接連坐了六個下午。他既已明白了這件事，那他就無法像不明白時那樣地懵懵懂懂地活下去。

我是罪人！

李大棟望著南方。傍晚，南方的天空沒有如錦的晚霞，甚至也看不到飛翔的鴿影。天空的亮度減弱了，而灰色也就淡淡地揉了進去。他回進屋子去時，爹已把晚飯準備好了。

李春茂說：「大棟，看你這幾天老坐在陽台上，連胃口都差多了，快不要去想那座大山了。如果看不進書，不妨去看場電影。」

「爹，明天我就不會坐在那裏了」。

「那才是爹的乖兒子。你從小就乖，你不知道爹多疼你！」

「爹，我愛你！」

「我知道。」李春茂說。

「爹，我要永遠愛你！」

「那還用說？你一向是我的孝順兒子。」

現在，李大棟已經平靜下來了。有個決定已在他的心中形成。他吃了兩碗飯，洗了淋浴，穿上了新買的鴿灰西褲和淡黃條子的香港衫，而且還梳了頭髮。他爹走到他的旁邊來：

「好帥呵，大棟，你該交個女朋友了。」

李大棟笑笑，把身子挨近他爹。「爹，去年我考上大學時跟你合照的那張照片，你好好放著吧？」

「當然放著。你以爲我會把你的照片搞丟了？你放心，凡是你的東西，我都是把牠們當作寶貝看待的。」

李大棟像孩子那樣，拿起他爹的手，貼在自己的臉頰上，輕擦著。

「爹，我要出去逛夜市去。」

「好啊，出去走走，看場電影，吃點宵夜；要不要多帶一點錢去？」

「我身邊有錢，爹，我可能要晚一點才回來；你一個人在家，可要耐心啊！」

「沒有關係，只要你玩得高興。我會等你的。」李春茂捏捏兒子的厚實的肩頭。「眞的長得這麼大了。」

李大棟下了樓，走到街道上，只一會，就轉到鬧區了。兩旁的高樓在他的感覺上就像斷崖削壁，他自己就在深谷中行走。五彩的汽車是一些流動的沙石。在這樣的谷底，他不會找到爹的好友老黃，但在另一種境界中，他或許找得到他。

李大棟不慌不忙地走著，爹，做兒子的愛你，兒子要爲你去做一件事。我本想出來時跟你說明的，但，這是太難了。爹，兒子要寫一張字條，揣在褲袋裏。我要這樣寫：爹，你愛我太深，現在也請你接受我的愛——把我葬在深谷邊吧。

李大棟冷靜却又激動。當他走進號稱十樓的觀光飯店時，他看上去眞可以說是容光煥發。他開了八樓的一個朝南的臨街房間。他隨同僕歐跨進電梯，牠冉冉上昇，他幻想牠就是爬山的火車。僕歐替他開了那個房間的門。他微笑說，除非他按鈴，希望不要打擾他。於是他掩上門，上了鎖。時間是七點三十二分。

從窗口望下去，人很小，汽車很小，馬路很細。他把寫好的字條塞進褲袋裏，然後，雙手往上一攀，兩腳就蹬上了窗檻。

他不想馬上跳下去。他要選個時間：黃金時間——八點正。當人們趁悠閒的飯餘、面對螢光幕上的離奇情節時，他也要把自己的生命作一戲劇性的投擲。

爲什麽那件事會是這樣的呢？

在不會多久之後，將會輪到別人用這句話去問默默的他了。要是他能說話，他將回答：他作了最好的選擇。願上蒼保佑我的爹，在他受夠了內疚的灼烙之後，他會獲得無罪的平安！

他抓著窗框，望著南方。夜色早已瀰漫，樓與樓在光與影中隱約如遠山。天空是莊嚴的蒼青色。這裏看不到月亮，只有一粒粒金鈕扣般的星星。他一直覺得世界很美；即使此刻，也是這樣。然而，他這樣做，對世界的美與不美並沒關係；他這樣做，對他的勇敢與懦弱也沒關係。他沒有恐懼，只因爲他知道，他已無需恐懼。

似乎有人在大聲叫喊。他仔細看去、聽去；原來他以爲自己並不惹人注目的，卻在這片刻之間引起了別人的驚恐。不祇一兩個人，而是好幾個人。他們站在樓下的馬路上，向他喊著。他並沒有被喊聲推回去，他似乎是在看一段短短的卡通片；許多小小的人一下子從四面八方聚攏來，而且，從警車的鳴聲裏，他知道警察也來了。老天，爲什麼他要驚動這許多人呢？他只想靜靜地落下去，如一隻飛鳥！

他不想去管那些人的忙亂——你們的忙亂終將一無所獲——他只願想他自己的事。他有一種奇妙的感覺：恍惚之間，他已傲立在那大山之上，下面就是那萬丈深谷。可能剛才有過一陣驟雨。他似乎聽得見流水淙淙地流經那些亂石。世間無永壽的人，而最美麗的葬禮則是青山綠水作他的紼人。黃叔叔，你就是在這樣的情況下結束一生的嗎？我不曾見過你，但我現在知道，在這十年中，你是一直陪著我們的，在我的家裏；以後，就讓我來陪你吧，在那深谷之中！

喊聲越來越響，好像就在耳邊。李大楝從高山退回到窗檻上。他發覺下面有個警察正在衝著他喊話，翻來覆去是那幾句：

「喂——快回到房間裏去——快回到房間裏去——你爲什麼要這樣——你有什麼心事——我們替你解決！」

他微笑。他自己的事他自己會解決。六個下午在陽台上，可不是白坐的啊！他也大聲回答：

「我沒有事！」

但他馬上知道他的回答滿足不了他們。就在他右隔壁那個房間的窗口，另一個警察把頭伸得老長的，也在對他大聲說話：

「李大棟，你爲什麼要這樣？你回到房間裏去，我跟你好好談談！」

「有什麼好談的，我沒有事！」他知道那個警察已從旅客登記簿上查出了他的姓名。

「李大棟—李大棟，你是不是失戀了？」

「我還不曾戀愛；我沒有女朋友！」

「李大棟……李大棟……」

他讓他們說話，他不願回答。這件事，除了爹和黃叔叔，別人不會知道。他現在懊悔他上去得太早。假如在七點五十九分爬上窗口去的話，他就不會惹起這樣大的麻煩了。

李大棟……李大棟……

他縱然不想去聽他們的話，但那些聲音還是頻頻送到他的耳朵裏，擊得他昏暈暈的；他抓著窗框的兩隻手一陣麻木，身子也就如樹葉那樣地搖晃起來。好在這時從高空中吹來了一股清涼的風，使他重又感到舒適，使得重又覺臨風立於高山之上；那種飄逸，是他渴望已久的。曾聽同學們說起過，站在高山之上，白雲就鋪飾在你的腳下，像流銀，像輕紗，像白雪，像年輕人的純美的夢。他無緣去那裏，卻有緣在今夜親身體驗到。誰也不會知道，我現在沒有痛苦，我只在等待我挑中的時刻，正如我選中這高樓以及這窗口一樣。

李大棟……爲什麼……李大棟……爲什麼………

彷彿下面有人在準備去搬安全網。他皺皺眉。世界上每秒鐘既然都有人死，那又何必對他的死寄予偌大的關注？現在是七點四十八分，他們已沒有太多的時間可以去改變他了。他閉了一會眼睛，而且微微喘著氣。窗沿猶如獨木橋，要穩穩地久站在那裏，的確不是一件容易的事。好在不會太久了。

「大棟！大棟！」

又聽見有人在左側喚他。喊聲急促而熟悉。他睜開眼睛，左隔壁房間的那個窗口，正掛著爹的半個身子。爹的臉孔完全變了形。

「大棟，快退回房間裏去！你爲什麼要這樣？」

還是同樣的問話。可是，爹，你是應該知道的。

他說：「爹，我愛你！」

「大棟，我知道你愛我。你要聽我的話，乖孩子，趕快退回房間裏去！」

「爹，我不要！」

「是我有什麼事對不起你了，大棟？你說出來，爹一定向你陪罪；以後什麼都依你，但不許你今天做這種傻事！」

「爹，你沒有什麼事對不起我，你太愛我了，你爲我做得太多，我也要爲你做一點事！」

「大棟，乖孩子，你快回到房裏去，那你就等於爲爹做了事了！」

「爹，我不要。我想了好幾天了，我坐在陽台上，整個下午整個下午都在想。」

「你要上阿里山去？我答應你！孩子，我什麼都答應，我什麼都不攔阻。孩子，你是爹的心肝寶貝，你千萬不能做這種傻事。爹爲你在山上苦了十年，在山下苦了十年！」李春茂淚流滿面，望著這個長大成人的兒子。他雖近在咫尺，但他卻拉不住他，勸不動他。

李大棟說：「爹，我現在不想去阿里山了，我現在知道你爲什麼不肯讓我去阿里山了。我絲毫不爲這一點生氣。爹，我現在就如站在阿里山上，下面是萬丈深谷！」

李春茂嘶聲喚著：「大棟，你退回去！爹什麼都告訴你！」

「我什麼都明白，爹，我沒有怪你，我知道你太愛我；你不該這樣愛我的。」

「大棟！大棟！」

「爹，以後你就不會再怕阿里山了，我請求你把我葬在那深谷邊；爹，以後，你可以永遠不怕牠了！」

「大棟！大棟！」

「爹，你勸不回我的，因爲我一定要爲你完成這件大事。你拉不住我的。八點正，我會躍下去，就像我躍向深谷一樣！」

「大棟！大棟！」李春茂的喚聲啞澀無聲。

李大棟只是親情深深地看著他的爹，冷靜地等待他的時間。然後，他發覺他爹把身子縮回到窗口裏去，他猜想爹是傷心得癱瘓了。下面的人聲嗡嗡地飄了上來，站在右首房間窗口上的那個警察又在向他勸說。快到八點了，有人在大喊：安全網來了沒有？似乎安全網的確已在八點之前給運來了。但大棟卻在微笑。還有兩分鐘，那網能及時給張好嗎？

就在這時，就在大家都注意著他，注意著那些正忙於張網的人的時候，在九樓的一個窗口邊，有個人體那麼輕逸而莊嚴地躍了下來。李大棟還在計算他的時間，下面陡然變得靜寂無聲，然後是一陣銳叫。右首窗口的那個警察向他直嚷：

「李大棟，你爹跳樓了！」

李大棟像被狂風猛刮著，但他在顫慄中卻仍緊緊地抓住窗框，並且使他的發軟的雙腿慢慢地退回窗內去。

八點正，李大棟退回到房間裏。他流著淚，撲倒在地板上，哭嚷著：

「爹！爹！可憐的爹！」

爲什麼那件事會是這樣的呢？

一九七一年（民國六十年）十二月

線與線之間

那株橄欖樹長得比屋簷還要高了——高出一兩丈。

朱永山坐在長作板的旁邊，從橄欖樹的岔幹中間斜望過去，可以很清楚地看到那座興蓋已久的郵局的洋樓。隔著寬寬的人行道、寬寬的馬路以及更寬的鋪著好幾條小鐵軌的細砂地，他看得到郵局的窗柵與鐵門翠綠如新葉，也瞧得見在一隻同樣翠綠的郵筒旁邊陪站著另一隻紅得如同橄欖樹將落的老葉的郵筒。這樣東張西望，開始或許祇是出於無聊與排遣，而現在更成了他試驗自己目力的最好的方法。在線與線間奔波了三十幾年的眼睛，怎麼還不老呢？

黯沉的店堂裏有隻掛鐘，貼身在以粗竹爲楝的石灰泥巴牆上；近幾年來，它總是那麼意態闌珊地擺動著，無法圓滿地達成它報時的任務了。朱永山也無意送去修理，他有另一種校準時間的方法。早上，在他喝乾了親沏的那杯濃茶之後的不久，一輛由一個年輕郵差騎著的綠色單車就會鈴鈴鈴地響過他的店門前，格勒格勒地通過這無人看守的平交道，去到郵局的門口。他總是以樹幹爲鏡框，看那年輕人把那扇以線與線構成的鐵門推到兩旁的牆邊去。這時候，他知道是八點正。他是一個勤勞的年輕人，從不誤時。於是，朱永山就會站到櫈子上去，把掛鐘的時間撥正。雖然，在昨晚郵局拉上鐵門時，他曾糾正過一次，但那掛鐘卻又慢了十幾分。他跨下櫈來時，郵局裏裏外外已經有了好些人，大家都已開始在工作。好像有人用針紮了他一下，他猛地怔了怔，感到一天當中最悠閒的一段時間已經過去；他不能老是捧著茶杯，坐在高腳竹櫈上，瀏覽街景。在長作板上，仍躺著昨夜猶未趕完的兩條西褲哩。

「桂珠！桂珠！」朱永山一連串的急喚，把正在後面忙著家務的小女兒叫了出來。當十五歲的桂珠那麼懂事地站在他的面前時，他才明白自己根本用不著喚她。桂珠準已把早飯準備好了，所以他只婉慈地告訴她，不如先把店堂裏昨天遺留下來的碎布、線頭收拾乾淨，然後再去清掃店門前的那截人行道，那裏有橄欖樹的大紅落葉。其實，他連這些也不必說，這是桂珠早已熟悉了的每日課題。看來，他只是在潤過了喉嚨之後，想跟女兒聊上幾句而已。除此而外，也就沒有什麼好談的了。或許他可以跟她談談這株他手植的橄欖樹：他沒有挑選好的品種；那是日本種的橄欖樹，所結的果子根本不及台灣種的好。但桂珠從很小的時候起，不就知道了這一點？桂珠感到興趣的是外面世界的事，可是外面世界的事，他知道的恐怕不會比桂珠的多。

跟外面世界最有接觸的，應該是他的老婆蔡好妹，但她除了在發脾氣時訴說別些男人如何如何會賺大錢之外，其餘的時候，卻什麼都不說。

現在，她還在睡覺！

朱永山用醬瓜、醃薑片配稀飯。在他，菜呢，無所謂好吃不好吃；多少年來，佐早飯的，都是一些類似的菜。當然，有時也會去買幾個饅頭來，每人兩個，但事後卻總覺得旣不好吃，又划不來。他的老婆每天總要九點才起來，抹粉擦脂的化妝上老半天，卻又什麼都不吃地逕自逛街去了。她的口袋裏有他做褲子掙來的錢。她是不是上小吃攤去了？他從來不問，她也從來不說。近午時分，她會帶一些菜回來，叫女兒隨隨便便地燒一燒。飯後，她又出去了。有些日子，她上午出去，直到深夜才回！

他老是想，以前怎會娶這樣的一個女人進來，現在怎麼攆她不走？

別人都在背後說他怕老婆，他只有苦笑。他是怕她吵吵鬧鬧的，什麼話都說得出來，什麼事都做得出來。他可是老實人，口拙臉皮薄，無法像她那樣胡來，所以也就只好讓著她。

他抹了一把臉，走到店堂裏，他自己在縫級機前坐下來，把那兩條尙未完工的西褲的拉鍊踩好，讓剛吃過早飯、坐在作板那一邊的女兒去縫攀扣和褲管的邊兒。靠店堂右壁邊的一排衣架上，掛的全是男褲。他不做上衣、襯衫、女服、童裝；三十幾年來，他一直做的是西褲。除了褲管的大小略有改變之外，男褲的式樣最少變化。他無法適應那些日新又新的時裝。在這個小鎭上、好多男裝店都已換上了玻璃櫥窗，裏面站著一兩個穿著漂亮西服的模特兒。他沒有能力裝潢門面，後來想想，多了一個玻璃櫥窗，他的生意也未必會好，因爲做的畢竟都是男褲，而且，縱使生意眞的好，他和女兒也忙不過來。他不想收徒弟、請師傅，萬一生意清淡下來，怎麼辦？家裏的日常開銷就夠叫他耽心了。

朱永山有點兒暴牙；由於沒有什麼事値得他笑的，於是他緊閉的嘴就更加顯得尖簇簇的。

他的背因長久的弓伏而有些傴僂。這些，他自己都很清楚。他現在是四十七、八。這幾年來，他只有一個小小的心願：新春時帶兒女上台北玩一次，看看那裏的繁榮。只要看看就好，一輩子也總算出過遠門了。所以入冬以後，生意較好時，他總日夜地趕，指盼除去經常的開支以外，能另外積下兩三千塊錢。他十分小心地把幾十塊、幾十塊錢存到對面的郵局裏去。可是一到年底，他的老婆總有辦法逼著他把錢乖乖地交出來。她拿去買新洋裝、新外套、新皮鞋，把他的希望毫不足惜地踩碎在她的腳底下。他的兩個女兒和一個兒子，縱然多少地分得一杯殘羹，但仍是那麼可憐兮兮的。於是，在新春的店堂內，長作板雖給卸下了，縫紉機也被移到角落裏去，兩壁上給貼上了進財、招寶，店門兩旁和門楣上換上了大紅的金字春聯，但他總是鬱鬱地坐在門邊，望著那株吊著青色果實的橄欖樹以及郵局的翠綠的鐵門。只有在新春這幾天，這鐵門整天不開，而他也就無法校準那隻掛鐘。時光就這麼慢吞吞地行走，彷彿就要停止下來。他坐在那裏，不管外面的鞭炮爆得多活潑，他卻幾乎打起盹來。忽然聽見女兒在喚他，他一驚，原來又到了吃飯的時候。他在門邊坐了半天，後來，又加上了半天。時間依舊流逝得這麼快。幸而，在新春的那幾天裏，即使再懶散些也無所謂。所有的男褲，在年底以前，都已交到顧主的手中。現在，店堂裏是出奇地空。平日，他有時也會對褲子懷抱敵意，但當它們眞的出清時，他倒又昇起了一股莫名的恐懼，似乎店舖已被洗劫一空，只給店主人留下以後未知的憂患歲月。

九點多，他的老婆蔡好妹化妝完畢，穿著停當，散發著濃郁郁的香氣，毫不顧忌地擦過他的身邊，向外走去。他連看也沒有看她一眼，只注意聽他自己手中的剪刀欻欻地裁開布料的聲音。桂珠倒是停下手中的針線，呆看了他一會。這未成年的女兒對這有什麼感想呢？怪爸懦弱，還是爲爸抱不平？如果他的老婆能避著他一點兒，從後門悄悄地出去，那他也會覺得好過些，但她就有這麼放肆。以前，他的大女兒桂英幫他做褲子時，也是這麼看他的，彷彿在說：「爸，你快阻止媽呀！你快開口呀！」他本來就不舒坦，也眞想出一口鳥氣。何況他雖然極少出去，卻不知怎的，竟得悉她在外面姘上了一個男人——開貨運卡車的。那天，也是這個時候，她走出店堂來了，他故意站起來去拿噴壺，把櫈子推翻在她的跟前，打著了她的右腳，她一面捏著腳，一邊倚著長作板尖叫著。他扶起櫈子，綳緊著臉，說：「只不過壓到了一點腳尖，幹嗎這麼大驚小怪的？去房間裏躺躺，也省得再出去。廚房鍋子裏還有飯呢！」不料，她一咬牙，把痛腳往前一蹴，那凳子就打在他的左腿骨上，痛得他晃來晃去的。

她冷笑一聲，豎起眉毛，問：

「好，姓朱的，我要問你，你憑什麼不讓我出去？」

「兒子剛進中學，小女兒還在唸小學，桂英幫我踩褲子，家裏要做的事多著哩！」

「唷，你這個該死不死的窮鬼，我嫁了你，算是倒了一輩子的霉；我不數落你，你倒好意思派起我的不是來了？別人家做了幾年的裁縫，就把店舖弄得像模像樣的，只有你這個笨蛋，只會做一輩子的褲子！」

「做褲子怎麼樣？也不是把你養活了？你別臭美，以爲自己還年輕，到處去賣騷！」

「姓朱的，這次是你先惹火了老娘，老娘我不稀罕吃你幾口窮飯！老娘我比你年輕，要我的男人可多得緊。姓朱的，你聽了舒服了吧？你不要臉，老娘我也就拉下臉皮說實話。老娘我的確看上了一個男人，比你年輕，身體也比你壯。今天下午我就跟他開房間去！」

「住嘴，不要臉的臭婊子！」

「我是臭婊子，你是死烏龜。現在你既然知道了，事情就好辦了；我到外面去嚷去。」

她邊喊邊往外衝。他拚著命把她拉回到店堂裏。她就這麼哭呀罵啊的鬧了一個上午，不但左右鄰居都聽見了，連郵局的員工和顧客也全聽見了，但卻沒有一個熟人過來勸解，因爲這件事太丟臉。他只好躲到裏面去。有好幾天，他不敢抬頭去看別人；不管別人的目光是嘲笑也好、憐憫也好，他都抹不掉自己的恥辱。他沒料到這一仗敗得這麼慘，什麼都活生生地割讓掉了，沒法替日後的自己留下一點餘地，以後只好什麼都不聞不問，屈辱地求生。他的大女兒桂英說：「爸，你也試試看，要是你也撒潑，不做褲子去喝酒，看媽怎麼辦？」桂英那時是二十歲，向著他這一邊的。可是他怎麼能告訴她：她娘心一橫，可以跟那個貨車司機私奔，而他卻是愛著他們三個兒女的。

或許自己那種想法就不對，乾脆讓蔡好妹私奔了，事情可能還要簡單些，但他就是沒有勇氣去做一個酗酒的爸爸。現在想到那個在高雄的大女兒，心裏就不知有多難受。桂英就像桂珠那樣，十五、六歲上，就幫他做活兒。他裁好並貼上前後褲袋後，就交給她去踩。縫紉機放在店門的右首，橄欖樹倚在左首的屋簷邊，擋不住這一方的光亮。單車鈴鈴鈴地響著，她總瞧見那個年輕的郵差騎車過來，又騎車過去；鮮明的制服，敏捷的行動；打照面時，笑吟吟地點一點頭。每天，每天，而且，每天總有好幾次。那個年輕的郵差趙瑞年現在已經改坐在櫃台後面了。現在，每次，當他爲了寄給桂英的信而去郵局時，趙瑞年看見他，還是客客氣氣地招呼他：「朱大叔，你好啊！」好像已把以前的那些事全忘了，而他卻總要呆上一會，在郵局玻璃窗的反光中看到了桂英的淚眼。「桂英很好吧？」還是趙瑞年大方。他只會吶吶著：「還好，還好，謝謝你！」就倉皇地穿過平交道，走回來。好在除了製糖時期有運送甘蔗的小火車通過這裏之外，平時是很冷落的，否則，照他那副模樣，總有一天會被撞倒在這冰陰的線與線間。他疾步走到橄欖樹下，抬頭看那綠綠的新葉、紅紅的老葉。又有單車鈴鈴鈴地響過來，這條馬路不是鬧街，很少有汽車馳過。總是那些伶巧的單車，或許是另一個年輕的郵差送完信回來了，他兩眼蒙上了霧氣。

就所處的地理位置來說，他家的店子離郵局最近，所以也就容易跟郵差扯上關係。雙方只消經過幾次點頭之後，就會變得很熟悉。其實，那個年輕郵差趙瑞年，也是這個鎮裏的人，在趙瑞年還是小孩子的時候，朱永山相信自己已經看到過他，只是沒有注意罷了。趙瑞年開始是十來天彎進來一次，繼而是兩、三天彎進來一回，後來就習慣地每天都要來聊一會。他也喜歡這個年輕人來，喜歡聽他說一些新鮮事、一些笑話。趙瑞年親切地喚他朱大叔，誇讚他福氣好，有一個能幹孝順的女兒，說得桂英的臉兒紅噴噴的，也說得他自己的心滑溜溜的。旺季時，每天得趕四、五條褲子，不是桂英幫著，他幹得了？淡季時，他抽空去裏面榻榻米式的大床上躺一會，生意由桂英去照料。主顧來了，只要桂英往裏喚一聲：「爸，有客人來量身材啦！」他就撩開布簾，從裏面走出來。他一直以爲趙瑞年是來看他的，後來，趙瑞年卻帶來一些香粉、口紅、皮包一類的東西來送桂英。桂英看到他時，兩眼總是水汪汪的；他騎著車子遠去時，她就一直望著，一直望著。他做爸爸的喚她，她也聽不見。他知道他們兩個在相愛了。他很驚愕，因爲他還沒有想到把桂英嫁出去。他家的生計分挑在他和桂英的身上。她這一嫁，他可怎麼辦？何況現今嫁女兒，也比不得十幾二十年前，幾雙木拖、一隻臉盆、一床棉被、一隻箱子，就可對付過去。現在大家都過得寬裕了，動輒就要花上五萬、十萬。他當然不能跟別人比，但一套沙發、一口衣櫥、一架縫紉機、一隻梳妝檯、一輛單車、一床被褥、一些像樣的四季衣服……總不能省，這些起碼也得一萬多；他若收了聘金，粧奩就得更豐富。他去哪裏張羅這一萬多塊錢？不陪嫁吧，她在公婆面前又怎抬得起頭來？這些問題把他團團圍住了，在他無法突圍之前，他就只好裝瞎、裝聾，無視於他們感情的發展。這樣地拖了兩年，趙瑞年就向他提親。他回說桂英的年紀還太輕。又過了一年，桂英流著淚求他，說她已經二十三歲了，趙瑞年也已二十七歲了；她既沒有學問，又沒長一張漂亮的臉，再不嫁，就會一輩子做老姑娘。他還是不答應，但他也沒有說出他不答應原因；他只堅決地說是她還年輕。桂英開始認爲他將永遠讓她守在家裏，認爲他讓這個成年女兒成了他不貞的妻子的犧牲。於是桂英就整天板著臉，硬生生地把對於父親的那份愛心轉變成了憎嫌。在九月的一個早晨，她帶著一張報上剪下來的「求才廣告」，趁車去高雄的加工區，進入一家成衣廠裏做女工。兩、三個月後，她就隨隨便便地跟一個男人結婚了。婚後，他曾多次寫信去解釋，但她總是不肯回家來一次。這麼好的一個女兒，就這樣地跟他疏淡了。他想念她的時候，眞恨不得把整塊的褲料剪得稀爛，不過褲料是人家的，他膽子再大，也不敢這麼做。他只有把自己的心撕得粉碎，碎得連巧手也沒法把它縫綴起來。

十點多鐘的時候，這個開鐵門的年輕郵差林阿雄送完了信，便在馬路邊停下車，走向他這裏來了。他是另一條街上開蚊帳店老闆的小兒子。多年前，他的爸爸每次來做褲子，他都跟著來，所以更熟悉。朱永山甚至不問也知道他的年齡；他今年是十九足歲，明年就要去當兵了。他現在是臨時郵差。他來閒談時，也常常提起退役後怎麼也要考取正式郵差這件事。

「朱大叔，生意還不錯吧？」林阿雄跨了進來，鮮綠的制服在專做男褲、缺少明豔色彩的店堂裏耀起一片眩目的光。

「還好，還好，只是總有點兒忙不過來。」朱永山的手工是別人信得過的，主顧關照說是料子要下水後再做，他也一定會下水；尤其是一些上了年紀的老主顧，絕不會因他的店面簡陋而嫌棄他。可是小女兒桂珠究竟幫不上大忙，所以他一天最多只能趕出三條褲子來。

「桂珠也能縫些東西了，眞不錯呢！」林阿雄朝著桂珠，一副老大哥的模樣。

桂珠不服氣地說：「其實，我也會踩褲子。我讀國中時，上職業的選修課我就常常學縫紉。爸總瞧不起人，說我會踩得彎彎曲曲的。」

「朱大叔是位講信用的人，對顧客總是誠心誠意地服務。桂珠，你再長大些，你爸就會安心把活兒交給你做了。以後，你的手藝會跟你姊姊的一樣好。」

「我要比姊姊做得更好。」桂珠說。

朱永山聽見他們提到桂英，心裏一怔：莫不是以後這個年輕的郵差又會看上他的女兒？誰知道？現在桂珠還小，可是等到這小夥子當兵回來，桂珠可不就快雙十年華了？那時候，他來來回回地在這條馬路上跑，又時常進店來閒聊，兩個人見面日久，還能不生情嗎？到了那時，他可再也不能一錯再錯，糊里糊塗地把女兒的青春耽誤了。哪一天給他看出了苗頭，他就哪一天跟這小夥子提親。林阿雄要是晚上約她看電影，好，沒關係；晚上不踩褲子也罷。朱永山這樣想著，便認定桂珠以後的終身就繫在眼前林阿雄的身上。因此，此刻他又何妨在他的面前多誇獎女兒幾句：

「阿雄，你說得一點兒也不錯，我是講信用的人，所以不敢貿然交給桂珠去踩；其實，桂珠倒比她的姊姊還靈巧，一手活計做挺好。前幾天，她自己縫了一條短裙，眞看不出是她一手落的；過幾年，怕會勝過我了。」

「爸，我怎麼可以跟你比？」

「那是朱大叔福氣好！」林阿雄說。

「福氣嘛！她至多也只能再幫我幾年；女兒大了，總要嫁出去的，對不對？」

「留她多幫你幾年嘛！」

「不成，不成！以前，她的姊姊，我也不是存心想留她，但她一氣，卻跑到高雄去。這一回，我對桂珠的事，怎麼也不勉強。等她到十九、二十歲，哪一個小夥子喜歡她、而她也喜歡他的話，我絕不阻攔。只希望她的夫家不要離這裏太遠，她能十天半月來看我一次就好。」朱永山望著林阿雄，認眞地說。恍惚間，他覺得桂珠已經十九、二十歲了，林阿雄正來向他提親。他一迭聲地說著好。先別去想陪嫁的錢，萬不得已，湊一個會也好；假如他自己以後還不出，就讓桂珠替人做衣服，慢慢兒還。事情就這麼決定了。就是這樣；一件事想通了，就是想通了。

但林阿雄年輕得一點兒也覺察不出朱永山的暗示，他毫不經意地說：

「十九、二十歲就結婚，那不是太早了？現在正在推行計劃家庭，結婚太早，恐怕不太好，我是打算二十八歲結婚的。」

「什麼，你要二十八歲結婚？」朱永山叫了起來，一隻手臂落到作板上，壓碎了放在那裏的一片粉塊。「你眞的打算二十八歲才結婚？」

「朱大叔，你說二十八歲結婚有什麼不好？」

「當然不好，當然不好！」朱永山的聲音在顫抖，右手拉住林阿雄的胳臂。「你千萬不要等到二十八歲才結婚！以後你會知道壞處多著呢！」

「什麼壞處？朱大叔，你會看相、算命？」

「這個我倒不會。我只是說，以我家的桂英作例子，我只不過留她到二十三歲，但她卻一氣走了。要是你在二十出零的時候看上了一個二十歲的女孩子，而你卻要等到二十八歲才結婚，那樣，那個女孩子不也要二十五、六了？叫她等得這麼久，等得快老了，怎麼行？阿雄，這個念頭，你千萬不能有！」

林阿雄笑了：「呵，原來是這麼嘛，我也是隨便說說的。萬一那時看中了一個漂亮的女孩，當然也就顧不得這麼多了。」

朱永山嚇出一身冷汗，吁了一口氣，感到自己又老上幾歲。他叫桂珠快去倒杯熱茶來。他是眞的累了。

林阿雄轉身要走：「朱大叔，我要走了，已經耽誤了你好一會。」

「哪裏，有空隨時來玩。對了，阿雄，你這兩天替我留意留意看，假如有桂海給我的信，請你儘快替我送過來。」

「桂海給你的信？他不是在讀私立高商，早出晚歸的？」

「他在前幾天自動退了學。他說越讀越沒興趣；他不是什麼打算盤、搞數字的料！我也知道他不是。但他初中畢業時，我要他跟我學手藝，他卻不肯。前天，他向他娘要了一些錢，到高雄看他姊姊去了。」

「去高雄？那倒也不錯。高雄工廠多，工作機會也多，何況桂海頭腦靈活，身體又棒，找事沒問題，你儘管放心好了。」

林阿雄騎著車子離開後，朱永山喝了幾口熱茶，把裁好的一條褐黃條紋的西褲拿到縫紉機上，開始仔細地就著初冬的光亮踩起來。或許眞的太累了，他有點兒腰酸。他不時停下來，也不時抬頭望向斜對面的郵局。那裏總有幾個人在進出。每天都有一些人拿著一兩寸厚的成疊的鈔票走出來，總有幾萬塊吧，自己連做夢也沒想到要這麼多的錢。而每天，郵車總是載著來自各地的信件、包裹，駛進圍牆裏去，它們當中有些是來自天涯海角。啊，天涯海角，這是一些什麼地方？他連它們的名字都沒聽說過。而他的工作、他的生活，則是坐在長作板旁，然後又坐到縫紉機前；看那年輕的郵差在早晨把翠綠的鐵門拉開，然後又在晚上把它們拉攏。於是，他知道他的掛鐘又慢了，他把它校正過來。

他又想起前天離家的桂海。他委實夠伶俐，所以他也沒有過分把他掛在心上。桂海兩年前拒絕跟他學習手藝時，他的確發了一頓脾氣，這還是第一次他對兒女發這樣大的脾氣。前天桂海出門時，他也很不高興，但現在他已經原諒他了。不管桂海的信是這兩天到還是再遲兩天到，但那封信的內容定是這樣的：爸、媽：我最近還不想回家來，我已經找到一個工作了……

管它是什麼工作，至少，他幹的不是他爸這一行！

朱永山把一條踩好的褲子往長作板上一扔，站起來，走到橄欖樹下。樹上的橄欖，好些已經長得像紅棗核兒那麼大了。有一根椏枝垂得低低的，朱永山順手摘下一顆來，放進嘴裏，慢慢地嚐著。

一九七二年（民國六十一年）一月

風的故事

當那座結實的水泥長橋、像巨人的胳臂那樣、從這一岸伸向彼岸的那一年，我是十五歲。我之有這種把大橋誕生跟我的年齡連在一起的想法，應該歸因於我當時原是一個頗爲自負的男孩。這是一些高分的成績單在我身上所造成的影響。在這個貧瘠的小鎭上，多年來，由於對外交通的梗塞，人們就有那樣單純而固執，老把小小的聰明認爲是是卓越的天才，把細細的瑣事咀嚼成山海的珍味。而我，這個本是膽怯而謙虛的孩子，也就在短短幾年之內變得多話而高傲，自以爲成熟得具有大男孩的氣慨了。

大橋通車後，小鎭的直街上多了一座售票亭和兩個候車牌，而我家那兩間以粗竹爲棟樑的街屋就正好座落在售票亭和一個候車牌的後面；於是，一些街坊鄰居都說，打我開始，我家就要發跡了，現在是這街屋，以後在後院裏鋤鋤地，說不定會鋤出一缸金子來。

那兩間街屋，一間本來只是我家的前客廳，另一間則是以極低的價錢租給一個木炭行的老闆，堆放整籮整籮的相思炭。而街屋後面的幾間平房和一方天井，才是我們一家人眞正的生活的空間。我們不做生意。我讀初三，我爹是水利會的職員，整天在外跑東跑西的；我娘在後院裏養了一群火雞。一家人都沒空，也不愁衣食；年底時，總還有些剩餘，高高興興地添一些衣鞋，買幾件傢俱，要是再有餘錢，就買一條粗粗的金項鍊。我記得我娘藏有好幾條金項鍊。

儘管我家的人對於這兩間街屋從未作過任何計劃，但街屋卻自個兒光彩起來了。早早晚晚，總有好些人在街屋前面的售票亭前買票、等車。其中當然不乏熟人，他們攜兒挈包的，站累了，就走到我家前客廳裏來，找張椅子歇歇腳。我爹這才想起來：該做兩條長板櫈，放在門前，給等車的人方便方便。板登很快就由木工送來，沒有油漆，白白、寬寬、厚厚的，一副結實、淳樸樣兒，連爹和我都愛上了它；沒事的時候，也去坐上一會；我娘看到了，就會說：

「阿煌，阿煌的爹，屋子裡好好的椅子不坐，去佔別人的位子，好意思？」

爹就笑著說：「屋子裡悶氣，這裡通風呀。如果有人要坐，我們當然會讓開，你急什麼？」

「我想你是在看有沒有熟人走過來，可以聊聊天！」

「那也是常情；你在屋子裡，看到了熟人在等車，還不是照樣會站起來打招呼。」

「嗳，眞想不到，會有這麼多人到這一段路上來。」娘說了，就管自去理自己的事了。

剛說完話，就有熟人走過來了，是爹的小學同學陳伯伯。我馬上讓開位子，站到門邊去。陳伯伯把花布包放在長櫈上，才坐下來，就對我爹說：

「吉民兄，你的運氣來啦！坐在這裡，在打算什麼呀？」

「沒有，沒有。反正是星期天，閒著沒事，就在這裡坐著。正在想，能碰到個朋友，就好了，不料，你就來了；眞是巧。你要上哪裡去？」

「去臺中看看親戚，買些東西。有車吶，多方便！」伸著脖子，往南端的公路上瞥了一眼。「噯呀，你家的街屋空著，多可惜；爲什麼不裝修一下，開家糖果店、或者雜貨店，生意一定不會差到哪裏去。」

「誰管店？阿煌的娘，她只會養養火雞，連檯秤也搞不清，怕賺的還沒蝕的多。」

「租給別人也好。我敢打賭，一定已經有人在打這個店面的主意。說不定，還有人願出高價把它買下來呢！」

「哈哈，那我姓田的眞要發筆小財了。」

「阿煌，不要老是坐在外面，替我切些蔥末，拌些飯粒，餵火雞去！」往臺中的車子來了。陳伯伯跨了上去。我重又跟爹坐在一起。娘又在屋子裏喊叫：

「我不要餵火雞！」我連頭都沒動，說。「等一會，我就要抄作文。老師要我把我的作文抄在稿紙上，貼出來，給班上的同學們看。」

娘不再作聲。我不愛做家事。娘一要我做家事，我就把功課抬出來。娘也馬上意會到：我這做兒子的在外面替她掙了多少面子；現在，在家裏要享受一點特權，也是應該的。說不定以後我還會立大業；那些雞毛蒜皮的事，不也太委曲了我？

我們看著車子來了又走了。十一點左右，有個叫做胡仁平的，從車上走下來，卻不立即回家去，倒反挨著我爹坐下來。於是，我又站到門邊去。

「田先生，你這會兒有空啊！」

我在心裏暗笑：沒空，怎會裏閒坐！廢話嘛。譬如說，我知道你也有空，你才會坐下來，如果我爹也問：「你也有空啊？」那才好笑哩。

胡仁平又說：「田先生，你這裏現在可眞熱鬧了。車來車往的。你的街屋……」

我搶在我爹前面，岔著說：「別人也說街屋空著太可惜，但是我家沒人做生意。」

胡仁平轉過臉來看我。他是一個剛跟青年揮別的三十出零的男子，模樣兒很清秀、很誠實、很整潔；雖然，我一想起他的行業，就要把「整潔」兩個字剔除，因爲他是專替人家醫治痔瘡的郎中。他說：

「你就是鎭上中學裏年年考第一的田小弟吧？果然聰明伶俐，我才想到，你就先說出來了。」

我搖搖上身，得意得有點兒飄飄然，因此，不加累索地，我又接下去：「如果你想租的話，我們可以考慮。」

爹白了我一眼，認爲我的話超出了分際。他賠著笑，說：「小孩子，總愛亂說話。人家胡先生在別處租了房子，住得好好的，哪會看上我們這間破街屋！」

「哪裏，哪裏，我倒正想跟你談談這件事呢！」胡郎中說。

於是，爹和他，便從板凳上移身到屋裏的籐椅上。爹幾次示意我走開，但我卻認爲這件事既是我出口的，我就有權知道它的結果；何況我又不是一個「平平凡凡的」孩子。

胡郎中說話很委婉。他告訴爹娘，他是外縣人，在這小鎭的橫街上開業了兩、三年，可是，上門來的病家並不多；可能橫街的位置不好，很想換個地方碰碰運氣看。我家街屋的地段好，假如肯出租的話，無論如何租給他。

爹低下頭，想了又想，然後走進裏屋去找娘商量，剩下我陪著郎中。我對他說：

「你放心好了，我爹一定會答應。隔壁那一間街屋，現在堆著相思炭的，不久就要滿期了。」

他本來顯得有點兒焦急，像個連最後一班公車也沒趕上的乖客，在聽了我的話以後，臉上的緊張驟然舒鬆下來。

「田小弟，以後我要好好地謝謝你。」

我一揚頭：「我的獎品很多，字典、講義夾一類的禮物我全不要。」

他討好地俯身向我：「當然，要揀你喜歡的，以後我們可以再討論。」

我爹出來時，有一點猶豫。他說，他不想馬上決定，要跟木炭行老闆接過頭，再給胡郎中回音。胡郎中拋向我的眼色眞是怪可憐的。我走過去，對爹抱怨：自從隔壁堆了炭簍以後，蚊子多，蟑螂多，耗子多，我早就受不了啦；現在有了這個機會，怎麼還要三心兩意的？我搬出許多理由來，逼得爹不得不承認我的見解是對的。

過不多久，炭籮就被搬走了，胡郎中僱人來粉刷牆壁，用薄板把一間街屋隔成走廊和診療室。在街屋前面，跟候車牌形成四十五度斜角的地方，豎起一塊白底的招牌，上面寫著一個血淋淋的大紅字：痔；看上去，一淋到雨，就會有血水流下來，也似乎暗示出許多痔瘡患者的痛苦的呼喊。薄板上，也貼了好幾張圖片，都是不很雅觀的臀部和肛門。胡郎中因爲已經有了太太，所以加租了裏面一間對著天井的平房。搬過來之後，我第一次看到他的太太時，就有這種感覺：假如那天來租屋是她，我一定不幫她的忙。她約莫一百四十多公分高，體型像個十二、三歲的孩子，比我還要矮上半個頭！皮膚黃裏透黑；瘦臉上有個短短的鼻子；一雙眼睛倒是很大、很大，像個旱災期中好幾天沒吃飯的人；她看你時，儘管露著笑，但那目光還是很恐怖，宛如把你當作了獵物，突然之間會向你撲過來。

所以，我就爲胡郎中難過。像他這樣長相的人，什麼樣兒的女人不可以娶，偏要討個醜八怪來受罪！他幹這種臭行業，每天對著屁股眼兒研究，已經不是味兒了；抬起頭來，面對著的一張親人的臉，竟又是爛百樂一個！唉，唉，他幹嗎要這樣呢？總有一個理由吧。總不能說，她對眼前的這個太太，是一見傾心的；他眼珠子裏就從來沒有過別的女人！

胡郎中爲人很和氣——有時，我覺得他有點兒謙恭，也有點兒卑賤，把自己看得很低，跟我的那種老是挺著腰、昂著頭說話的樣子完全不同。他對我親切而友善。每天早晨，我去上學時，他總在「痔」字招牌的旁邊做健身操，一看到我，準會笑瞇瞇地招呼：「阿煌弟，你去上學啦！」他已改口叫我阿煌弟，而我也就順理成章地喚他胡大哥。「是呀，胡大哥，時候不早啦！」我一邊說，一邊向前疾走，書包裏放著他送我的那副嶄新的乒乓板。那是他搬來後第三天送給我的。他沒有失信。他低低地告訴我：那是他太太出的主意。我不太相信。那個矮女人，不僅面貌醜陋，而且動作遲緩，做一件簡單的事，都要磨上一陣，換了我，早就光火了；但胡郎中對她，卻從不粗聲粗氣。倒是他太太，一不高興，就把鋁臉盆摔得響響的，然後人就賴到床上去，不去買菜，於是胡郎中只好拜託我娘，代他帶些回來。

我娘說：「胡郎中以前大概是個窮小子，窮得只夠管自己的一張嘴，娶不起老婆。後來，有人看他老實，寧願貼上一筆錢，把醜女兒嫁給了他，而他也就接受了。你看，他那瘦瘦矮矮的太太，掛在頸上的那條金項鍊倒有二兩重。有一天，她還告訴我：她有一對三兩重的金鐲子。胡郎中這兩三年也沒賺什麼錢，這些是哪裏來的？」

這推測大概沒有錯。胡郎中是把他的一生賣給那份嫁妝了。想起他的卑謙的笑容，我的頭也就昂得更高了。一點兒也不假，我家的街屋，確實有點兒苗頭。那些候車的人，少不得都要對那個驚心動魄的「痔」字多瞥上兩眼；有些甚至還到診所門口去張望張望，而一些果眞患有那種痼疾的，就忍不住用手摸摸自己的屁股。大概也是他時來運轉，他那種在患部打針然後腫脹、結疤、脫落的土法（當然也配合著服用他自製的丸藥），倒確實治好了一些痔瘡的患者；胡郎中的病人就這樣地漸漸多起來了。每天，我放學回家，總還看到走廊邊上坐著一、兩個病人。我也不好意思撩開花布門簾走進去，病人可能正光著屁股就醫呢！因此，我多次失去了向他誇耀我成績的機會，想起來，就懊喪。我扭身向屋子裏奔去，連聲喚著娘。

娘在後院裏。一批火雞已經長大了，公的展開色彩斑駁的羽毛示威，藍紫色的垂肉非常漂亮。娘已經切好了許多菜葉。她的手指頭被葉汁染成了青黑色。她順手把剩飯跟菜葉放在一起，拌和了，倒在雞槽裏。

「你叫什麼？如果餓了，碗櫥裏有個別人送來的喜餅，你切半個，先充充饑。我這裏正忙。」

「我不餓。娘，我只是想問你，隔壁的胡郎中家，每天病人進進出出，難道眞有那麼多人拉屎的時候屁股眼兒要流血？」

「我也沒有去問，好像有些人並不是生痔瘡；有些傷風咳嗽的，要打補針的，也都來找他。反正是小地方，別人信得過他，也就什麼都找他看。」

「呵，呵，怪不得有人還抱著小孩子去。」

娘大概一心想著火雞，沒再說話。可不是，這幾天，她的木箱裏又有了一批小火雞；這些禿頭的小傢伙受不得蚊子咬，否則很快就會生痘死掉。我娘有經驗，便在木箱上面蓋了一塊布；晚上，又把箱子搬到廚房裏去。每當親友們來了，娘就請他們欣賞她養的火雞。她從未失敗過。

好一會，娘忽然說：「胡郎中的太太今天病了。生意好轉了，雜務自然就多了，她身子本來單薄，一下子應付不過來。」

「娘，你怎麼知道的？」

「上午，她邊摔臉盆邊哭；說她全身無力，又說胡郎中的生意越好，她越倒楣。胡郎中一聲不響，怪可憐的。」

「那可怎麼辦呢？前面有病人要他看，後面又有病人要他照料。一個人有幾雙手？」

「是呀，賺錢不容易啊！」娘望著她飼養的一群火雞，牠們總共有二十來隻，大的快有十幾斤了。「他來托我買菜的時候，我就勸他請一個幫手。十五、六歲的女孩，一個月也要不了多少錢，可以幫他的忙，又可幫他太太的忙。就是那種『小護士』。他倒肯聽我的話，要我代找一個。」娘叫我把木箱搬到廚房裏去。我看看那隻養過好幾代小火雞的髒兮兮的木箱，就是不肯動手。娘對我也沒辦法，笑著說，「以後啊，你要是不立大業、不賺大錢，我可會不高興的。你瞧，娘辛辛苦苦地養火雞，還不是爲了你。你是想讀大學的吧？」

「當然，最好的大學。」我毫不考慮地回答。

娘笑得好開心。終於，她自己把木箱搬到廚房裏去，然後又走出來，順手把簷下的泥地掃了掃。「要找『小護士』嘛，還得由你來動腦筋。你小學裏的同班同學，因爲家境差、畢業後沒有升學的，你總可以想出幾個來吧？」

「我們班上的女同學有十多個都沒有升學。」

「哪一個比較伶俐？笨手笨腳的，看了也心煩。」

我先沒回答，暫且把後院當作六年級的教室，由自己充當老師，自第一個起，一排一排地順次點著名；點到最後一排，我嚷了起來：「方翠珠，方翠珠，就是她！」

爹和娘，對我的見解，一向是毫無條件地接受的，而且每次，我也的確表現得非常傑出。就說這件事情吧，娘後來就說：沒有一個女孩會比方翠珠更適合做胡郎中的護士。方翠珠的娘是個早年守寡的洗衣婦。方翠珠從小就被訓練得會做各種家事。因爲上學晚，她比我大兩歲，那年是十七歲。小鎭上沒有什麼工作好做，她就幫著她娘洗衣服，看樣子，似乎又在漸漸地朝著洗衣工這條路上走。我娘去找她，不啻是把她從這個箍定的命運中拯救出來。

那天早晨，我上學去，一拉開門，向右看去，胡郎中並沒有站在招牌旁做健身操，卻換了一個女孩子在掃地。她掃得又快又仔細，連我們門前的地也快給掃乾淨了。這使我有點吃驚。我停下步，那女孩抬起頭，對我笑了笑。我這才想起來：她就是我兩年多沒見面的方翠珠。她已完全長大成爲一個少女了。她梳著兩條辮子，圓圓的臉蛋雖有些雀斑，但卻白裏透紅。或許是第一天才上工，她的那件花布洋裝幾乎還是全新的，也很合身。我又注意到她的雙腿，它們依然沒有疤痕；她是我們班上、雙腿沒有疤痕的少數女同學之一。

「方翠珠，等我放學回來，再跟你聊！」我蹦跳著，走了。

以後，這簡直成了我的習慣：每天放學回來，總要彎到隔壁跟方翠珠聊上一會，但我一點也不耽誤她的工作。經過八個小時以後，她已把一天該做的事情料理停當。掃地、洗衣、燒菜、煮飯、擦桌椅、抹玻窗，搓製一些大小幾乎相等的棉花球，以及給針筒、針頭和一些最簡單的外科用具消毒。她很會說話，跟病人很談得來；女病人就診時，她就爲她們抱孩子。傍晚，我去看她時，她已經可以坐在走廊上休息了。我們的話題很窄，談的不是小學裏的事，就是我中學裏的事。我總不忘把我的成績告訴她。胡郎中要有空，也會走出來。他對我稱讚方翠珠做事的認眞，自她來了以後，診所裏裏外外全給理得井然有條。病人比以前增加，她的太太也因爲不必辛苦，身子也在漸漸地恢復。而這一切，不都是我娘的功勞？

我仰著臉，望著他，好想說：還不是我給娘出的主意！要不，她怎會想到方翠珠？

胡郎中拍拍褲管，然後用謙遜的誇張口吻說：「哎啊，現在要是我的診所裏少了方翠珠，怕會落得一個關門大吉了。」

方翠珠被讚得紅起了臉；我呢，一方面固然因爲方翠珠是我主動找來的，另一方面又因爲我對方翠珠也有一份感情，巴不得幫她一點忙，所以立刻接下去：「胡大哥，既然你那麼說，那你就該加她的薪水呀！」

方翠珠拉拉我的袖子阻止我，但我偏偏盯著胡郎中不放。他泛著一臉卑微的笑意，湊近我說：

「阿煌弟，那還用你說，我早有這個打算了。」

這時，胡郎中的太太突然從裏面走了出來，因爲是冬天，她穿一件茶色的燈芯絨的寬大睡袍，襯一張赭黃的臉，像一根快要傾圮的朽舊的木柱；兩隻大眼睛就如兩盞掛在木柱上的幽幽的燈。

「你們談什麼呀，笑嘻嘻的？」

「胡大哥說，你最近身子好多了，我們大家都爲你高興呢！」

「我本來也沒生什麼病，只是因爲有了喜。」說著，瘦臉上擠出一個笑。

我們住嘴，惟恐自己嚷出聲來。雖然這跟我毫無關係，但想起日後這間屋子裏可能多上一個跟她長得一模一樣的孩子，整天價哭呀、鬧呀的，甚至咆呀、跳呀的，我就不禁心驚不已。

我也定然打了一個哆嗦，因爲旁邊的方翠珠竟低聲地關照我：「田阿煌，你冷了吧，該回家加一件衣服了。」又摸摸我的手，推著我站起來。「快去，冷著了，可不是玩的。」

我回到家裏，呼嚕呼嚕地喝下大半杯溫開水，心便定了下來。我又竭力往好處想，意圖安慰自己：說不定胡郎中太太養下的孩子完全跟胡郎中一樣，清清秀秀、白白皙皙的。那時，孩子上我家裏來，說不定我也會逗逗他、抱抱他呢！

可是那種想法卻常常被朽舊的木柱子的黑影所遮掩，怎麼也建立不起權威來。我確實有點懊悔讓胡郎中住到街屋裏來，做我家的貼鄰。要不是胡郎中對我總是卑謙地笑臉相迎，要不是方翠珠做了他診所裏的「護士」，好讓我有機會可以跟她聊聊天、欣賞她明澈的眼神、紅瑩的臉頰、以及聽她對我優異的成績的那句輕快的「呵，那是當然的。」的回答，我眞想在爹面前提出一些冠冕堂皇的理由，把他趕走。

把胡郎中的太太跟方翠珠放在一起，我是越來越覺得方翠珠的溫柔與嫵媚了。我對她的感情也在逐漸改變，它彷彿已不僅僅是同窗之誼了，那種朦朧、微妙、有時且是捉摸不定的情緒，連我自己也很難完全清楚。我十五歲，打那年夏天開始，我光光的臉上剛長出了一些小疙瘩。早上洗臉時，我總忍不住要對著鏡子，選一個飽滿的，擠呀擠的，直到擠出一粒帶血的小油渣來才甘心。以前，我是根本不在乎美不美的，而有了那些小疙瘩後，卻使我愛起美來，而且還使我開始有興趣去注意女孩子的美來。在這段時間裏，方翠珠是我接觸得最頻繁女孩，而且，她又是個大女孩，有那十四、五歲的女孩所無法比擬的成熟的風采，還有做姊姊的對弟弟的那份關切。跟她在一起，我老感到滿足而快樂。

「方翠珠，你說，胡郎中的太太明年幾月裏生娃娃？」

「大概六、七月裏吧！」

「你認爲她生出來的娃娃，像她還是像胡郎中？」

「我哪裏知道！」

我挨近去，知己地說：「方翠珠，你看得出來吧，胡郎中實在是個好人，比他太太要好上幾百倍。他加了你的薪水沒有？」

「加了。他說，他太太生產時，要我娘來幫忙。」

「方翠珠，快過年了，你做了新衣服沒有？」

「娘替我做了兩件。」

「一定很漂亮。新年時，我們一同去哪裏玩一次，好不好？」

「我不想去。我要跟娘在一起。」

我有點兒失望，但我也懂得她委實不該把她的娘一個人留在家裏。她娘是個很知禮的人，大年初一就帶了方翠珠早早地來我家拜年，對我娘給予她娘兒倆的照顧一直道謝不已，然後彎到隔壁胡郎中那裏去，照樣道謝了一番。方翠珠那天穿了一件粉紅色的洋裝，還換上了一雙新皮鞋，好光彩啊！

因爲有了大橋，所以在這個新年裏，許多平日省吃儉用的人家也都帶了兒女趁車去臺中遊玩。街屋前面，成天都是候車的人。兩條長板櫈根本不夠用，好在那幾天，大家都不想坐，總是站在那裏等，看到車子來了，就一個個地往前擠，誰擠上了，就算誰的本領大。胡郎中也帶著太太上臺中玩。她也穿了新洋裝、新皮鞋，只是那張臉永遠是舊懨懨的。他們直到傍晚才回家，當天夜裏，她就流產了。她在房間裏哭嚷、摔茶杯，搞得我們全家都沒好睡。娘說：「作孽啊，早知這樣，就不該出去玩的！」

初五還沒完，方翠珠就來上工了。胡郎中太太幾乎整天都躺在床上，脾氣變得很壞，常常哭泣、摔東西；胡郎中只好低聲下氣地賠不是，勸她不要傷心、保養身體要緊。有時，我看到他的那副窩囊相，眞恨不得搥他幾拳；都是他慣壞的。要是他肯不理她幾天，看她怎麼樣？一個醜女人，有什麼好神氣的！

我關懷的倒是方翠珠。她比以前更忙了。胡郎中幾乎把配藥和包藥的工作也交給了她，而胡郎中太太的茶水、飯菜又要她送到床邊去。我問她：你是不是太累了？她說：不累。我又問她：胡郎中太太會不會罵你？她說：不會。她還很聽我的話，有一天，她說，她本來很想生個孩子，因爲她知道自己身子差，生一個就夠了，現在就不用想了。於是，我又接著問下去：她每天賴在床上幹嗎？哭哭鬧鬧的，太不像話：她起來走走路、做做事，不就好了？方翠珠沒答話。或許我最後一段話帶著激動與憤怒，聲音要比平日的高，以致把胡郎中從裏面引了出來。他依然推給我一臉的笑，謙卑的，而且是苦澀的。

「阿煌弟，我太太的身體不好……眞的，一直好不起來，我還時常替她打補針哩。」話語黯沈沈的，一點沒有味兒。

「胡大哥，你怎麼不叫她起來走走？」

「她就是沒有力氣呀！明後天我打算送她到臺中的大醫院裏去看看；我早就勸她去的，但她一直不肯。」

跟我說這種話有屁用！而且，我也沒有興趣聽。我乾脆站起身，回家來做功課。

第二天上午，胡郎中就親自陪著他太太去市裏就醫，而且還特地僱了一輛出租汽車到街屋門前；下午，也是趁著出租汽車回來的。那是娘對我說的，因爲晚飯之後，胡郎中太太又哭了，一直哭個不停，吵得我好心煩；我只得走到最後面的那個房間裏去做功課。娘說：「可憐啊，她病得不輕呢！」

我卻有點兒不相信。胡郎中太太本來就瘦，現在不過更瘦了一點；她本來就喜歡哭、喜歡賴在床上，現在也不過更喜歡一點。可能有一天，我坐在走廊上跟方翠珠聊天時，她又會好好兒地穿著睡袍走出來，亮著那雙可怕的大眼睛，說：

「我本來就沒有什麼病……我本來就沒有什麼病……」

被她搞得慘兮兮的，是胡郎中，是方翠珠，是我們一家人——我就常在午夜霍然醒來，聽聽隔壁是否有哭聲？

這種生活使人神經緊張。我一再告訴自己，要不是自己天份高，我初三下的功課就會砸在她的手裏，更別想去外地投考有名的高中了。

可是，我又有一種矛盾的心理：我厭惡晚上的哭聲，但果眞午夜醒來而聽不到哭聲的話，那就會使我感到很失望、很空虛。反正是，胡郎中太太的哭聲，正跟方翠珠的低柔語音一樣，已經嵌進了我的生活裏，同樣深入，也同樣不易拒絕。而胡郎中呢，卻反而變得無足輕重了；他那卑謙的笑，對我也變得毫無意義。

初三的第二學期有許多考試，我不得不好好地去應付。那個星期六，我又參加了一場籃球比賽，晚上也就累得不得不提早上床。雖然睡得很沉、很沉，但在子夜時分，我竟被隔壁的哭聲吵醒了，因爲這次不是偷偷的啜泣，而是粗魯的號哭；在最初的一刹那，我不禁勃然大怒，很想送過去一串責罵，好讓那個醜女人知道知道她是多麼惹人厭惡。但馬上，我卻發覺這哭聲不是屬於女人的，而是屬於男人的——是胡郎中的。這是怎麼一回事？他也要哭？他的太太還吵得不夠？他也要加進來吵？這怎麼得了？怎麼，還有我娘的話聲！連我娘也過去了，我怎麼一點也不知道？出了什麼事？

不知道由於害怕還是擔心，我大聲叫嚷。爹連忙推門進來，安慰我：

「別怕，阿愰；我在這裏。我起來好一會了。」

「爹，什麼事？隔壁……出了什麼事？」

「胡郎中的太太死了。可憐的女人，她的身體實在太差了，活著也受罪！」

死了？我有點不太相信。她不是自己喜歡賴在床上嗎？自己喜歡發脾氣、喜歡哭鬧？現在——那末，是她自己喜歡死的。那末，她不會再穿著寬大的睡袍出來了？眞令人不敢相信。

我的眼皮又沈沈下垂，我太累，而且，我對胡郎中太太的死也沒感到悲哀。這沒有辦法；對這個女人，我沒有一點感情。朦朧中，我甚至還在想：胡郎中怎麼會哭得這麼傷心？他眞的愛他的太太？

街屋的前面雖然是通衢大道，但胡郎中還是把簷下的那方水泥地用白布圍了起來停柩，又請來尼姑唸了一天一夜的經。安葬以後，診所一連幾天都沒開門，胡郎中只坐在屋裏歎氣。爹和娘隔著窗子勸了他幾次，我也跟他打了幾次招呼。他向我點點頭，嘴角牽動了一下，卻笑不起來。

但在診所開門以後，他就漸漸地回復到以前的樣子。我猜測方翠珠很會勸人。她一定勸過他好幾次。他有了笑容，而且比以前笑得年輕。我注意到他每隔十天總要去理一次髮；每天，總把下頷刮得光光的。我把這些告訴了娘。娘說：「當然啦，胡郎中還得重新做人啊；他才三十出零吶！」

我替他求情：「娘，你好不好替他找個合適的女人。不要太難看的，否則，住在我們隔壁，我實在受不了。」

娘笑著，推開了我。「你別管這種事。他本人還不急呢，要你小孩子管什麼？」

我不服氣地咕嚕著：「我本來不想管，就是怕方翠珠太忙了。我看胡郎中是把什麼都推給了她。」

娘還是笑著：「我也沒有聽見方翠珠在抱怨；等她訴苦時，你再說好了。」

我還是不服氣，只是想不出理由來反駁；於是我就怪起方翠珠來：她怎麼這麼傻，早上不到七點就來上工，直到晚上九點才走；事情做得那麼多，也不吭一聲，難道胡郎中又加了她的薪水！不過，這次他太太的病和死，也著實花去他不少的錢；他會這麼大方？

嘿，我一定要把這一點問個清楚。她是我推荐來的，我不能讓她吃虧；我喜歡她，自然更不忍她吃虧。我這個人就是這樣，沒有辦法；人家說服不了我。歸根結蒂，我爲什麼要服人家，你說對不對？

揀個時間向方翠珠細問一下，不能讓胡郎中聽到——在診所的走廊上說話可不好，隔一層薄板，胡郎中只要留神聽，什麼都聽得到。最近不老是這樣嗎，我在走廊的椅上坐下，說不了幾句，只要他沒有病人，他就走出來了，堆著一臉的笑，向我招呼，然後，在我旁邊坐下，揷進我們的談話中來。不管他笑得多卑謙，我都不喜歡他打碎我跟方翠珠的短暫交談的樂趣——晚上九點鐘，陪方翠珠同走一段路，那該是最好了。星期天晚上九點鐘，我就藉口鋼筆尖兒太粗了，急急從家裏出來，方翠珠也剛好橫過我家門前的簷下，我叫住了她，告訴她說是我要去配筆尖。她說那很好，剛好可以跟她一起走。

五月的白晝，天氣已經熱得很，在學校裏唸書時，頭上冒汗，嘴裏乾燥，同學們常常忍不住去買冰棒，然而，一到夜晚，倒眞是涼快極了，簡直還是暮春的味兒，風吹來，讓人忘記了白日的困倦。

「方翠珠，我快要初中畢業了，你說快不快？」我跟她並肩行走，雖然她比我年紀大，但我跟她一般高。

「當然快囉，三年時間，一眨眼就過去了。三年前，小學畢業時，你還是一個小孩子，以後，你高中畢業、大學畢業，我就認不得你了。」

「我跟你這麼熟，怎麼會認不得？你在說笑話！」風好柔和，今夜眞好。想到以後我會是一個大學生，我心裏就塞滿了快樂。「方翠珠，我有一個打算，你知道吧？」

「我當然知道。你聰明能幹，要立大業、做大事，哪像我這樣沒有用？」

我又笑了。今夜的風眞好。如果能在晚上出來走一會，準會令人心胸爽朗。

「方翠珠，你也一樣能幹，看你幫了胡郎中多大的忙！他最近加了你的薪水沒有？」

「沒有。老是要他加薪水，怎麼好意思？」

「沒有？太沒良心了！你替他什麼事都做，他應該知道報答你。到底是江湖郎中，沒讀過什麼書，眼界小……」我邊說，邊揮著手，來加強我的語氣。

方翠珠急急拉住我的手，說：「不是他，是我自己不要他加的。」

我停下來看她：「爲什麼？」

「你不是說他是好人嗎？而且，我是想長久做下去的。」

我們又開始走路。風好軟。我感到方翠珠是個既能幹、美麗，又溫和、善良的女孩。我覺得自己喜歡她可一點兒也沒有錯。我說：

「方翠珠，我要在二十歲那年結婚。」

「你爹娘說的？」

「不是，我自己說的。」

「爲什麼？」

「因爲我不喜歡你長久在胡郎中那裏做下去。」

「這跟我有什麼關係？」

「當然有關係。我喜歡你，我愛你，我要娶你！」我陡然變得異常激動。我想，那是軟軟的風給我的衝擊力，然而，她卻把它當作笑話那樣地哈哈笑了起來，笑得她不得不舉起手來摀住她的嘴，不讓自己笑下去。我用力拉下她的手，但就在這時，我楞住了：今天，她手指上竟多了一隻紅寶石的戒指。

「誰給你的？你說！你說！」我抓住她的手不放。「還有誰喜歡你？」

「胡郎中。阿煌，我告訴你，我們只是同學，你年紀這樣輕，說這種話叫人好笑。你最好把我的手放開。」

我猛地把她推開去，並且懊悔沒有把她推得更重一點，好讓她摔一跤。她跟蹌了一下，就跑開了，而我則站在冷街上，氣得發抖。這個瞎了眼的方翠珠，她沒有想想我愛她，是抬舉她嗎？她是什麼樣的人家的女兒！要是別人來替她說媒，怕我爹娘還不要呢。而今夜，我的一番好心、一份愛意，她非但不領情，反而叫我碰了一個大釘子。是我把她從可憐的境況中拉出來的，難道她連一點感恩的心都沒有，偏去愛上胡郎中那樣猥瑣的人，彷彿我連胡郎中都不如！把我看得那麼低？我是全鎮公認最聰明的人啊！

我還是去配了筆尖，但那晚，我卻什麼都讀不進去，只覺得方翠珠跟胡郎中老在擠眉弄眼地嘲笑我。老實說，我現在已經不愛她了，而且，不愛她似乎也很容易，我受不了的是這口氣。

一個月後，胡郎中就跟方翠珠訂婚了。女家把喜餅分送到親友家中。我瞅著喜餅，心裏怪不是味兒。突然，不是蓄意地，我說：

「娘，我早知道胡郎中會娶方翠珠的。胡郎中早就看上她了。他待她多好呵！」

「你怎麼知道的？」

「方翠珠跟我說的。她說胡郎中早就盼望他太太死掉。娘，你看胡郎中那種陰陽怪氣的笑，說多陰險就有多陰險。要不，他太太也許不會死的！」

「阿煌！」娘把嘴裏的喜餅都吐了出來。

那天，我說這話時，我的一個同學也在旁邊。我說過，我只是想說說，說過也就忘了，因爲我馬上要去投考北部的那所有名的高中，而且，確實，我是考上了，樂得我整天沒有事情可做，只坐在街屋前面的長板櫈上看街景。胡郎中跟方翠珠在八月底結了婚。我吃了他們的喜酒之後，才離家北上。寒假時，我回到家裏，發覺隔壁那間街屋已經不是診所而是一家糖果店了。

「娘，胡郎中爲什麼要搬走，他診所不是生意挺好的？」

娘想了一想，淡淡地說：「後來生意就不好了，沒有病人上門，好像大家都有點怕他、不相信他。當然，他只好搬到別的地方去開業了。」

我那時是十五——十六歲。我太自負，沒有把許多事情放在眼裏。在以後的那麼多年中，我也只有自己，但我發覺自己也只不過是個平凡的人。在那所有名的高中裏，我早就不是一個出色的學生；在大學裏，我更不是。我跟許多平凡的人一樣平凡，我沒有什麼可以値得驕傲的。現在，我是二十八歲，服過兵役，做了幾年的事，還沒有打算結婚。最近一次，我出差去南部，在一個很熱鬧的鎭頭的菜場邊，我瞧見了一個賣土製膏藥的。他坐在一只小櫈上，前面是隻茶几般的木架子，上面擺了一盒一盒的藥膏，又豎著一塊白布，掛著一個個紅布底兒的膏藥。我實在沒有什麼事，就走過去，問問那些膏藥是做什麼用的。於是，我猝然發覺：那個戴黑眼鏡的、有著一張白皙的臉的江湖賣藥人竟是胡郎中。他還堆著一臉的笑，但卻是更加卑謙了。頭髮花白的他，已經是個半老的人！

「胡大哥！胡大哥！你怎麼會在這裏賣藥！」我叫了起來。

他喟嘆著，低聲下氣地回：「唉，怎麼說呢，應該說是命運不濟吧。搬到哪裏，都沒有，什麼病人上門。後來，我想，還是在這裏擺擺攤子、賣賣藥，賺些小錢。這些年來，就是苦了翠珠。」

「翠珠？方翠珠在哪裏？」

「她替人家洗衣服去了，從早上洗到中午。家裏都幸虧有她。還有兩個兒女在唸小學哩！」

他說著，又笑了，我熟悉的那種笑。

我呆在那裏。在我身邊，有輛裝貨的十輪大卡車轟轟然地馳過去。

一九七三年（民國六十二年）二月

純是煙灰

昨夜有風。

昨夜，是冬夜，風很冷。我的屋子裏沒有電熱器，所以叫我們冷得很清醒、很亢奮，頗有跳起來衝到雪地——如果外面正飄著雪花的話——上去的勇氣。

我們，是我和周少勃兩個。兩個舊了的人，坐在舊了的木板屋裏。籐椅吱吱嘎嘎地響，風不僅在外面的檬果樹的葉子上翻滾，而且不甘寂寞，硬把自己壓得扁扁的，打門窗的罅隙中擠進來，跟我們同享一室。周少勃不會嫌我這間屋子的簡陋、仄偪，因爲他已經來過無數次，而我自己，當然也不會，因爲我無法獲得比它更好的住所。昨天，周少勃在晚飯之前就來了。我們兩個在廚房裏搞了半天，吃完了一大盆煎餃、一碗酸辣豆腐羹，然後便發覺天已全黑：黑得很徹底。

或許，夜空上正有星辰。那時，我們沒去注意。我們是應該注意的。但那時，我們注意到的只是風：白天，它還很柔弱；入夜，卻竟有些潑辣了。

我們只抹了抹嘴，便在籐椅上坐下來，默默地抽了好一會兒煙。我們抽的是「長壽」，十塊錢一包，我一天至少抽一包，周少勃也是，一根也不能少。如果那天客煙多了，即使在深夜十一點、臨睡之前、才發覺香煙殼子是空的，也得穿上衣服走出去，敲開巷口小店的門，去買一包回來。辦公廳裏的女同事，嘲笑我們是「煙的奴隸」，我們也總一笑置之。我們穿過時的西裝、破領的襯衫、龜裂的皮鞋，但對香煙，卻一點也馬虎不來。

「喂，少勃，今夜天氣冷了，」我聽著風聲，說，一邊把腳擱到粗劣的矮桌上去，因爲水泥地的寒冽透過薄薄的拖鞋底直往上升。

「是呀，冷才夠味——才夠大陸的風味。最好今夜下場雪。光有風還不夠，有雪才夠意思。我一點也不怕冷，你相信吧？雖然活了五十來年，但今夜我覺得很年輕，你相信吧？我現在可以出去跑一千五百米的路，你相信吧？居松，你相信吧？」周少勃兩頰紅紅的，好像喝過酒，可是我們很少喝酒。我們是煙迷，不是酒鬼。

「我相信。」我想把雙腳從矮桌上挪下來，但遲疑了一下，又放棄了。畢竟這樣要暖和些。

「我最近精神很好，身體情況也很好。天霞死了，我沒有對不起她，你知道的，你也看到了的。我爲她難過，但我無法爲她悲傷。我不想僞裝。我還要開始，居松，你是知道的，對不對？」

「是的，我知道。」

「天霞死了十天了。她的苦受完了，我的苦也受完了。我這樣說，並不是幸災樂禍，我不清楚別人在背後怎麽說，但我清楚你是絕對不會說我無情的。」

「是的，是的。」我說。

周少勃又燃起一支煙，猛烈地吸著；紅紅的煙頭，悽慘而壯烈。周少勃是個文雅的人，平日，做事、說話，一舉一動，都是有條不紊，很少急躁、唐突、激動，但今夜卻是例外。今夜，他的生命的火花又升燃得很高、很旺。今夜的他，使我想起這一陣子暫時接替他工作的那個年輕人：那個生氣勃勃的年輕的周少勃！

「你這次請了幾天假？」我問。

「六天事假。」

「科長怎麽說？」

「他說我剛請滿了十天的喪假，怎麽又要請事假了，難道要出去散散心？我只說，有點兒私事，要去外埠辦理一下。他要我快去快回。」

我笑笑。「你那位上司，說話欠親切。他大概是擔心代理你職位的那個年輕人經驗不夠、能力不強。」

「才不是！我這個工作，有誰幹不了的？審核、統計一類的事，我相信，那個年輕的同事，不消一兩天就學會了。當年，我也不是一兩天就搞通了？」

「是呀，我比你早進去半年。我知道你一學就會。」

「最簡單不過的！」

「是的，你一直這麼說。你的能力本來就比別人的強。」

「而且也最枯燥無味。做這種工作，很難有所表現。」

「是的。你本來是在這裏歇歇腳的，一直嚷著要辭掉，另外找別的工作。」

「就是這麼說嘛！我做這項工作，根本不是學以致用，弄得我興趣索然，痛苦的很。可是嘴裏嚷著、嚷著，我卻又留了下來。」

「可不是嘛？每年，我都擔心你會走掉，但心裏卻也希望你眞的走掉。在我們這裏，你眞是大材小用。你的情形跟我的不盡相同。」

周少勃嘆了口氣。「我自己也不相信會獃得這麼久。眞的，這裏絲毫沒有留戀的價值。」猛烈地吸了幾口煙，「簡直把日子當香煙抽，白白地浪擲了。」

「是的，浪擲了。我到現在還沒有結婚哩。」我說，「已經四十七歲了！」

「我比打光棍更糟。」周少勃謹慎地搔搔頭皮。他的頭上之出現好些灰白的頭髮，好像還是近三、四年的事。平日，他頭上乾巴巴的時候，那灰髮就特別顯眼，我曾形容它們是一塊布料上的花紋。而今天，他剛理過髮，光溜溜的，似把灰髮全掩藏起來了。唷，他明天一早要出門去。他是小心得不願把頭髮搔亂咧。

「不過，你以後還有一段好日子可過呢！」

他笑了：

「是啊，這幾天，我都在這樣想，這些年來的苦，總算沒有白受。」

屋子的冷空氣被這一番話沖淡了不少。我又一次地想把雙腳從矮桌邊上挪下來，但卻又一再遲疑。入冬以來，還沒把床上那條厚棉被拿到太陽下曝晒過。老家在冬天雖然也會下幾場雪，但從不作興把棉被彈得很厚，到了這裏以後，我也入境隨俗，七年前訂製的那床棉被，也是足足九臺斤重，冬天的晚上熱得我直冒汗，但現在，卻又重得叫我胸口發悶。一雙腳要是冷著了，縱使睡上一晚，也孵不暖和。不過，周少勃今天卻眞的一點也不怕冷。他說著、說著，竟把他西裝前襟上的兩粒鈕子也解了開來，露出裏面那件赭紅色的舊羊毛衫，或許上面還有幾個香煙火鏤下的小洞。他比我大四歲，四十八歲。

我們坐著。我們常在晚上聚在一起，所以也就用不著非說話不可。在辦公廳裏，有時，當我的工作告一段落，我就走到他那裏去。他遞給我一支煙，並且爲我點上了火，然後，我便坐在旁邊的空椅子上，而他則管自做他的事，做完了，才轉過椅子來跟我聊天。當然，當他走來看我時，我也常常這樣。這麼多年的老同事了，還計較這些小節幹嗎？晚上多半由他來找我，雖然兩家相隔只百來碼路，但他來一次，可也不容易。癱瘓的天霞躺在床上，他得把她餵飽，替她洗淨臉孔和身子，服侍過便溺，等到她睡著了，這才敢出門。每當情緒不佳的時候，他一走進我的屋子，就會悶聲不響地坐下來抽煙，接連抽完兩支，然後才緩緩地說：

「你瞧，今天我又接到了玉茹的信！」

「那不是應該高興嗎？」

「雖說應該這樣，但畢竟感到不好受，我總不能坑她一輩子呀！」

「唉，別這麼想。俗語說，苦盡甘來，總會熬到那個日子的。」

「我呀，我恨不得把自己活活地鞭死！我恨自己！」

「爲什麼？你可不是什麼壞人。你設想週到，那麼一個小心謹愼的人。」

「可是，我也不是什麼好人。對我自己，對天霞，對玉茹，我哪一點好？」

「別說了。我知道你心裏煩。可是拿我自己跟你相比，那你不知又要比我強多少。我是一無所有，至少，這些年來，你始終擁有一份愛情。」

「擁有？呵，天曉得，我感到我始終沒有擁有它！」

「你不相信玉茹？」

「不是不相信，而是像我們這樣的中年人，需要的乃是一種確確實實的幸福的婚姻生活，一種看得見、嗅得出、觸得到的幸福的婚姻生活。」

「我也在想，爲什麼我不早一點向天霞提出離婚，其實，那時她倒也是願意跟我分手的。」

「那麼——」

「或許是因爲你公務太忙，不知不覺地便耽擱下來了。她不早就想去高雄工作，把我扔在這裏？」

「那些狗屁公事，我想起來就一肚子氣！我在夢裏不知已經把它撕毁了多少次。」

「但你還是幹得挺仔細。少勃，你從來沒有出過一點差兒。你是一個盡職的人！」

「我不喜歡它！一點也不喜歡！那些公事，我厭透了。」

「少勃！」

「我一點也不喜歡天霞，她太冷漠、太尖刻、太吝嗇！婚後不久，朋友來看我時，她就把煙藏起來，只留下一根給我，害得我在朋友前面抬不起頭來。」

「是的，你們婚後不久，我就看出來了，她不是一個好妻子。」

「我不該貿然結婚的。我根本不清楚她的性情。我結婚不久，就知道自己並不愛她。眞是沒有辦法的事。我一點也不喜歡這個婚姻！」

「可是，現在大家都說你是一個好丈夫。你像一個特別護士那樣服侍她。誰有你這樣耐心的！」

「我可不要『好丈夫』這個頭銜。其實，我不喜歡服侍她，我眞的一點也不喜歡。我煩透了。你想想看，服侍一個你不愛的女人，一日又一日地！」

「但是從她得病以後，你待她確是夠好的。你是一個謹愼的人，你不願意別人說閒話。」

「其實，我才不管別人說閒話哩。我服侍她，只是因爲她病了。如果她沒有病，要我服侍她半天，我也會受不了的。我不說謊，我可以發誓，我半天也受不了！」

我知道他很少向別人解釋、訴苦。即使對我，也不常說這種話。他說這些話時，語意似很激動，但他的臉部和聲調卻很平靜。我由衷地佩服他的這種修養，這要不是淵自他高尙的家庭，就是來自他博湛的學識。他總是把一件火辣辣的事融煬在那種「人生就有這麼無奈」的觀念中。在辦公廳裏，我曾好幾次以爲他會跟那個挑剔成性、官氣十足的他的上司開起火來。拍桌子，摔杯子，大聲互罵……憑他的老資格，那個科長也是無法攆他走路的。他的那一科裏就有一位同事這麼鬧過，以後也只不過是給調到我們這一科來。可是周少勃每在換上別人就會大發雷霆的情況下，他總只以諷嘲來代替：那麼冷颼颼地射過去一兩支箭，不管對方是頑石還是什麼。白天，在辦公廳裏受了這種折磨，回到家裏，卻又要遭到另一式樣的折磨。我眞爲他難過。晚上，他來到我住所時，我恨不得搥他幾拳，好叫他大哭一頓，或者讓他狂吼一陣，把那份悲哀嘩啦啦地傾倒出來。然而，周少勃卻仍是那麼斯斯文文、不慌不忙的，只有他手中的煙支短了，更短了，又連上另一支，然後又短了……水泥地上躺著一段段的煙灰，驟看過去，好像蠶兒蛻掉的那層皺癟癟的皮。然後，他便不在意地用腳底一拖，它們就碎成了粉末，變成了塵埃的一部分。你再也分辨不出哪一點兒是屬悲哀的：悲哀成了塵埃，無足輕重。這或許就是周少勃的想法。它只灼傷自己，除此而外，還會產生什麼別的？於是，談話過後，他反而比我顯得平靜，而我的內心卻似溪水急流，毫無目的地去碰撞那些岩石，迸濺起四射的浪花。那個晚上，我會有半夜清醒，一直想著周少勃。想他在晨曦中起床，第一件事是爲半身不遂的妻子端溺器，然後燒些水，給她擦臉。她的臉是半透明的淡黃，在房間的微黯的光亮下，像是老家在春節時才取出來掛在廳堂裏的祖先畫像上的臉。在祀香的朦朧氤氳中，是活的，還是死了的，全然分辨不出。傍晚，他又燒水爲她淨身。她的雙腿是半透明的青白，如青石雕成的柱子，凜冽得叫人顫慄。他把她側向右邊，然後又把她側向左邊。她的雙目似開非開，眼珠子定定的，像用木頭鏤出來似的。左邊的嘴角往上吊。她不能言語，所有思想全包括在最簡單的「啊，啊！」的聲音中，表示：是的，不對，肚餓，口渴，大小便等等。周少勃安靜地、小心地，從不疏忽哪一點，連天霞的手指甲都經常給修得短短的。他請一個歐巴桑洗衣服、擦地板、買菜。天霞睡的床單特別會髒，隔不到三天，就會散發出強烈的尿腥味來。歐巴桑老是當面埋怨。周少勃雖然藉「加薪」把問題解決，但歐巴桑仍會經常在外面嚷嚷：

「前世作孽啊，聽說本來是白白胖胖的人，忽然就躺在床上，不能動彈了。前世作孽啊，要死不死的半條命，自己活受罪還不算，害得那個「頭家」早也沒空、晚也沒空的。前世作孽啊！要不是那個「頭家」心地好，我才不要洗那尿臭的床單！」

天霞開始癱瘓的第一個月，我老是擔心她會滾到板床下的水泥地上。倘如鬧出人命來，周少勃是擔當不起的。這點，我又是白白擔心了，因爲思慮週到的周少勃早給天霞的那張板床裝上了安全柵欄。天霞睡在那裏，簡直就像一個初生的嬰兒——那樣地安全、那樣地需要照拂。

「周少勃！周少勃！」我喃喃著。我以右臂爲半徑，在自己那張空虛的大床上作弧形的劃動，不知道是爲自己，還是爲他。一滴淚水滾落在枕上。

周少勃這會兒不抽煙了。他雙頰上的稀有的殷紅還未褪去。時間是深夜十一點。平日，這正是他歸家的時刻。他是從來不會跟人長談到子夜之後的，他顧慮到別人和自己的精神跟體力方面的消耗。可是現在，他卻沒有爲這些著想。

「你望著我幹嗎？」周少勃問。

「你抽了幾支煙？」

「大概十支。」

「了不起！」

他閉了一下眼睛。「或許以後我會把煙戒掉。」

「了不起的決心！」

「其實，戒煙也不難——你別這樣看我，好不好？你以爲我只這麼說說的，我告訴你，戒煙並不難！你瞧我的，以後我準會把煙戒掉。」

「你是說跟玉茹結婚以後？」

「是的；我這幾天一直在打算。」

「當然，這樣做是對的。煙抽多了，對身子也不太好。小心些總不會錯，不像我孤家寡人一個，生肺癌也好，生別的癌也好，反正有公保，生了癌症，便往醫院裏一住，等死！」

「哎，你老兄也不必想得那樣……我呢，以前倒也不放在心上，現在呢，報上不是老說多抽煙會生肺癌什麼的，我可不能害玉茹啊。好多人，五十上下就死了，也不知道得的是什麼病，我倒是希望會活到七十歲。」

「那是不成問題的。玉茹很體貼，會無微不至地服侍你的。」

「你還記得玉茹的模樣？」

「當然。那個女孩子，人雖長得不怎麼好看，但是身材好，氣質好，說話的音調好。」

「你也記得這麼清楚！居松，原來你也記得。呵，其實，她的臉也是長得很美、很美的。」

「是的，在你看來應該是這樣。我記得，她的臉，圓圓的，挺天眞的。」

「那是你二十年前看到的她的臉。」

「後來，我又看到過她一次，就是你打算跟天霞離婚的那一年。」

「不對，那次你只看到她的背影。你只看到我送她上車站去。」

「呵，不錯，當時我跟你說過。那次，我看到她穿的是件黑洋裝。二十二年前，她穿的是學生服。」

「那次，她剛死了丈夫不久。」

「你跟我說過，少勃。」

「當然，我跟你說過，但你卻忘了。剛才你說的卻又是二十二年前的她的模樣。其實，第二次，你看到的只是她的背影，穿黑洋裝的背影。」

「哪有什麼區別？」

「當然不同。二十二年前，我還沒有結婚，她也沒有成長，而後來，我的婚姻觸了礁，而她的，我跟你說過，她的丈夫死了。」

「想不到年紀輕輕的就做了寡婦。」

「那不是她的錯，也不是我的錯。我雖然現在這麼渴望跟她在一起，但我從前卻不曾咀咒過她的丈夫。」

「我完全相信你，少勃，你連對躺在床上的天霞都不曾咀咒過，何況對別人？」

「我眞的一點也不喜歡天霞躺在床上，尤其是躺了這麼多年；七、八年，老天爺！我沒有咀咒過她死，但我委實不相信，她竟會躺了這麼多年。我認爲她躺個一年半載，也就差不多了。我總算跟她夫妻一場，受個一年半載的苦，也算不得什麼。但奇怪的是，一個潑辣、健壯的人，卻一下子就倒了下去，而倒下去後，生命竟又變得如此堅韌了。那天，入殮時，她只剩下了一把骨頭，她那厚實的脂肪全銷蝕得無影無蹤。她的體重原是七十多公斤，老天爺！我不是沒有關照過她，只是她自私，自私得只貪吃，每次吃了酒回來，她總是很高興。她送得少，吃得多。肥雞、肥鴨、蹄膀，還有清酒、紅露酒，也要喝上幾杯。我說過她幾次，每說她一次，她就要跟我吵架。她說不趁這個機會撈點進來，就是天下的大傻瓜。我那時已經打算離婚，所以就不跟她評理。那年夏天，她的一個表親結婚，她去吃喜酒，竟一個人喝了一瓶清酒，老天爺！臉孔紅醺醺的，回來時，還挺快樂的；又賺了嘛！可是，晚上躺了下去，第二天就起不來了。她死前半月，背上長了一些爛瘡，血脈不流通，有什麼辦法，睡了這麼多年！」

「我完全知道，而且，對她的衣衾、棺木、墓地，你都絲毫不馬虎。」

「是的。我那夜守在靈前，兀自在想：這件事總算了結了，而且也辦得相當體面，只是心理空無感情，不知道爲什麼會這樣？我越來越覺得那種行動並不是出自我的自覺。但許多事，我都做得這麼好，你感到奇怪嗎？」

我笑笑。「但你明天去看玉茹，情形可就不同了！」

「呵，當，然想念了這麼多年。自從天霞癱瘓以後，我個把月總要給她寫一封信，每年也總要想法去看她兩、三次；這半年來，天霞病得厲害，我走不開，又不放心托人代爲照顧，所以已經有八、九個月沒有去看她了，連信也有一個多月沒給她了。」

「聽說，你以後要另外找座房子！」

「喔，那是必然的。居松，我還有一件事沒告訴過你。我以後或許乾脆搬到玉茹教書的楓港去！我今天本來想上辭呈，把職務辭掉算了，但後來又改變了主意，覺得回來再上辭呈也不遲，對不對？」

我幾乎跳了起來。「那是說，你這次是走定了？你決定要擺脫這裏的生活？」

「這不也是你所希望於我的？畢竟有這麼多年了。我嚷了多少次了，你固然聽厭了，連我自己也說厭了；拖了這麼多年，簡直是莫名其妙！就像我跟玉茹的婚姻那樣，繞了一個大彎，耽誤了二十二年，眞是莫名其妙！」

我的雙腳還是擱在矮桌上。風在檬果樹的葉子上活潑地翻滾著。周少勃的臉殷紅得一如映著野地上的篝火。夜，漸漸更深了，我忽地覺得周少勃似乎沒有老去。他還是二十二年前的周少勃，二十六歲。一個英俊、強健的青年，揹一個行囊，攜一個女孩，歇腳在這個小鎭上，然後棲身在我們這個鎮公所裏。女孩喚他周大哥，一個失散了父母的孤零孩子，千山萬水地跟著他一同坐船來到臺灣。傍晚以後，他就帶著她在這小鎮附近漫步；完全是一對兄妹。他想送她上高中。說到她時，他總喜孜孜的，眉眼間蒙上一層霧似的笑意。應該是他戀愛的年齡了，於是，我相信周少勃業已愛上了那個女孩子。我滿懷興奮地向他探問，但他卻說我侮辱了他。他照顧她，完全是出於純情。他比她大十歲。如果利用她的年幼與無依，要她嫁給他，那不是存心欺負她？他周少勃還不是這樣的人。當時，他非常惱火。他結結巴巴地跟我解釋，說是人言可畏，說是他跟她住在一起，可能已經招來外人的閒言閒語了。他本來有心培植她到高中畢業，但如今，彷彿已經不可能了。我也跟他解釋，這只是我個人的猜想、個人的願望，跟別人無關。但他再也沒法恢復以前那種愉快的生活。

過後不久，玉茹考上了南部的一所師範學校，過起完全不需要他經濟支援的獨立生活來。周少勃後來一直避免談起她，但是等他跟天霞結婚以後，我漸漸看出來，他眞正愛的是玉茹。那是他掙扎了多年的不滅的愛情。他的悔恨在天霞對他的苛刻中變得強烈如高粱酒。他會在晚上，在我陋隘的客廳中，追憶著玉茹的溫柔可愛。他甚至還告訴我：那次，他送玉茹上南部的師範唸書，她哭得不想離開他，而他竟是這樣的殘忍，幾年中都拒絕她回來跟他聚晤。每年只以三兩封信來連絡彼此的行蹤。他是那樣地不通人情，如一個妒嫉得發狂的同父異母的兄長，而所有這一切，只是想證明那個錯誤的答案——他自己並不愛她。那時，玉茹已經結婚，周少勃總是那樣地坐著，平靜地談著那些令他心痛的往事。他的臉蒼白、文雅。我為他難過，但我難過對他並沒有什麼幫助。

「我希望玉茹還像以前那樣年輕！」我說。

「那是不可能的，但她仍然很美、很美，中年婦人的美。或許你會說，她比以前更美了。」

「是的，」我說。「可惜那次我看到的只是她穿著黑洋裝的背影。」

「過幾天就放寒假了，我會把她帶到這裏來。居松，那時候，你可以細細看她。」

「當然，她重作新娘的時候，我還要看個仔細。」

「呵。你看，我會不會嫌老了些？」

「你不老，少勃。你今天一點也不顯得老，我不騙你！」

在子夜，我才把周少勃送出門口。我只感到有風，卻沒有去注意夜空上是否有星辰。我相信昨夜一定有星辰，因爲昨夜是個美好的夜；我多希望時間終止在昨夜上。那抖擻遒勁的冷風，那始終存在於想像中的燦麗的星辰。周少勃的臉映著篝火——年輕的臉！我喜歡昨夜。我一再對自己說，我喜歡昨夜。

今夜也有風。凜冽的風。我跟周少勃兩個坐在吱嘎作響的籐椅上。兩個人都把雙腳擱在前面的那張矮桌上，因爲直沁身心的寒意正從水泥地上昇起。

周少勃抽著煙。他在我剛吃晚飯時來到。我問他要不要爲他下一碗麵。他用力地揮著手，說他不餓。他回來得這麼快，眞使我驚奇。難道他迫不及待地要上辭呈，遷到楓港去？不錯，在那樣淳的小村裏，他極可能做個出色的小學教員，像玉茹那樣。

「少勃！」

「嗯。」

「你從楓港回來了？」

「嗯。」

「你碰見了玉茹沒有？」

「沒有。」

「她出去了？」

「不是。」

「她不肯見你？」

「也不是。」

「少勃！」

「什麼事？」

「你到底賣什麼關子？你怎麼這麼快就回來了？你什麼都不說，讓人急不急？」

「玉茹不在那裏。」

「去哪裏了？總有一個下落啊！」

「個把月前的一個傍晚，她去海灘上散步，不知怎麼，竟被浪濤捲走了。」

「什麼——什麼?少勃，那是不可能的，那——根本沒有證據。」

「遺在海灘上的是她的一雙鞋子、一方綢巾，我全帶來了。就是這樣。什麼話都沒留下。我去得太晚了。」

「少勃！」

「嗯。」

「少勃！少勃！」我嚷。

他一聲不響。他的臉蒼白而文雅。他昨天理過的頭髮，早已在一天的奔波中被吹得蓬鬆淩亂，許多灰髮像花紋那樣地顯凸出來，但他毫不激動，他平靜地述說著那件事，沒有形容詞，沒有悲哀的啜泣，也沒有絕望的嘆息。

他只是抽煙，一直抽到十一點。

「少勃，你抽了幾支了？」

「大概有十五支吧。」他說。

「了不起！」我說。

「沒想到抽得那麼多。眞的，一支一支地白白浪擲了。」他又讓一段長長的煙灰落在水泥地上。現在，水泥地上有許多一段段灰褐色的皺癟癟的蠶皮。周少勃把雙腳放下來，踩在那上面，漫不經心地左右前後一蹂，那些煙灰就全然粉碎，跟塵埃混在一起了。

「少勃！」

「你放心，明天我就去銷假。」他說。

今夜也有風。風，冷厲、尖銳，彷彿要把什麼都撕裂似的。

而且，我又注意到，今夜沒有星辰。

一九七二年（民國六十一年）二月

朋友，你在哪兒

古恬容一手揉著眼睛，一手把落地長窗前的紫紅窗幔沙嘞嘞地拉開來；頃刻間，洶湧進來的大片晨光就把溟涬的客廳染得閃閃亮亮了。乳色的牆壁上，那隻綠框的圓形電鐘的指針正貼在八點十分上。古恬容知道，今天，她起得要比往日晏多了。

迎著那片光，她向窗外望去。洋台上，兩盆變色草灼灼耀眼，綠、紫、紅、黃，層次分明的心形大葉間，有兩串藍色的花兒正探出小小的臉，它們旁邊，還陪著一小盆文竹，葉子碧綠得如同剛從海裏網上來的綠藻。一抹微笑在她年輕的臉上舖展。她和定帆都很爲這驕傲：在都市的二樓公寓上，他們居然還能使這些花卉生長得跟鄉野上的一樣美好。這個他們才居住不到一年的新樓，有了它們的陪襯，眞正是錦上添花，雅麗外，更洋溢活力與生氣。每天早上，定帆一起身，總要先去照料它們；在塑膠噴水壺裏灌滿了水，細細心心地在花葉上、泥土上澆洒一陣。觀賞的時候老弓著背，保持著一定的距離，惟恐熱氣把那些有絨毛的彩葉呵壞了。那副既傻又疼的模樣，有時眞惹得她想笑。

這兩天，她得把這份任務接下來，因爲昨天定帆出差去高雄，要到明天晚上才回家。定帆比她大六歲，臨行時，裝出一副老成相，一再叮嚀她要小心門窗。她回答，別老氣橫秋啦，她二十幾歲的人了，難道連門窗也不會關好？老實說，她不僅會對門窗小心，同時也會對他的花卉細加看護。定帆這才笑了，還拍拍她的肩，再叮嚀一句：「可不要忘了好好地照顧你自己呀！在我離家的兩天中，你可要孤單、寂寞了。」

當時，她連他的最後一句話也不肯承認。他離開兩天，有什麼大不了？未結婚前，她不也是照樣過日子的？自然，她那時是在做事，跟一個女同事合租一個房間。那個同事交際廣，沒有一個例假日不往外跑，而一跑就非到夜半回來不可，總剩下她一個人在房間裏。她呢，縫縫衣服，寫寫家信，看看書報雜誌，理理抽屜；如果眞沒事做了，便乾脆睡上一覺，所以雖只一個人，倒也不覺得什麼。

但昨天，在定帆走後不久，她的感覺眞的就不一樣，正如他所說的那樣，她突然覺得孤寂起來。她對自己的感覺嘲笑。這座公寓，上下四層，左右八戶，三十二個家庭安置在這個蜂巢裏，少說也有一百個人。孤寂，從何說起？左右兩鄰的孩子們的哭鬧聲，抽水馬桶的排水聲，高跟鞋敲在磨石子地上的咯咯聲，收音機、電唱機、電視機的播唱聲，都清晰可聞。這空間還不算緊密嗎？

但嘲笑又有什麼用？她確確實實地感到孤寂，即使用行動——譬如聽聽收音機啦，抹抹桌椅啦，看看報紙啦——也還是揮不開這個黑影子。她的心浮動著，靜不下來。她竭力挖掘著原因，而當發現自己正殷切地指望能在左近找個朋友聊聊時，她是顯然感到詫異而驚慌了。

在這座公寓中，她哪兒去找一個朋友？

晚飯時，她把煮好了放在冰箱裏的菜統統拿出，來到爐火上去熱。煤氣爐的火苗以及熱騰騰的菜，暖和了廚房，卻暖和不了她的心。她聽見右隔壁的廚房裏，鍋鏟聲也正響得熱鬧。有股韭菜花炒牛肉的香味由風播送著，竄進她的廚房來。她眞想敲敲牆壁，大聲地招呼一下：「喂，黃太太，你燒的菜好香啊！」就像以前自己家裏，母親跟隔壁的彭伯母那樣。

宿舍區的泥牆很薄，母親跟彭伯母在廚房忙著、忙著，就忍不住聊起來。母親說：「喂，彭太太，今天菜場裏有活的鯽魚，你看到沒有？」彭伯母抛過來的聲音也是夠響亮的：「就是沒有啊，今天眞不湊巧，明明是八點出去的，走到半路上，鞋底脫了膠，只好先到鞋店裏去修，這一修呀，修了半天，等走到那個魚攤前面時，那兒只剩下幾條貓兒魚了。」鍋裏的蔥烤魚嗞嗞作響，母親把魚盛起來。她們停頓了好一會，母親忽然又說：「彭太太，你明天去買菜嗎？」敏感的彭伯母馬上答：「去啊，你不去，我可以替你帶菜！」反過來，母親當然也常替彭伯母帶菜。如果彭伯母那天不去，總有別的鄰居太太要去，所以不愁沒有人幫忙帶。

有一年，父親生了一個月的病，那一個月裏的菜就都是人家替母親買的。每天，她的飯盒裏仍有豐富的、花樣不同的菜，起先她還不知道母親已經有一個月不上菜場了呢……但是現在隔壁的那位黃太太，她除了在門牌上知道她的丈夫姓黃之外，大家連招呼都沒打過，又怎能貿貿然地先開腔；難道人家不會以為她存著別的什麼心眼兒？

昨夜，她睡得晚，今早，也就起得晏了。別的事可以馬虎些，但這花草的事，既然當面承諾過的，就不能隨便。古恬容在長窗邊站了一會，便回到浴室裏，給噴水壺放滿了水，然後拎著出來，推開長窗，走到洋台上。陽光雖還沒有直接照到洋台上來，但變色草的大葉子上卻沒有半滴露水。以前，在晴天的早上，她習於在花葉上找露水，看花葉的嬌嫩與露水的晶瑩；後來，她才發覺，在大樓上，那是不可能的；這一層樓的洋台的上方正是上一層樓的洋台的底部。除了人造的露水，你別希望有天然的露水。她學著定帆的樣，先在花葉上澆上兩圈，再在泥土上洒上一陣。

這時，她聽見右隔壁的長窗也被推開了，有人走到洋台上來。當然，那是黃太太囉。黃家最近也買了兩盆花。那天，她在樓下向上望時，看到那兩盆花是玫瑰。要是她早知道的話，她會對他們建議一下——笑話，你別儘吹啦，你們在公用樓梯上相遇時，頭都不點一下，笑也不露一絲，還談得上其他什麼？——好了，她是說，如果她們認識的話，如果她們兩個也像她母親跟彭伯母那樣的話，她就會告訴她：「玫瑰要不種上一大片，而只種這麼一兩株，那準是看它們沒有賞玩價值的枝葉的時候多，看它們香艷的花朵的時候少；越是品種好，越是難侍候，花一年只開兩、三次，而且以後還會越開越小，所以還不如種九重葛、萬年青、秋海棠、變色草、仙人球……這一類。」——廢話，誰要聽妳的？

古恬容留意著那邊洋台上的動靜。黃太太的確是在欣賞玫瑰，她不僅自己欣賞，還要小女兒一起來看。聽她脆脆爽爽的嗓子在叫：「莉莉，快來看，我們的紅玫瑰開了！」她這樣大叫大嚷，是不是還想讓別人知道？

古恬容抿著嘴，克制住笑。那個黃太太怕是一個喜歡炫耀的女人。她的女兒莉莉看來才不過兩歲，走路還搖搖幌幌的，未必聽得懂她的話。果然，莉莉沒應聲，也沒出來。黃太太就親自進去，帶她到洋台上，還對著玫瑰說了一大堆肉麻的話，說是：莉莉的小臉蛋嬌得像玫瑰花哪；以後長大了，也要像玫瑰花那樣美哪；晚上，媽媽要替她穿上一件新衣服，站在花旁，叫爸爸拍張彩色照哪……嘰哩咕嚕的，十足是個小題大做的女人。

古恬容伸伸腰，然後，倚著欄杆，站在那兒。既然沒有事，就在外面多站一會兒，雖然，外面的空氣未必比裏面的清新多少？對面也是一座大樓，比她住的那座造得早，因而，型式和外表也就舊了些，但同樣有洋台和落地長窗。隔著那條不算窄的巷子，每天只看到對樓上人進人出、聲起聲滅、燈開燈熄。巷子裏不時有各色車子經過，自備轎車、計程車、摩托車，甚至有時腳踏車。古恬容最不喜歡那些沒有風度的摩托車，來去都製造出一陣噪音來，簡直是撒賴嘛！而隔壁的黃太太，聽見摩托車的聲音卻挺高興，有時，摩托車的聲音一響，黃太太那邊的長窗就砰的一聲給推開來，口中還說：「莉莉，我們去看看，爸爸是不是回來了？」

想起隔壁黃先生騎摩托車的樣子，她就更噁心。摩托車沒有風度，而黃先生本人卻更沒有風度：臉孔黑黝黝的，皮膚粗糙糙的，說起話來，嗓門兒響亮得很。摩托車的後座上永遠是滿坑滿谷——縛著各式各樣的紙盒子，陰雨天氣，還用尼龍布把它們包起來。他出去和回家都沒有定時，她推測他是一個推銷員。他的任務是把都市裏的時髦玩意兒帶到鄉鎮上的小百貨店去，而她對於推銷員的見解卻是：說得死人活過來的謊言專家、哄死人不償命的大騙子。她這一見解的形成得歸因於兩年前她買香皀上了一次當，買絲襪上了一次當，買羊毛衫又上了一次當。因此，有一次，她在巷子裏碰到黃先生，他向她笑時，她認定他是假笑，就別轉了頭。像他那樣俗氣的人，當然不會有定帆那樣賞花的雅興、有定帆那樣對美的鑑賞力；要他拍照，天哪，不知道拍出來的相片會是一個什麼樣子？自己拍得不好還不知道，偏要把它揷在派司套裏，碰到親友遞給他們看，那才眞是出盡洋相呢！這樣一想，那個生得秀秀麗麗的黃太太，就彷彿有些可憐了。

古恬容回到屋子裏，已是八點三刻。她慢慢兒地沖調牛奶，又慢慢兒地邊喝牛奶、邊吃麵包，而且，她還一會兒抬頭看看日曆上的風景圖片，一會兒又轉頭瞧瞧那張掛在牆上的複製的趙無極的抽象畫。孤寂又從牛奶杯中昇起來。她眞不相信，剛才她還以爲自己已把那份感覺遺棄在昨天夜裏了。

昨夜，她跟孤寂頑抗，看小說一直看到午夜一點鐘。其實，那本小說並不好，她幾次想放下，只是她跟自己賭定了，不看完就不睡覺。結果總算是看完了，但裏面到底說些什麼，她卻一點也記不得。畢竟勝利的是她，因而也就安然地睡去了。用那種悲壯的心情把孤寂擊潰，照說，它是不該再回來的，可是許多事就有這麼不講理的。

她只吃了兩片麵包，卻把牛奶喝得一滴不剩。今天的心情跟昨天的不一樣。同樣是孤寂，昨天是孤寂得浮躁，今天卻是孤寂得幽沉。昨天什麼都想做，今天卻一點不想動。她走到廚房裏，把杯子往水槽裏一放，洗也沒洗，就走了出來。

隔壁莉莉的笑聲破牆而入。那女孩有副得自她爸爸遺傳的「金嗓子」，笑起來和哭起來都毫不保留。她承認自己是喜歡小孩子的笑聲的，一笑起來，滿室生春。她曾希望自己是育幼院裏的褓姆或幼稚園裏的老師，整天照顧孩子，或者帶著他們遊戲、唱歌，看他們的笑臉，聽他們的笑聲。結婚以後，每次回家探訪爸媽時，她總不忘給彭伯母的孫女小寶帶去一點小禮物，譬如：一包糖果，一串五色的塑膠珠鍊，或者一隻把氣吹進去就會胖起來的小白鵝；一壁把禮品遞過去，一壁就把小娃兒拉到懷裏，親一下，再親一下。站在一旁的彭伯母看了，便笑著說：「恬容，你這麼愛娃兒，快給自己生一個吧。」她紅著臉回答：「我才不想這麼快哩！何況媽也抽不出空去我家住一陣，眞要有了孩子，生產時，萬一請不到人幫忙，怎麼辦？我一想起來就怕。」彭伯母坦朗地拍拍胸：「怕什麼！請不到人，你彭伯母替你做幫手。恬容，我可不是說著玩的，你媽要照顧你爸爸和你小弟妹，分不開身，我可是有媳婦的人，可以把家丟給她，說走就走！」「那怎麼行，彭伯母？不過，我實在歡迎你去臺北玩玩，住在我家裏，挺方便的。」「好，好，不管是去玩還是去幫忙，我總有一天要上臺北的。你媽說，你們新買的房子又漂亮、又寬敞。到底是年輕人，趁現在開銷小的時候，可以慢慢兒地分期拔還。我們老了，有地方住，也就不想搬了。」她接著又說：「彭伯母，妳有一天來臺北的時候，可要帶小寶一同來呀！」

小寶比莉莉可愛嗎？奇怪，她可從沒有把她倆放在一起比較過，現在不妨讓她們站在一起：小寶比莉莉大幾個月，懂事些，但莉莉也很伶俐，只要聽她跟著她媽媽學話就可以知道。小寶比較胖，莉莉比較白，兩個都是惹人愛的小女孩。然而，在近一年的時光中，她跟莉莉卻沒有建立起感情來。

古恬容靠在沙發上，心裏老想著這些事，眞是越想越覺得孤寂。今天孤寂就像是個玻璃罩子，透亮透亮的，看不見影子，卻由不得她擺脫。她繼續想，果眞有一天，彭伯母來了，她看了那間有大衣櫥、彈簧床、梳妝檯的臥室，那間有書櫃、書桌、旋轉椅的書室，那間有電熱燒水器、蓮花龍頭、白磁澡盆、抽水馬桶等的浴室，那間有煤氣爐、不銹鋼水槽、磁磚牆壁的廚房，以及看了什麼都不缺少的餐室和客廳，準會說：「恬容，你們年輕人眞幸福，這房子漂亮極了，而且樣樣都有。」她問：「眞的會是什麼都不缺少嗎？」彭伯母想了半天，才說：「我眞是想不出缺少什麼來，如果硬要說缺少什麼，那就是你彭伯母了。」彭伯母有時會說笑話，但笑話有時也不單單是笑話呀！

下面巷子裏響起汽車的喇叭聲，古恬容看看電鐘，一點不錯，是九點三刻。左首一樓裏的那位太太，每天總在這個時候打扮得整整齊齊地出去，因爲出門就坐車，所以總穿著高跟鞋，走起路來挺神氣，橐橐橐地，連樓上的古恬容都聽得清清楚楚。那位太太一走，她家的女工就把收音機開得老響。

於是，古恬容知道，她準可以聽到她左隔壁的那個中年太太，站在洋台上埋怨：什麼嫁了個闊少，就自認爲了不起了，成天地往外跑，你跑就跑吧，可別把爛污往別人身上拆。那個懶出了蟲的女工，整天地聽歌，也不想想別人在讀夜校的大女兒這會兒要做功課、小兒子又要睡？把女工慣得這樣，成何體統！有一天，你自己有了孩子，看我會不會吵得他不能安睡！……那個中年女人並不大叫大嚷，因此，那個女工根本就沒有聽到，很久很久地都陶醉在流行歌曲中。古恬容對左隔壁的李太太也的確深表同情，因爲她那一歲多的小兒子在十點多的時候總要嚎哭一陣，而那個大女兒又總氣得直跺腳：我煩死啦，不想讀書啦！最後就把書本唰的一聲丟到地上。

就年齡、體型、語氣來說，古恬容認爲，那位李太太跟她讀書時候的彭伯母蠻相似的。年半前，定帆跟她一起去訂房子，她就看見那位李太太跟李先生比他們早到，也比他們早走。那時，二樓和三樓還有好些間房子沒人訂購（他們不想住四樓），他們決定不下要哪一間？考慮間，她就向登記員探問了一聲：「先生，你能不能告訴我，在訂購的那些人家裏，哪幾家比較高尚些，或者說，比較清白些？」那個人回答的完全是生意話：「太太，你放心好了；來我們這兒登記的人家，每戶都高尚、都清白，不信，你住住看！」他們出來時，她卻聽背後有人在說：「啊呀，如果要在都市的公寓裏挑鄰居，那簡直是籮裏揀花——選到什麼時候去？我們是只認錢、不認人的。某人的錢是做苦工賺來的，還是走私賺的，我們怎麼知道？」是呀，他們之所以同住在一座大樓裏，並不表示他們身份相若，而只表示他們至少都有一筆錢——不管這筆錢得來如何困難或者如何容易！才搬進來的時候，大家全都喜氣洋洋。燃放鞭炮呀，宴請客人呀，每家都有每家的親友，誰也不是戶籍調查員，搞得清誰是誰？

此刻，黃家的莉莉很安靜，李家的小兒子則眞的在流行歌曲的轟炸下銳聲哭鬧起來，隔著一間臥室，古恬容還是聽得很清楚，李太太不由得大聲地唱著催眠曲（也算是以牙還牙吧），果然，李家的大女兒又發脾氣了，這次是砰的一聲連椅子也給推倒在地上。李太太就叱罵她：「丫頭，你讀點書，神氣什麼？有本領，下學期就給我去插班日間部；別人家的女兒這時都在學校裏唸書，只有你，白天不讀晚上讀……」還沒罵完，大女兒也哇地哭了。李太太這次可眞火了，便衝到洋台上，朝著下面吼：「下面的人聽著，你上輩子耳朶聾，這輩子就想聽個沒完啦！老娘快被你逼瘋啦！」大概事態太嚴了，那樓下的收音機畢竟給關上了。

吵鬧了一陣的左鄰右舍，現在總算暫時安靜下來，古恬容也不禁爲他們透了一口氣。這時，她才記起來，今天心不在焉的，連信箱也沒開過。或許，除了報紙，還有定帆的信呢。她跳起來，跑向門邊。信箱裏，沒有信，除了報紙，只有幾份傳單：××醫院開業廣告，××美容院遷移啓事，××遊覽車公司舉辦秋季遊覽登記。今天一共三張。這種傳單，經常由送報人夾在報紙裏，隨報附送；紅的、黃的、綠的、白的，但她現在又不必起火生爐子，所以對這些註定要躺在字紙簍裏的廢紙，實在覺很厭煩。這會兒，她無意間把三張排在一起：美容院，紅色；秋季遊覽，綠色；醫院，黃色。她竟起了一種可笑的聯想。那些紙張隱藏著一些無聲的語言：你不妨先到美容院來修飾一番，然後穿得漂漂亮亮地趁上遊覽車去遊玩，如果途中車子出了事，那末，最後，別忘了到我們這家才開業的××醫院來。

古恬容笑了笑，把三張傳單疊在一起。沒印上字，那些紅紅綠綠的紙，實在很好看。小時候，她喜歡用色紙摺成各式各樣的船兒、桌椅和人兒，熱熱鬧鬧地擺滿一桌，幻想著那些紙摺的人在結婚啦，吃喜酒啦，趁船去遊玩啦……然而，現在，市面上玩具多，孩子們已經不再爲自己創作這些了。或許，這只是大人的錯，他們沒有把「自己創造」的樂趣，教導給孩子們。一隻紙船兒放在澡盆裏，可以讓孩子玩上好些時候，浸透了，再做一隻，一點不費錢，也不費力，多划得來。說現在孩子已不再喜歡這些紙摺的小玩意兒，那也是假的。她曾在回家的時候爲小寶摺上好些。小寶好喜歡呵！這會兒，她不是邊想就邊把那三張紙摺成船兒、人兒和椅子了？人坐在椅上，椅則放在船中，瞧那副光景，彷彿眞是想去秋季旅行呢！對門黃家沒訂報紙，當然沒有這些紅綠傳單。她現在如果把這份小小勞作送給莉莉，她不相信莉莉會不愛，但問題是，她是不是眞有勇氣送過去？黃太太是否會在她轉背的時候噘著嘴自語：「我還以爲是些什麼？原來是不値錢的爛紙，她怎麼好意思送過來？」唉，算了，俗氣的丈夫，免不了有俗氣的妻子！還是等傍晚她的那個做推銷員的丈夫回來替她女兒拍照吧！

古恬容感到滿腔熱情，無人欣賞，便氣嘟嘟地把那隻啓碇在即的船，連同乘客和椅子一股腦兒揑皺在手裏，然後狠狠地把它們丟到書室的字紙簍裏。出來時，她順便彎到浴室裏，在盥洗檯前站下來，洗洗手，看見鏡子裏的自己，頭髮也沒梳，穿件寬腰身的洋裝，一點也沒精神。有人說，丈夫一離家，做妻子的就露出了黃臉婆的本色，這句話，對今天的她，眞是說對了。她趕緊梳了頭，搽上口紅，去臥室換了一件半袖的華隆料的秋季洋裝，披上一件開絲米龍的毛衣，順便把臥室、床舖理一理，把窗幔拉開，把窗子打開。

一股微風隨著秋日的陽光一起竄進來，同時還傳來了李太太大女兒讀英文生字的聲音，一遍又一遍，讀得很生澀、很苦。古恬容每次聽了，都恨不得能走過去（雖然，她跟李家不像跟黃家那樣門對門地接近），給她一些指點，好使她以後讀起來能夠省力、省時些，但這也祇是心裏想想吧了。定帆說得好：「恬容，你可不能太衝動呀！管閒事，受閒氣。你能把自己的家管好，已經夠叫我滿意了。如果要推己及人，也要看看對方跟你有什麼交情，還是到你彭伯母家去推己及人吧；這兒，我看，人家並不需要你。」一點不錯。這會兒，她孤單著、寂寞著，卻沒有一個人需要她。沒有一個人來敲敲門，找她談談。因此，她怎麼能去找人家？中午，古恬容一面吃飯，一面仔細看報，把寥落的感覺稍爲推開些。她從第一版一直看到電影廣告，而且當機立斷，下午要去看場電影消消閒。那末，撥電話給往日的同學，請她們做個伴兒，那該很簡單吧。主意已定，沉鬱了好久的心境才平舒開來。把碗筷洗滌乾淨，她高高興興地走下樓去。她在街口的電話亭裏打電話。第一個反應：「太太回南部的娘家去了」；第二個反應：「抱歉得很，家有貴賓，只好改日奉陪了」；第三個反應：「眞不湊巧，我今天感冒，剛吃下藥」。古恬容也想不出第四家裝有電話的，就長嘆了一口氣，走出電話亭來。馬路上，汽車忙忙碌碌，行人忙忙碌碌，但這些跟她全然無關。

經過這麼一個波折，古恬容走回自己的屋子去時，對於看電影的興趣，已然徹底消失。有一個三十來歲的少婦，跟她同時彎入巷子。那個少婦拎著一隻配有圓環的大型手提袋，裏面鼓鼓地裝著東西。那熟悉的手提袋和熟悉的步態，使古恬容馬上想起她是住在三樓——恰巧位於她頭頂上的一間。她猜定她是個中學教員，而且是個在市區外教書的中學教員，早上七點就出去，午後一點才回來，關上門就靜悄悄地沒有什麼聲音了。她的丈夫彷彿是個工程師，古恬容早晚都沒聽見他說上幾句話。那是一個「緘默之家」。實在說來，古恬容倒是完全信賴這夫婦倆的高等的知識、高尚的職業以及高貴的品格的。在整個公寓裏，或許她是一個最最值得結交的朋友。

當她倆剛踩上同一條樓梯時，古恬容決定等一會以疾步衝上樓梯，並以快轉身和笑容迎向她。只要對方也跟她點頭微笑，她就要邀她到屋子裏坐一會，送上一杯她在辛勞半天之後、亟感需要的巧克力牛奶。當然，這只是開始，以後，她們就會成爲很好的朋友。她們會對坐著聊天，愉快地引證著「遠親不如近鄰」、「遠水救不得近火」這兩句古諺的正確性。

在快到梯頂時，古恬容就按照她的原定計劃快步衝上去，但她太心急了，一下子就把她的那個「未來朋友」拎在手裏的手提袋撞落下來，她趕快退回一級，彎身去拾，但對方比她更快，已經把它撿到手裏。她說了一聲「對不起」，對方卻斜著眼，看了她一下；她再說一聲「對不起」，對方竟冷著臉，理也沒理地一個勁跨著樓梯。她木然地站在那裏，望著對方踩上另一折樓梯去。然後，古恬容懶懶地走到自己的房門邊，懶懶地掏出鑰匙，打開房門，又隨手把它帶上了。

快點回來，定帆！快點回來，定帆！快點回來，定帆！……她對著裝飾華麗的屋子說。

於是，她坐下來，在激動中，寫了好幾封信：給丈夫的，給母親的，給妹妹的，給彭伯母的。寫好了，已快四點，她倒並不急著去寄，只是因此心裏舒服多了。她終於又走到洋台上去看變色草。變色草的花葉毫無憔倦之態，一如清晨時那樣嬌艷，而碧翠的文竹也仍安靜地佇候在它們旁邊，猶如它們對於這種公寓生活，要比她還能適應呢！而此刻，沒給陽光照到的巷子，看過去卻有些許灰撲撲的感覺。風還是微風，只是吹過來已有很深的涼意。她想，有時，孤寂是到處都可找到的：譬如，在此刻的巷子裏；譬如，在無雲的秋空上；譬如，在她的雙瞳裏。

於是，一輛摩托車的重濁而粗魯的聲音衝破岑寥，竄了進來。她皺起眉的同時，黃太太的長窗又給推開了，但那輛車子卻毫無留戀地一馳而過，尾音卻是黃太太的一聲嘆息。一會後，又是一輛；一會後，又是一輛。古恬容乾脆走進客廳裏。黃太太也不再走出來。後來，另一輛摩托車在樓下停下，那個騎士像救火員那樣跑上來，敲著黃太太的門，一面嚷著：「黃太太，快開門，你先生的車子出了事啦！」古恬容也吃了一驚，趕忙走到門邊，湊著電眼向外望。靠在對面門邊的黃太太，臉色灰敗，嘴唇哆嗦。那個人又說：「你別急壞了，他現在已給送到林外科那裏去了，生命沒有危險，只是車子翻了，受點傷是免不了的。你快收拾收拾，去醫院看他。」說完，他就走了。

古恬容看到黃太太嗚嗚地哭起來，跟在她身後的莉莉也嚇得哭了，然後，她闔上門，只聽見她一邊哭著，一邊乒乒乓乓地關閉門窗。古恬容的手放門軸上，她很想走過去，問問黃太太：「妳家裏的錢夠不夠？」但她的手始終放在門軸上，沒有動。不是她不願、不想、不肯……爲什麼沒有動，連她自己也不知道。

黃太太出來時，把莉莉鎖在家裏。當關上門的那一刹那，莉莉尖著嗓子，扯人耳膜般地嚎叫著。古恬容放在門軸上的手顫動了一下。她很想衝出去，對黃太太說，把莉莉暫時交給她照顧吧，她不會覺得麻煩的，因爲她喜歡小孩子，更何況她現在正孤寂著？然而，她的手最後卻仍留在門軸上。黃太太走後，莉莉就在門邊哭，哭得宛似要把門哭倒、把牆哭坍。古恬容走到臥室裏，找出一些消毒棉花，搓了兩個小球，塞到兩耳裏。

她重又坐到沙發上，在棉花團的隔絕下，莉莉的哭聲已然變得模糊不清了，好像莉莉很遠、很遠、她無法援手的地方，但她仍不免跟遙遠的哭聲奮戰著。她費力搜索著彭伯母的孫女小寶的可愛。小寶說：「姑姑，你下次帶什麼來送寶寶呢？」她說：「一輛會走路的小汽車。」小寶說：「我不要汽車，我要布娃娃。」她說：「好，就買布娃娃吧。現在，小寶是個乖寶寶，以後長大了，是個好媽媽。」小寶就把雙手反剪在背後，裝出一副大人的模樣。要是小寶搽了媽媽的面霜，就準會把小臉蛋湊過來，讓她親親看，還問她香不香？她要走了，小寶捨不得她走。小寶也要送件小禮物給她，她搬動胖胖的小腿，跑進自己的臥室裏，再跑出來時，手裏拿著的是隻泥狗。這是她小叔替她做的。那隻泥狗的一條腿已經斷了。大家都笑著。她的行李裏實在裝不下牠，不過，她是千眞萬確地心領了。

古恬容聽著莉莉的哭聲，想著小寶的笑臉，她不知道自己是無情還是有情？或許，她也像一株橘樹，現在種在都市的公寓裏，結出來的果實就變成枳了。

時間過得好慢、好慢——莉莉心裏的時間一定過得更慢、更慢。古恬容塞著棉花團煮飯、燒菜，塞著柏花團吃飯；人，木楞楞的，怪不舒服。然後，她發覺她早就可以把棉花團拔出來，因爲莉莉已不再哭。或許已經哭累了，睡了過去——幸虧睡了過去，否則就要哭壞了。或許她的媽媽已在客廳地上放了一罐餅乾，給她充飢。不管怎樣，她的媽媽總是一個不負責任的媽媽。說怎麼，她也不該把女兒關在家裏的。她還要到處奔跑，去籌醫藥費嗎？誰知道？倘若莉莉的爸爸流血過多、需要輸血的話，倘若需要動大手術的話，那末，幾千塊錢該是少不了的。

古恬容倚在長沙發上。雖說在這一天中，她幾乎什麼事情都沒有做，但她心裏卻忙碌了一天，現在，她不禁有些倦乏。她捻亮沙發旁邊的一盞立燈，從紫色的燈罩中透出來的光線，只照亮她附近的一圈地方。七點多的時候，她聽見計程車載來了黃太太和黃先生。這一家總算沒有演出什麼悲劇來。黃先生包紮過後，支了一根手杖，由太太陪著回來休養。古恬容湊著電眼，看到黃太太打開房門、捻亮電燈時，莉莉就睡在離門兩、三尺的磨石子地上；她旁邊是些玩具和揉碎的餅干。黃太太扶著黃先生在沙發上坐下，然後又過來抱起莉莉。她一醒，又哭了，但古恬容知道她是不會哭得很久的。

此刻，古恬容不僅疲憊，而且什麼也不願想，便在長沙發上側躺下來，只一會，她就睡著了。她睡得很熟，當她聽見門軸轉動的聲音時，她這才猛地驚醒。她跳了起來，開亮日光燈，只見通往樓梯的房門正開著，她奔出去，似乎有條黑影正往樓下竄。在驚恐中，她不禁大叫起來：「捉賊！捉賊！」喊了幾遍，卻沒有一個人走出來。她走到洋台上，又喊了幾遍，仍舊沒有一個人走出來。

古恬容再跑回到臥室裏。櫥門已被打開，幾隻箱子還原封不動地擺在那裏，除了小抽屜裏她經常佩戴的兩隻寶石戒指和一隻手錶和幾百塊現鈔而外，匆忙的小偷還來不及帶走其他什麼。

古恬容怔怔地站在屋子裏，只聽見前後、左右、上下的電視機的聲音交雜在鬱濃的夜色中。

一九六九年（民國五十八年）二月

生鏽的黃昏

一

李美莉在這個街區是個惹人注意的女人，她有許多足以向人誇耀的優點。

她有一頭烏黑的長髮。清晨，當你瞥見她時，她那一頭長髮可能是平滑地披在背後幌來幌去，像黑夜留下來的一抹黑影；兩、三個鐘頭後，你再瞧見她時，她卻已是雲鬟高聳了。你永遠無法知道李美莉的頭髮今天會是什麼式樣，你也永遠沒法叫出它的名堂來。

李美莉偶爾有了片刻的空閒，和顧客悠閒地聊著天時，她的一雙手則在頭上毫不經意地活動著，一會兒，把這綹頭髮放下來，梳一下，重新繞上去，一會兒，又把那綹頭髮放下來，再往上挽；不過幾分鐘工夫，她頭上的髮型就全改觀了，不管是哪種型式，卻又總是那麼自然好看。那些年輕的小姐們和中年的太太們，甚至那些年過半百的老婦們，無不交口稱讚她：

「李美莉，你這雙手可眞靈巧啊！」

李美莉只是略揚起眉，以微笑作答。她的一雙手也確實是完美無缺的，指甲永遠修剪成花瓣形，長而尖圓，塗著蔻丹；她從不讓長出來的無色的指甲面破壞了它的完整美。有些女孩子來這裏做了兩、三次頭髮以後，也喜歡到這裏來修指甲了，她們都希望自己的手指甲能跟李美莉的一樣美。李美莉趁機給她們一些適當的建議：十六、七歲的少女該搽無色或銀色的蔻丹；二十出零的就不妨搽得鮮艷點，如玫瑰紅的、猩紅的。如果皮膚白皙、穿著華麗，最好搽上銀紅撒金的。這些女孩在家裏雖都任性得不肯聽父母親的話，對李美莉卻總是那麼服服貼貼，唯命是從。她們坐在椅子上，把手指尖泡在一碗溫水裏，再久也不嫌煩。

李美莉開的這家「貴婦美容院」，生意鼎盛；有許多事情，李美莉都不需要親自動手，她只站在督導的地位，從旁指點。她有七個助手，小蘭、阿梅、玉玲、美月……等全是她一手訓練出來的，也都很能幹，但跟李美莉比起來，卻還差一截。另外還有兩個打雜的小學徒，一共是十個人，生意忙時，還是應付不過來。

每逢吉期，更是門庭若市，有臨時來請李美莉幫忙化妝的新娘，也有幾星期前就和李美莉約定了化妝日期的新娘，派頭大的，還專程用車子接了她去，一耽擱就幾個鐘頭。新娘子在化妝前，看起來平平凡凡的，化妝後，卻變得粉妝玉琢似的：烏黑大眼睛、柳葉眉、高鼻樑、俏嘴唇、鬈髮蓬鬆有致、手指纖秀如蔥。新娘攬鏡自照，衆多的親友環著新娘仔細端詳，李美莉則退到一旁，側著頭稱道：

「嘖，嘖，你們瞧，陸小姐打扮起來眞是說多美就有多美，簡直是仙女下凡嘛。今天是黃道吉日，這許多新娘當中，我看就數陸小姐最漂亮了。」

那個既高興又傷心的新娘的母親聽了，就說：「好說，好說，還不是你的手藝好。李美莉，你的確要比別人技高一等呵！」

李美莉略揚起眉，微笑著。她很得意，彷彿這個新娘的整個身子都是她一個人用化妝品揑出來的，新娘的所有的快樂也都是她一個人賜予的。事實上也的確有一點兒，倘若沒有李美莉那種出神入化的化妝術，那個新娘的欣喜不是要大大地打個折扣嗎？

李美莉覺得很安慰、很得意。她的這一行業始終給包圍在一種洋洋的喜氣中，她碰到的主顧幾乎全是眉開眼笑的。有時一眼就可以看出來，那個隔一天就要來做一次頭髮的女子，十拿九穩地是已有很親密的男朋友了；那個半老的婦人忽然想把一頭花白的頭髮染黑，準是她要娶媳婦了。至於那幾個名女人呢？不管是赴宴還是登台，她們跨下車來，總是滿面春風地捉住她的胳臂，催著她動手，熱絡得猶如知己好友。

午後一、兩點，是「貴婦美容院」較悠閒的時刻。兩三個助手和兩個小學徒守著店堂裏的十二張座椅，李美莉則在後面那間化妝室的躺椅上假寐，有的助手則抽空去逛街。李美莉並沒有眞正睡著，一有大主顧來，她隨時得一躍而起。她總是朦朦朧朧、似睡非睡的，心裏彷彿什麼都不想，又彷彿在思索著什麼。眼前就像擺著一排時裝模特兒——一些年輕女子的身影。她依稀記得，這個月裏，她已替十幾個女子作過新娘化妝；呵，這些年來，她不知已把多少女子送進了結婚禮堂！噢，這眞是一種其樂無窮的工作！

李美莉躺在化妝專用的皮躺椅上，想著那個在隔條馬路上開著「芳芳美容院」的黃寶珍。

假如黃寶珍看到這個門口停著那些貴婦名媛們的車子，心裏該有多妒忌！論歷史，黃寶珍的美容院比她的來得悠久。十七、八年前，「芳芳美容院」就開在那條大街上了。當時主持店務的是黃寶珍的姑姑，後來姑姑結婚了，黃寶珍就把店接過來，成了年輕的女老闆。那時，黃寶珍才十九歲，李美莉比她小一歲，是十八歲。李美莉每次走過「芳芳美容院」前，總忍不住要多看兩眼：寬敞的店堂、新式的裝潢，裏面有五張紅塑膠皮的座椅。她巴不得能到那裏去做黃寶珍的助手。她十五歲時從鄉下出來學手藝，十七歲滿師，十八歲時她才賺錢不久。她穿的是廉價的衣裙，在一家比「芳芳美容院」還不如的「紅玫瑰美容院」裏做助手。三十出零的老闆娘有兩個愛哭愛鬧的孩子。李美莉忙完了顧客的事，剛要鬆下一口氣時，老闆娘的小兒子便會爬到她的腿上來，揉著、搥著、叫著，要她帶著去攤子上抽小玩意兒。她叫他下去，老闆娘的眼睛卻在遠處緊緊地盯著她，彷彿怕她打他、擰他似的。她只好百般哄他，哄得他乖乖地下來，自個兒玩耍去，這時，她已幾乎筋疲力竭了。而且每天總得十一點以後才能上床，四個半榻榻米大的小閣樓上睡著三個人。李美莉和金花是助手，還有一個鄉下來的小學徒。閣樓的兩壁上掛滿了衣服，一邊堆放著雜物。小學徒一會兒就睡著了，她跟金花卻還在聊天。金花說：「老在這裏當助手沒什麼意思；再做一年半載，我還是回老家自己開美容院去！」李美莉問：「店面呢？」金花答：「去租啊！在鄉下的大街上租間店面，一個月要不了多少錢，一天只消有幾個主顧上門，就儘夠開支了。這樣就省得受老闆娘的氣！」李美莉沒回答，眼前卻浮現出黃寶珍的身影。

金花的手藝不及李美莉的精巧、俐落。金花的理想只是鄉村大街上一家小美容院的女老闆，李美莉的夢則是成爲黃寶珍第二。可是，黑夜裏的閣樓上編織的夢，在白日裏卻是顯得多麼地可笑；別說她沒有黃寶珍那樣的經濟條件，就連像金花那樣在鄉下大街上租間店面、裝修一下以及添置兩張座椅、兩只吹風機，還有一些剪刀、梳子、圍巾、毛巾、髮捲等等所需的錢，她的爸媽兄嫂是否負擔得起，還成問題。如果借了債去開店，萬一生意不好，這不是等於毀了整個的家？她的兄嫂還有三個孩子呢！越想越沒希望。唉，她李美莉學得一手好手藝，難道該在這個三、四流的美容院裏幹一輩子嗎？多不甘心！

金花在過年之後，離開了。她離開時悄悄地對李美莉說：「李美莉，你別難過，要是我在家鄉混得不錯的話，就請你去幫忙。」李美莉跟金花的感情很好，不過她若眞去金花的小店裏幫忙，那不是使自己更降低了一級，她怎麼肯？她只說：「金花，祝你開張大吉。有空時，我會到你那裏去玩的！」

金花走後，老闆娘又請來了一個助手，手藝跟金花的差不多，跟李美莉的又巧、又快、又輕，還是差了一大段。店裏的人很快就把金花淡忘了，只有李美莉還記得她，因爲李美莉還沒忘記被金花所撩起的那個無法實現的夢。在夜裏，那個夢總是飄然而來，啃嚙著她、糾纏著她。

她眞沒有辦法去創業嗎？

她發現不是沒有，而是自己沒有仔細去推敲；就像設計一種髮型那樣，多用一點兒心就有辦法了。她的臉蛋俏、嘴巴甜、技術高，以後她要憑藉這些，加強她跟顧客之間的關係。

林大夫太太來了，她趕緊迎上去，笑瞇瞇地說：「好幾天沒見你了，正念著你呢！」她幫林太太把陽傘放好，把椅墊翻了過來。又問林太太最近是不是去哪裏玩了？洗頭本是小學徒的事，她卻親自動手。她跟林太太談著各色各樣的話題，大半都是讚林太太好福氣、好手姿。林太太離開時連找頭也不要，都賞做小費了。當然，還有許多人：于處長的太太、杜校長的太太、趙經理的太太和大小姐、市議員……她像一個政客，面面俱到地周旋於政壇。老闆娘愛錢，只想到生意好、收入多，卻沒想到別的。李美莉這樣做了一年，聲名在外面揚了開去：「李美莉呀，可眞有一手，我在她那裏做慣了頭髮，就再也不想換別人了。」小學徒把話傳了進來。李美莉略揚起眉，以微笑作答。

有一天，林大夫太太來了，李美莉談起金花去鄉下創業的事，感慨著自己的理想受了環境的限制無法實現。她說，要是自己能在這裏另起爐灶，爲老主顧們服務，那該多好！過兩天，于處長太太來了，李美莉也談到了這些。一個月後，林大夫太太就偷偷地對李美莉說，她們幾個太太有意幫她的忙，她們要替她租一間店面。

「可是，我也沒有錢裝修門面、添置設備呀！」李美莉苦著臉說。

「那還用你提？這一切當然統統由我們替你安排好，怎樣？」

「好雖然好，可是我不知道什麼時候才能把錢還給你們呢？」

「哎，錢是小事，我們只希望你不要走，在這裏開一家美容院，永遠幹下去。以後我們全是你的美容院的長期主顧，而且還要盡力把親戚朋友們拉來做你的主顧。這樣，李美莉，你還怕什麼？」

李美莉眼淚汪汪地謝過了林大夫太太。她在晚上做的夢畢竟成了白日的驕傲。在店裏，她仍不動聲色地幹著活兒，直到她辭職的那天，才說出她已在附近租下一間店面，打算開一家美容院。老闆娘聽了，大吃一驚，立即意會到，李美莉一走，店裏的大半生意也將跟著李美莉跑了。

「貴婦美容院」就這樣地開張了。有女市議員的剪綵，有闊太太們送的花籃；場面浩大，氣勢不凡。它馬上成了黃寶珍的「芳芳美容院」的勁敵。在不到半年的時間裏，她還清了太太們替她墊付的款子；她眞的成爲女老闆了。店裏有三個助手，兩個學徒。這時她才不過二十一歲。

她沒有空去看金花，金花倒進城來看她了。「李美莉，你好壞，你說你沒錢，只兩年的時間，你卻獨個兒撐起一間大店面來！」

「金花，我沒騙你，你離開時，我的確沒有錢，你是知道我家的境況的……。」

「我知道你是鬼精靈，你是用魔術把這些變出來的？」

「完全是運氣。金花，眞的，完全是運氣。」她頓了一頓，接著說：「金花，要是你覺得長住在鄉下沒意思，就到我這裏來，我十分歡迎。」

金花眨了眨眼睛。「這倒是好主意，我最高興跟你在一起。只是我不久就要訂婚了，可能年底就要結婚。」

「眞的，爲什麼這麼快？你以前不是說還要過幾年才結婚？」

「李美莉，我比你大一歲，過年就是二十三歲了。」

「二十三歲也不大呀，爲什麼不多做幾年，多賺一些錢？金花，你以前不是常說趁婚前多賺些錢嗎？」

「唉，以前的確這樣想。可是再怎麼做，也只是一個小小的美容師；再怎麼積，也積不了多少錢。想來想去，還是嫁人算了。」

「對方是幹什麼？」

「一家小布店的小老闆，在布店裏幫忙。今年二十四歲，他追了我半年多，每個月總要送一、兩塊料子給我。我看他爲人不錯，又是眞心待我。李美莉，吃我們這行飯的，你能期望嫁個怎樣好的男人？尤其是我，人長得沒有你漂亮，手藝沒有你的出色，也沒法挑三揀四的；他總算有一片小布店，以後我幫著他做買賣，混口飯吃，總沒問題」。

李美莉沒作聲。金花的理想就有這麼低，李美莉怎麼激她都沒有用。或許金花有自知之明。金花太平凡了，她李美莉可不同，她是這一行的佼佼者，靠著她的機智，她已平步青雲了。她要賺夠了錢，再談婚姻。那時候，她的身價不同，對象自然也就不會是泛泛之輩了。

金花果眞在年底結了婚，李美莉在吃過金花的喜酒後的一個月，就飛往日本去學美容。回來後，她把「貴婦美容院」重新裝修擴充，以全新的姿態與主顧們見面。這時，李美莉已不是一個普通的美容師，而是一位美容專家了。

二

四月，午後的天氣暖和得使人懶慵慵的。李美莉在化妝室的躺椅上睡了一會兒，她彷彿看到了金花，也看到了以前的老闆娘。事實上，金花生了三個孩子以後，最近五、六年來，就沒再來過，而那個老闆娘因爲美容院的生意太差，也早在幾年之前把美容院關了門，自己回鄉下去了。李美莉閉著眼睛，覺得這一切全很近、很近，猶如自己還是十八歲，剛滿師不久，那身用廉價布料做成的衣服漿得挺挺的，走動時發出輕輕的窸窣聲。當她微傾著上身、替主顧們捲頭髮、剪頭髮時，硬硬的裙邊老把她的小腿肚擦得怪不舒服的。有時，一個穿著時髦的女人走進來，她總要在暗中對那件衣服看上幾十遍；心裏想，哪一天她才能得到這樣的一件衣服？而今，她不僅已給自己買下了這幢兩層樓的街面房子，替兄長買下了半甲良田，同時，她的銀行存款還在不斷地增加！

「李美莉！」有人在前面的店堂裏喚她，聲音好熟。李美莉趕忙撐起身子，走出去。果然不錯，是林大夫太太。現在她已是五十出零的半老婦人了，仍然常到美容院來，做頭髮、修指甲、化妝臉部，想把已逝的青春喚些回來。

「林太太，你今天來得好早啊！」李美莉知道林大夫太太有午睡的習慣。林太太平日要不是上午九點鐘來，就是下午三點半來，每星期兩次。「是不是下午要出去，還是晚上有宴會？」

林大夫太太早已發福，胖墩墩的身子陷在座椅上，倒挺舒適的。她用手拉拉剛繫上的白紡綢圍巾，說：

「你可猜對了。今天上午，我的姪女來了，我忙著多燒了幾樣菜，沒時間來。下午她卻硬要拖我出去玩。你看，這怎麼行？我的頭髮已經有點亂了，指甲油也有點剝落了，還有這副老臉皮，跟二十幾歲的女孩子走在一起，簡直笑死人嘛！」

「沒有關係，你幾點鐘出去？」

「我兩點鐘就要動身，現在都快一點半了。」

「沒有關係。」李美莉很有把握地說。一面已開始把林太太頭髮上的夾子一支一支地摘下來。「現在沒有什麼顧客，不消半個鐘點就好了。」

小蘭和阿梅立刻圍了攏來，小蘭把洗頭的工作接了過去，阿梅拿來了去光水，把林太太指甲上殘餘的指甲油擦掉。兩人做事都很乾淨俐落，只一會兒工夫，她們已在用水替林太太沖濯頭髮了。不久，她們又請林太太坐在大鏡子前面，三管齊下，一邊捲頭髮，一邊修剪已在溫水中泡軟了的指甲，同時，又將清潔霜塗在她的臉上和頸上，由下而上輕輕地按摩著。林太太雖然全身動彈不得，一張嘴巴卻能抽空跟李美莉聊天：「李美莉，那個小菊最近來看過你沒有？」

「沒有啊，我只聽說她在兩個月前生了第二個孩子。」小菊是李美莉收的第一個學徒，是五年前的秋天離職嫁人的。

「她昨天抱了孩子到我們的醫院來。那孩子長了一頭的膿疱，又癢又痛，抓得外耳道都血淋淋的。她的男人拎了一大包衫褲、尿片，跟在她的後面。」

「誰叫她這麼早就嫁了人！本來可以舒舒服服地過日子，現在可吃足苦頭啦！」李美莉撇撇嘴唇。「我那時好意勸她：『小菊啊，你人長得不錯，多做幾年事，別急著結婚。男人多的是，先積些錢，以後慢慢選個好的，這樣對雙方都好。』林太太，你說對不對？」

「話是不錯，但女孩子心軟，經不住男人甜言蜜語地糾纏，就不顧一切地答應了。小蘭，是嗎？」

小蘭低著頭，臉兒紅紅的，因爲小蘭最近也有了親密的男朋友。

這些年來，經李美莉訓練出來的助手也不下二、三十了；跟傳授手藝一樣，她也把自己對婚姻的見解傳授給她們。叮囑復叮囑：事業爲重啊，事業爲重啊，那些男人絕對不會替你們的前途著想的。他們全是一些自私自利的傢伙，他們全要你們落到他們的陷阱裏去。我們只要替別的女子作新娘化妝就夠了，不必很快地爲自己去作。起初，她們都互相微笑，默然地聽從了她，但當她們到了二十一、二歲，卻一個個地背叛了她。現在竟又要輪到小蘭了。她們的慾望就有這麼低、這麼容易滿足嗎？李美莉想起這些事，就覺得怪不是味兒。

在李美莉看來，追求小蘭她們的，都是一些並不值得深愛的、普普通通的男人，要是跟以前追求過她的那個餐館的小開相比，眞差得太遠了。那時她幾歲？二十三歲，她滿懷創業的毅力和勇氣，斷然拒絕了他。當時，連林太太也說她太無情了。

林太太此刻已經坐在筒狀吹風機的下面了，她那整修過的指甲，已塗上了銀灰色的指甲油。善於把握時間的李美莉就在這會兒把塗在林太太的臉上和頸上的清潔霜用棉紙擦去。胖胖的林太太閉著眼睛，像個飽食思睡的嬰兒。

林太太又坐到大鏡前面的椅子上，兩、三雙手在她的頭上和臉上工作著。這時，那排果核串成的垂簾忽然震顫起來，繼而被撩開了些，探進來的是一張年輕的臉，跟著，一個婦人和一個青年走了進來，那是一個新主顧。「貴婦美容院」每天都有新主顧，因爲它是這個城裏的一家有名的美容院。

「請坐啊！」李美莉向那個婦人微笑招呼，也對陪著同來的青年點頭微笑。那個青年大約二十七、八歲，從他穿的那件緊身奧龍短袖衫可以看出一身結實的肌肉來。他的雙手插在褲袋裏，模樣兒挺帥的。

「聽說你們這裏的手藝最好，我特地請姑媽來這裏做頭髮。」年輕人說。

「好，好，馬上來。我們不敢說這裏的手藝最好，又快又便宜，倒是千眞萬確的。」在做生意上，李美莉依然很謙虛。

出去逛街的助手們都已回來了，其中一個走過去替那個中年婦人洗頭。李美莉一面給林太太的臉部作最後的化妝，一面低聲地對她說：「今天你要戴翡翠耳環和翡翠胸針才好看，不要戴珍珠項鍊。」林太太點點頭。她信得過李美莉的審美能力。現在一切都就緒了，才不過二十多分鐘。

李美莉送走了林太太，又迎進來好幾個主顧，只一會兒工夫，十二張椅子已經座無虛席了。那年輕人東張張、西望望，顯得很無聊。李美莉看了他一眼，又看了他一眼，再看了他一眼，適巧那年輕人也正轉過臉來看她。李美莉說：

「站著很累，那邊有椅子，請坐一會，擱板上還有幾本新到的畫報呢。」

「我不累，到處看看也很好。」他乾脆走到李美莉的身邊，看她做頭髮。「我看出來了，你是這裏的老闆。」

「是的。」李美莉說，抬起了頭，向鏡子裏望。那年輕人的眼睛正逼視著她。那是一雙烏黑深邃的眼睛。金花的丈夫的眼睛不是這樣的，小蘭的男友的眼睛也不是這樣的；就是追求過她的那個餐廳小開的眼睛也不是這樣的。老練的她忽然感到侷促不安起來，就慌忙地把目光移開了，心裏卻禁不住想：剛才我睡了片刻，匆匆從躺椅上起來，天氣又這麼暖和，不知道我臉上的化妝怎樣了？她放心不下，就又乘機向鏡子裏打量了一下，不料他還是在看她。

爲什麼老是看她？爲什麼？

他突然說：「我聽別人說，你是美容專家，你的化妝術是遠近聞名的。」

「過獎，過獎！是不是你快結婚了，要我替你的新娘化妝？」

「我還沒有女朋友呢！」年輕人聳聳肩說。

「嘿，多可惜！」李美莉說。「啊，該趕快找啊！」

那天晚上，李美莉一直忙到十一點多，才有空去洗澡。她向浴室的鏡子望去，裏面就有一雙烏黑明亮的眼睛在盯視她。她嚇了一跳，隨後，她笑了，這不過是幻影，她還在惦著他！是的，他瀟脫而強壯，有一對女人喜歡的深情的眼睛，看來也很俏皮、機伶。然而，她連他的姓名都不知道呢。他會再來嗎？

她洗去了臉上的脂粉，再度端詳鏡中的自己。怎麼眼角已有細細的皺紋了？她一直沒有注意到。再貼近一瞧，原來自己的雙頰也不像以前那樣瑩滑了！那洗去了眼蓋膏和眼線之後的眸子，光亮也大不如前了。怎麼搞的，整天注意別人的臉孔美不美，卻一直沒有注意自己的容顏已隨歲月而褪色。還是自己給超卓的化妝術瞞騙了，以爲青春眞可以永駐！

彷彿有股冰水滑過了她的全身，她打了幾個哆嗦，隨後，又彷彿有盆熱水澆淋著她；刹那間，混身冒汗。她兩手捧住雙頰，好像要把自己的臉皮整個扯下來，另換一副新的。難道她看來就像一個枯燥、憔悴的老小姐？在沒有戀愛之前就衰老了？每天，她在大鏡子前走來走去，一邊在美化別人，一邊卻也在老化自己！或許早就有人在背後譏笑她了。就拿小蘭來說吧，當自己殷殷地勸她不要太早結婚時，她那細細的笑聲，現在想來，竟含著諷嘲的意味！噢，現在想來，每當她爲新娘化妝時，那新娘的含淚的笑眼中的她，原來只是一條可憐蟲，宛如她是一個永遠嫁不出去的老處女。每天，每天，總有一些男人陪著他們的母親或者妻子或者女友來美容，現在想來，原來他們早在明亮的鏡中看出她的遲暮了。唏，現在想來……

她轉身跳進那個裝了半盆溫水的浴缸裏。如果她有勇氣話，她眞想把自己淹死。她發覺她所有的驕傲已在頃刻之間化爲流水了。以前，當她談起已有三個孩子的金花時，她總憐憫地說：「金花好可憐呵！」或許明天金花會陪著她的丈夫、攜著她的孩子猝然來到：一支五人組成的隊伍，昂然地站在她的面前。「李美莉，你瞧，我不是很好嗎？」

「金花，你很好。我們是老朋友，只有你能照實告訴我：我這樣做，難道是錯了嗎？」

「你沒有錯，你永遠是精明能幹的李美莉。錯的是男人。」

「男人？我的生活裏還沒有男人呵！」

「就是這麼說嘛！他們太重視青春了。李美莉，嫁個中年男人吧，不要指望有什麼二十出頭的年輕人來追求你了。你得把眼光放低一點！」

「我不相信你的話。今天下午，就有一個長得挺帥的年輕人狠狠地盯著我。我相信他對我有意思，我也從來沒有這樣動心過。我相信他過兩、三天會到這裏來。那時，我就會抓住他。我不會再錯過這個機會的。金花，你等著瞧吧。」

李美莉邊洗澡邊想著。她跨出浴盆，穿上一件半邊明的鵝黃睡袍，淡淡地化了粧。她又恢復年輕了。她已經下定決心要抓住他，心裏也就又平平和和、快快樂樂的了。

從這天起，她開始了等待，那是一種渺茫的希冀。每當垂簾被撩了開來，她就會全身緊張。有時，彷彿大鏡子裏驀然出現了他的那雙眼睛，她定一定神，那雙眼睛卻又隱去了。她依然忙碌著、談笑著，趕著去替喜氣洋洋卻又眼淚汪汪的新娘美容；回來時，卻傷心、疲乏得像參加了一場喪禮。有一種聲音老在她無依無靠的心裏喊叫：

李美莉，你快老了……你快老了……

這時，李美莉看到自己臉上的脂粉紛紛剝落，猶似鳳蝶的翅膀遭受到陣雨的沖擊。

三

天氣宛似一條迎浪的魚，直往熱裏竄躍，牠越是一個勁兒地掀騰，人們也就越發感到體內如被抽去了幾根肋骨，軟塌塌地，像只塑膠袋子。李美莉對這倒不太介意，因爲「貴婦美容院」在兩年前就已裝上了冷氣。在冷氣開放之後，「貴婦美容院」的生意也就更好了。

「李美莉，要不是有你們這些巧手，我這一頭長髮在夏天裏就硬要被迫剪成鴨屁股了。」

李美莉的回答很含蓄：

「我們這裏涼快嘛！沒事的時候，歡迎你到我們這裏來坐坐、聊聊，解解悶兒。」

那女人也就說：

「可不是嘛，來慣了，隔幾天就想來一次，就像串門子一樣。說眞的，這裏的小姐手藝不含糊，也很大方、親切，讓人看了，從心眼裏感到服。名師出高徒，李美莉，這全是你的功勞呵！」

李美莉像往日那樣微揚起眉，淺淺地笑著。是得意？是謙虛？然後，輕輕地、讓別人聽了怪受用地說：

「啊呀，說起來，我李美莉有多大的本領，還不是承大家看得起我！」

那天，林大夫家的大小姐也來做頭髮。她今年二十四歲，是個剛結婚不久的少婦。少女的清純混和著少婦的豐潤，使她看來嬌美極了。李美莉一手揑著梳子，一手握著吹風器，正在替她的頭髮作最後的修飾。林大小姐對著鏡子笑了笑，笑影裏，李美莉想起了她十一歲時跟著林太太第一次上美容院來、右肩膀上吊著一隻紅書包時的情景。嗳，十一歲的小女孩如今都已結婚了，這十幾年就像是一下子躍過去似的。

李美莉剛把林大小姐送走，小蘭的男友卻來了，挺有耐心地等在小蘭的旁邊。小蘭替顧客做好了頭髮以後，也不管店裏的生意有多麼忙，就跟著男友出去逛街了。李美莉悄然地嘆了一口氣。小蘭以前是最負責的。她十五歲進來，到現在快七年了，很少請假；李美莉幾乎可以把店裏的內外事情全部托付給小蘭，她甚至認爲小蘭會跟著她過半輩子的生活。呵，多可笑的念頭，爲什麼以前她會以爲所有的人都不會離開她？

那天午後，李美莉又在躺椅上睡去了；醒來時，耳畔隱約聽到「李美莉」的喊聲。她坐起來，陡然看到那個年輕人正站在屏風的旁邊，右手的四隻手指搭在烏亮的頭髮上，那麼漫不在乎地微笑著，一副隨時準備走路的模樣。她膝蓋發麻，她知道他是來找她的。

「你找誰啊？」

「我找姑媽，她說，午後一點鐘要在這裏做頭髮、美容。」

「她沒有來。」李美莉說。「我想，店堂裏該有人告訴過你了。」

「是的，但我不相信。她說得那麼肯定。嗯，一定有什麼事絆住她了，我可以在這裏等她一會嗎？」他的右手中指彈著那條寸半寬的褲帶，發出了嗒嗒的響聲。他的目光始終沒有離開過她。

「當然可以，我們這會兒最空。我想，你的姑媽等一會就會來的。噢，她看起來眞是位好脾氣的老人家，不是嗎？」李美莉很健談，在任何場合，她都不會語塞的。那年輕人也是一樣。他慧黠地眨眨眼睛，雖然坐了下來，卻始終是那副隨時準備走路的樣子。

「嘿，看樣子我姑媽今天是不會來了。」在閒聊了個把鐘頭之後，年輕人終於站起身來。

「那麼，你明天陪她來這裏吧。」李美莉接著說。

「嘿，可能明天我仍會來這裏等她。」

「沒有關係。我們這裏最歡迎顧客來聊天了。你很忙吧？」

「差不多。」年輕人說。「可忙，也可閒。」

「那太好了，你明天再來吧。」李美莉說。她已經說得過分了，但她不在乎。

那就是開始。彷彿是偶然，由於雙方都是有心安排，兩人的感情進展得很迅速。李美莉也常橫起心，在美容院生意很忙的時候，跟著那個年輕人一同去逛街、去看電影。他比她小六、七歲，高商畢業，剛辭去一個櫃台職員的工作，回家來另圖發展。李美莉說，他這樣做是對的，自己開家店舖吧，什麼店舖都行。賣工業化學原料、賣手工藝品，或者做罐頭批發的生意，都很簡單。那年輕人說，話雖不錯，但他手頭少不得要有十來萬現款，才敢放手去做。或許他還是再去幹幾年的櫃台職員，積些錢再說。好像這只是隨口說說的，但說後的第三天，他卻突然來辭行，滿有志氣地表示，如果積不到十萬元，他就不回來了。

李美莉捨不得他走。幾年後，她幾歲了？他回來後還會跟她結婚？他只不過需要十萬塊錢去打出路；她就給他吧！她幾乎硬生生地把他留下來，把十萬存款心甘情願地塞在他的手裏。

「沒有關係，你拿去用。店面撐起來了，我看著也好受。你在人前要說是你自己的。這樣，對你對我都光彩些。結婚後，我們兩人分管兩家店，多好！」

那年輕人仍用手指彈著褲帶。「我要開一家皮革店，賣皮箱、皮袋、皮包、皮帶、皮手套、皮坐墊、皮茄克……有麂皮的、蛇皮的、鱷魚皮的、小牛皮的、紋皮的、漆皮的、馬皮的、塑膠皮的……」

「很好，只要你喜歡的，都好。我不會干涉你。對你有好處的，對我也有好處。十幾年前，我碰到林大夫太太；十幾年後，你碰到我。我們兩個都有運氣。」

年輕人倏然響亮地笑了：「我敢打賭，我的運氣比你的好。你信不信？」

「我相信十年後你的成就要比我的大。哈哈，那時，你將是一個年輕的大老闆了。」她自己的成就已經來臨，她現在幻想的是他的成功了。

他幾乎隔兩天就來看她，她總是笑意盈盈地把他介紹給她的那些老主顧：那些名女人，那些官、商的太太和那位跟她相交頗深的林大夫太太。他也表現得很大方、很有禮。他走後，大家異口同聲地說：

「李美莉，他好年輕呵！」

「是的，他比我小幾歲。」

「李美莉，他在哪裏做事？」

「他是做皮革生意的。他對皮革特別內行。嘿，你們想不到吧，他年紀輕輕的就有這樣的作爲了，他想在這裏開一家皮革店，那倒是挺不錯的主意，對不？」

林大夫太太細聲地對李美莉說：「李美莉，年輕男人的心，你可得小心抓住呵，它是長著翅膀的，說飛就飛！我還聽說他並不很可靠哩。」

「謝謝你，林太太。我想你是聽信謠言了。其實他挺老實，樣樣聽我的，絲毫不像那些半老的男人肚子裏全是鬼主意，表面上還裝得一本正經呢！」

林太太訕訕地笑了兩聲，揶揄地說：「李美莉，他的確長得很帥，你這次可是死心塌地愛著他嘍。我看，下個月小蘭做新娘，再下個月，可就輪到你啦！」

李美莉趁這聊天的閒暇，把自己的長髮編成辮子，在頭上鬆鬆地盤了一個髻。「我倒也有這樣的打算。林太太，那天你家的大小姐來這裏做頭髮，我想到她都成家了，我李美莉就好意思打一輩子的女光棍嗎？」

「你早該結婚的。以前我老是勸你，你卻沒有意思。我常說，如果一個女人爲了事業放棄婚姻的話，那只能算是強者，不能算是智者。」

「你說得有理。」李美莉說著，在林太太襯著假髮的鬈髮上噴了一圈膠水，拿起鏡子，往林太太的後腦一攬。啊，果然梳得天衣無縫，眞假難分。林太太滿意地點點頭。時間還早，下面還有兩個節目：修指甲和臉部化妝。

「女人容易老。」林太太走到裏面的化妝室裏，感慨地說：「二十年前，我看來要比林大夫年輕，現在誰都看得出我竟趕到他的前面去了。不瞞你說，我一直沒有讓他知道我的頭髮裏襯著假髮。」

「對啦，何必說穿呢？林大夫也忙得不會去檢查你的頭髮。」

「他年輕的時候，可替我洗過頭髮的。他最喜歡我的這頭頭髮。他以前說過，一再這樣說過。」

「哎，林大夫怎麼會替女人洗頭髮？他一定洗不好的。」李美莉差一點兒笑出聲來。

「他倒是洗得挺仔細、挺乾淨的。那時候，美容院不多。唉，年輕時候就有年輕時候的那份耐心、愛心和閒情。現在，一星期他能在家裏吃上五頓飯就算好了。」林太太的表情嚴肅，塗了淡茶色粉底的臉套了一層薄薄的橡皮面罩似的。她的悲哀，痲痲的、幽幽的，好似被封藏了許多年的茉莉花瓣。就在那份悲哀的下面，她的十個閃亮的銀紅色指甲盛開在十個指頭上，小心地維護著它們的美艷。「李美莉，女人挑丈夫還是選老實一點兒的好。」

「是的，是的。」李美莉應著。

李美莉等待著皮革店開張。然後，她跟那年輕人就可以結婚了；這樣，她跟他看來就像「門當戶對」了，誰也不會在背後說閒話。李美莉喜歡體體面面、光光彩彩，雖然表面謙虛，骨子裏卻喜歡聽別人的讚美：

「李美莉哪，你眞是樣樣比別人強，嫁個丈夫，年輕、英俊、有錢、幹練！李美莉哪，你白手成家，現在什麼都有了，是這個街區的富婆了！」

李美莉略揚起眉，獨個兒微笑著。她悠閒地靠在椅邊，一面用靈巧的雙手把她的長髮放下來，梳了梳，又挽起來；又是一個新的髮型。她走到門口，彷彿聽到遠處有鞭炮的炸裂聲——又有一家新的皮革店開張了？

一天下午，金花帶著她最小的一個孩子進城來看李美莉。不巧的是，李美莉剛巧去時裝店做新裝，就由小蘭接待她。她們同上店鋪的二樓，金花說：

「聽說，李美莉也快要結婚啦？」

「是的。」

「那眞是太好了，對方是怎麼樣的一個人？」

小蘭遲疑了一下。「唉，不瞞你說，對方是個聲名浪藉的年輕小夥子，他有好幾個比李美莉年輕的女人。有好幾次，我們店裏的人都親眼看到他帶著女人去看電影，兩人手拉手，挺親熱的。」

「啊，這怎麼行？李美莉哪能嫁給他，你們可要勸勸她呀！」

「誰勸得了她？連林大夫太太都勸不住。金花，你是她的老朋友，你能勸勸她嗎？」

金花沉吟了一會，搖搖頭。「李美莉有時很固執。」

「是的，她很固執。」

「她太能幹了。」

「是的，誰也比不上她能幹。」

「太能幹的女人常常以爲自己什麼都是對的。」金花撫撫自己的孩子的頭。「眞遺憾，我馬上就要趕回鄉下去，家裏的人都在等我哩。」

金花探首窗外，鬧街正浴在鐵鏽色的黃昏中。

一九七二年（民國六十一年）一月

這些日子來的迷惘

有一天，我在霧中行走，迷失得這麼深，
突然，我發現了那座橋以及……
我恢復了清醒。

一

我常追憶我跟惕彥是在什麼時候認識的，但記憶彷彿並不十分正確。我老覺得我們似乎已經認識了好幾年，猶如老鄰居、老朋友，但事實是我上臺中來做事，還只一年。有一次，惕彥說：「淑媛，一定是你在讀書的時候我就碰過面，要不，我們才不會有這麼熟。」這也不對。前幾年中，他在臺北上大學，而我則在南部鄉下就讀商校，我們連擦身而過的機會都不可能有，更別說是相識了。後來，經過仔細的推究，我才發覺那是因爲我們兩個都是並不突出、並不引人的人，彼此雖曾打過幾次照面，卻任誰都沒有在心上留下什麼印象，直到大家相隔很遠、就不由自主地點頭或揮手招呼時，我們這才感到對方的彌足珍貴的平實與親切。

我在一家手工藝社的門市部裏充當店員。那天下午，他走到我們的店裏，在我照管的那個櫃臺前面停下來。「我要買樣東西，」他說。我的那個櫃臺裏面全是一些檀香扇、釘珠鍛手袋以及漂亮的洋娃娃。那些東西對女人才有用處。我照實說：「你買這些東西做什麼用呢？還是到那邊的一個櫃臺去，挑個煙斗吧——或許將來會派上用場。」但他卻說：「我要買把檀香扇送給嬸嬸。淑媛，你替我挑把最好的。」我早知道他是住在他的嬸嬸家裏，不過他的嬸嬸卻不像他和我，她是一個不平凡的女人：一個貴婦。

他將我遞給他的那把檀香扇打開來，搖了幾搖：五月的空氣中立刻盪漾著一股芬芳，使你不由得不幻想起：在中國式的古老的深院大宅裏，一個蒼白秀麗的女人正靜靜地倚窗眺望，她的身後，青銅香爐中的檀香的輕煙正冉冉上昇。他合上扇子，笑了笑。我心中的幻影消失了。事實上，我們是在臺中市最熱鬧的一條大街上。我們放眼看到的，除了這些手工藝品而外，幾乎都是最現代化的東西。

「明天上午，你有空嗎？」他忽然問，兩眼非常認眞地望著我。我低頭看看玻璃櫃臺裏那些洋娃娃的呆滯的眼。假如洋娃娃的眼有他的百分之一的亮，那末，這些洋娃娃該早賣光了。

我說我恰巧有空，因爲明天我休假。我們做店員的平日很少能請假，所以碰到休假，總不忘玩個痛快。

「那末，淑媛，我明天邀你去郊遊，好不好？我開著汽車去接你。我知道你住在哪條巷子裏。那條巷子我常去，我的一個朋友也住在那裏，不過，他的家是在巷口。」他說得很急，好像惟恐我不相信他會找得到。

「你會開車？」我笑著問他。他看來很斯文、很老實，不像是個活躍的人。在這裏，除了職業司機外，會駕車的青年並不多。

「最近才領到的駕駛執照，嬸嬸的車子。」他也笑了。「七點半去看你，九點半之前回來，嬸嬸在九點半要去出席一個紙業公司的董事會議。」他匆匆轉過身，幾乎忘記把檀香扇帶走了。我叫住他：「惕彥，檀香扇，你這個人眞是——」他自己接下去：「太粗心大意了。」然後拿了檀香扇，又說了一遍：「別忘了，一準七點半去看你，在家裏等我啊！」在這件事上，他倒似乎又不粗心大意了。

那天下午，陽光燦麗，大家全很高興明天又是一個好天氣。休假的日子，我最怕碰上纏綿細雨，要是出去吧，披著雨絲，哪兒都不好走，哪兒都拖泥帶水的；要是不出去吧，到底又不是什麼滂沱大雨，怎甘願把好好的一個假日浪費在斗室裏。晚上，我把一件翠綠小花的洋裝燙了燙，又用髮捲把頭髮捲了起來。平日，我們店員得穿店裏的制服，很少有機會在人前亮亮標緻的服裝的。我說過，我並不美，但或許因爲我正二十歲；在有形無形中，二十歲的女孩對美總有一種愛好。我有一副很好的身材，但不願讓粗俗的服裝來糟塌它。我希望從我身邊走過的人會說：這女孩子長得雖平凡，但配上這身衣服，卻顯得大方、脫俗。

在穿著上，在心理上，我都已準備就緒，但第二天早上，推開窗子一看，外面卻是一片大霧。窗外的一棵主幹高大的油加利樹，像燃燒過似的，枝葉間冒著一蓬一蓮的煙霧，而那堵暗舊的圍牆，卻似裹上了一層薄紗，顯得那麼縹緲有致。我喜愛霧。從前，我跟母親兩個住在鄉村的小木屋裏，兩邊的翠綠山崗常使早上的溪谷瀰漫著一層薄霧。母親在薄霧輕掩的溪畔洗衣，衣服洗好了，霧也散了。可是，我卻絕不喜歡今晨的霧，它破壞了惕彥跟我的同遊。當然，霧會消散，但那要到七點半以後；而且，有時它會變成霏霏的細雨，飄濕人的心。

我賭氣地砰的一聲關上了窗子，使掛在牆上的母親的遺像都幌顫了幾下。我問自己，今天他到底會不會來？假如不來，也該打個電話給我；要不，那就該約束一下自己的感情了。我是外柔而內剛，我不能讓自己的內心受創。我懶懶地把髮捲拆下來，渾身乏力得猶如一條軟軟的春蠶。驀然，幾下喇叭聲撞破霧牆，撞破板壁，衝進我的耳朵裏。呵，他畢竟在大霧天裏開著車子來了。我還沒換裝呢。我一躍而起，脫去睡袍，套上那件翠綠小花的洋裝，剛把拉鍊拉上，惕彥就在敲門了。

「淑媛！」

我打開門。我想，那時，我的喜悅定使我的臉容格外煥發，因為他看到我時，就說：

「呀，淑媛，今天你很漂亮。我眞沒想到你這麼早就弄停當了。」

「你不是說七點半要來嗎？現在已是七點二十五分了，還說早呢！」

「你沒懷疑我不會來，在這大霧天？」

我想了想，還是扯了謊：「沒有，因為你一直很誠懇、很守信。你不願讓我失望。」

他點點頭。我對他的信任給了他不少安慰。隨即，他悄悄說：「其實，霧中出遊也另有一番風味。只要我開車小心點兒就是。許多事，只要我們能往好處著想，心裏就會開朗得多。淑媛，你說是不是？今天即使下雨，我也會來，因爲雨中出遊，也別有一番情趣呀。我從不往壞處著想，替自己製造苦惱。」

「我倒看不出你有這種修養來；平日，你也不是嘻嘻哈哈的。看你這麼斯斯文文，我還以爲你跟現今的一些大學生一樣，滿腦子是徬徨、苦悶、迷失呢。」我開了他一個玩笑。「今天，我們去霧中行車，倒眞可以迷失一番了。」

我在髮上罩上了一頂湖綠薄紗的三角形風帽。愓彥拉著我走出來。圍牆外，他嬸嬸的那輛奶油色轎車是霧中的一抹淡陽。我用手在車身上摸了摸，留下一些指印。我沒有想到它這麼豪華。

車子開出了巷子。外面更是重重又重重的霧牆、霧壁。車頭燈的鈍黃的光在小小的空間內有氣無力地掙扎著。愓彥把車子駛得很慢、很慢。他的雙手穩穩地握著方向盤。或許外界是片撥不開的迷濛，因而，車內的愓彥，臉色也就顯得格外明淨了。他是機關裏的一個小科員，論收入，也不會比我好多少。我們最大的不同之點是：我是一個無親無戚的孤女，愓彥卻有一個嬸嬸，她有錢而沒有子女，這提高了愓彥在別人眼中的地位。

車子到了郊外，原被成排房屋隔裂成霧河、霧溪、霧江的霧，終於變成了汪洋大海。我們究竟要往哪裏去呢？我問愓彥。他說，去看一座橋吧，或者，去看十幾哩外的那個宋家花園吧。我說別哄我了，我衹知道板橋有個林家花園，但早荒廢了，倒不知道這裏附近還有一個宋家花園咧。他說，那是因爲你還不是老臺中。那個宋家花園規模雖不挺大，卻很精緻。你別擔心，我不會迷路的，縱使這裏是片大森林，我也相信我能領你出來。

惕彥把車子駛到三岔路口，這次，他選了靠右的一條。再駛上二十來分鐘，在越來越稀的霧中，顯露出一座橋來；驟然看去，它似披著透明的、綴著金屑的薄紗，浮跨在小溪的兩岸，美得像一條虹。我叫惕彥停下車子。對橋，我一直有感情。它載過我許多童年的快樂與童年的夢。雖然，眼前的這座橋，並不是我童年時代的那座橋，但我卻仍懷著那份感情去親近它。它是一座樸實無華的水泥橋。兩旁有矮矮的橋欄。在交通並不頻繁的鄉下地方，夏夜裏，可以讓農夫們坐在橋欄上乘涼、聊天。我在橋上走了一個來回。它大約有八尺寬，三丈長，是屬於粗短型的，而我更驚喜地發覺，它竟然有古典式的半圓形的橋洞。宛若驟雨剛停，滿溪的水都湧向了我。我顫抖的手抓住了橋欄，猶似一個剛學駕駛的人緊抓住方向盤那樣。不過，我倒不是由於緊張，而是由於激動、由於哀傷、由於對親人的追憶以及對往昔辛酸的感喟。或許空間還殘留著一些霧粒，或許淚水已使我的雙眼模糊，我看不清小溪兩岸的景物。此刻，有人在溪邊濯衣嗎？我不知道。我只知道，我母親曾蹲在橋洞下面的溪邊洗過衣服。飄在清澈的水面上的衣服，一會兒是粉紅的，一會兒是嫩黃的，一會兒是純白的，一會兒又是暗褐的，鮮麗的屬於我，素淡的則屬母親。可是那時，母親還不過三十一、二歲，卻已使她自己跟美麗絕了緣。我現在還可以看到她和藹而悽愴的笑容。她對我的問話的回答是：「等你爸回來時，媽再置漂亮的衣服吧。」因此，當我站在溪邊看媽洗衣時，我就盼望爸能早些回來。我要把鮮麗的色澤分給母親，我要母親像別的三十歲的女人那樣：當她在鎭上的布店裏看到一塊紫紅碎花的衣料時，她會毫不考慮地買下來。溪水不息地奔向前方，等待也如望不見盡頭的溪水。很多年後，等我上了初中，我才清楚：那是母親爲我編織的一個夢。爸永遠不會回來，因爲爸安息在另一個世界裏。那是戰亂給我的創傷，母親願意獨自承擔它，卻不願在稚眞的我的心上投下一重陰影。她給自己安排一個冷清的人生：一座小木屋，一些外面交來做的手藝，一些回憶和一些愛。

「淑媛，」惕彥在旁邊喚我。「你在橋上站了好一會了，你在看什麼？」

「許多東西，」我回過頭去，說：「在清清的溪水裏，我看到許多東西。」

他沒說話，只懷疑地研讀我的眼睛。或許我的眼睛裏這時正有幾尾悒鬱的小魚在游泳。他想把牠們捕捉出來。我猝地笑了。有他在身邊，我是不該讓哀傷這麼放肆地出來困擾我的。我挽住他的手臂，挨得他緊緊的。我輕輕地說：「我愛橋，你呢？」

「我也愛橋。」

「什麼理由？」我老愛探索別人。

「因爲橋也愛你。」

我一下子楞住了。我沒想到他會說出這句簡單而富於哲理的話。惕彥比我深沉多了。但當我再看他的眼睛時，我卻發覺這話的含義裏還有另一重蘊涵，而這又是不必明說的，因爲橋知道，我們也知道。我只聽見他接著說：「我們何必去宋家花園呢，橋洞下不也是一樣可愛、一樣清幽？」這也正是我所想說的話。我們拉著手，跨下堤岸去。霍然間，我們全都摔倒了，然後又像孩子那樣很快爬起來。兩個人的臉都沾上了土，但兩個人的眼睛都是烏烏亮亮的。我們什麼都沒說，但我們卻都知道我們已向對方說了「我愛你！」

二

「淑媛，爲什麼你這會兒不跟我去我家玩呢？」

惕彥說時，車子正駛回市區去。上午九時多的大街正逐漸展呈出都市喧囂的本色。我正閒閒地從車窗內窺望那些游移著的熟悉店舖，聽了他那句話，我吃了一驚。惕彥像是隨口說出來的，但我仍認爲他說得很有技巧。他不說「你爲什麼不跟我去看看嬸嬸呢？」他無形中把嚴肅的事情輕鬆化了。這些日子來，我也一直期待著卻又耽心著這句話。我什麼時候去看他嬸嬸才適合；而她又是怎麼樣的一個人？要從惕彥的敘述上去構想她的形象，那可不容易，因爲惕彥有時把她說成莊嚴而冷酷，有時卻又把她說成平易而近人；有時，他對她深懷戒懼，有時卻又像是滿不在乎。我想，辛伯母或許是個情緒不穩定的人，因此，我對造訪時間的選擇，也就不得不分外小心了。

「怎麼，就這麼決定吧。無論如何，你也應該知道我是住在什麼地方的。」

「但，你瞧，我今天穿得多隨便；第一次去，總有點不夠禮貌吧。如果你嬸嬸認爲——」

我不說下去。我要聽聽他的意見。

「我說過，你今天看來很漂亮，不漂亮我也不會邀你去了。今天早上，在我駕車出來之前，她還問我：『你開車出去玩，是一個人還是兩個人？』一聽我回說是兩個人，她就笑了。我想，她雖沒明說，卻已暗示我了。淑媛，你放心去好了。」

惕彥的最後一句話，顯然把我當作一個膽小的女孩。我可有點不服氣。「去就去！反正她要出去開會，我跟她面對面的時間怕也只有十來分鐘。」這樣說，宛似一開始就跟她有了隔閡，於是又趕緊改變語氣：「有一個親人，眞好，對不對？從我母親死了以後，我時常在想，如果我有一個姨媽、或者姑姑、或者舅媽，甚至像你那樣有個嬸嬸，那我就不會這樣孤單了。」

「可不是？她以後也可以成爲你的嬸嬸呀。」惕彥打眼角裏看了我一眼。那種穩穩的語氣似乎過分了些。

我把湖綠薄紗的三角風帽從頭上解了下來，放進皮包裏。我仍然在想：她是怎麼樣的一個女人呢？今天看到我，她會不會像揀選一件飾物那樣地挑剔，只要發現有一點不如她的意，她就把所有的優點全抹殺了？她會不會像警員那樣地盤問：你叫什麼名字？你是哪裏人？你在哪裏工作？你的爸、媽叫什麼名字？你是什麼教育程度？等等。如果她自以爲富裕就能對我這樣的女孩享受凜然不可侵犯的權利，那末，十來分鐘的晤面，也就夠長了。

車子彎入林森路，兩旁茂密的大樹便使市囂退得很遙遠了，但握在我手中的那條小手絹卻突然像燃燒似地灼著我的手。車子駛進了辛家的淡綠色的鐵門之內。我跨下車，第一個來到的念頭是：幸而沒有去宋家花園。這裏的富麗與精緻不也是一個可以讓人參觀的小型花園嗎？豎著愛神銅像的噴水池，遊廊式的迴亭，蔓延著藤花的鐵質拱門式花棚，海濱別墅式的兩層藍灰色洋房，好幾個花壇裏的色彩繽紛的花構成了各式的圖案，耀麗別致。惕彥挽著我，走進一個佔地十餘坪的大客廳裏。於是，我看見，在一張仿古的雕鏤精細的烏木靠背椅上，坐著一個搖著檀香扇的女人。她梳著貴婦型的髮式，罩著綴有小珠子的髮網，右鬢斜插著一隻翡翠的髮花。她穿著寶藍小團花的緞質旗袍，似乎正在等著我們。

「九點二十五分。」她看看那隻老式的大掛鐘，說得這麼冷靜。是對惕彥準時的讚許呢，還是——掠過她嘴角邊的微笑是既高貴、又冷傲。雖然，我從惕彥口中知道她已五十來歲，但皮膚卻細白得幾乎沒有什麼皺紋，看得出每一寸皮膚都被細心地珍攝著。「你是黃淑媛小姐吧？惕彥對我談起過你。」

我進來時，好像已經喚過一聲辛伯母，可是，現在聽她這麼說，又使我覺得沒有喚過她。我幾乎慌張起來，但當我意識到自己根本不想住進這華屋裏來時，情緒也就馬上放鬆下來。我大方地說：「辛伯母，惕彥今天要我來看你。」我在這句話裏留了一條退路，那意思是，即令你不歡迎我，也不該怪我的冒昧，你得怪你的姪兒！

「不是你想來看我？」她鋒利地反詰了一句，一邊緩緩地搖著扇子；檀香的芬芳滿室飛揚。我想，她吶，倒確確實實地是個中國古典美人，只可惜是個王熙鳳型的古典美人。那把檀香扇在她瘦嶙嶙的手中，反而顯得特別高雅悅目。那是一把最好的檀香扇，流蘇上還有一顆臺灣玉的墜子呢。

「辛伯母，你想，要是惕彥不邀我來，我又怎能貿然來探望你啊。」

「嗯，你這句話說得很有理。」她沉思地點點頭。「你請坐。我有點老古板。你很有教養，比惕彥以前帶來的兩個女孩要安份得多。」

惕彥在一旁分辯：「嬸嬸，你要把這句話解釋一下呀。『以前帶來的兩個女孩』，淑媛聽了，怕不怪我？」

辛伯母說：「噢，當然要解釋一下。以前的兩個是你的同學，她們是自動地要求你帶她們來看我，而且只來過一次，但淑媛卻不同，她是被邀來的。哈哈，兩者相差雖只這麼一點點，但在我的感覺上，卻有天淵之。」她忽然笑了，臉上的冰霜全釋。「我的衡人的標準跟別人的不同，是不是？啊，我倒眞有點喜歡你了。」

「九點三十分，嬸嬸。」惕彥向她報時。「司機在門口等你，嬸嬸。」

她極有風度地站起身子，從几上拿起她的寶藍色釘珠緞手袋。我忽然記起來，那隻手袋也是不久之前在我的店裏買的。那天，她在我的櫃臺邊約莫挑選了半個多鐘點。誰知道那天她不是爲了要看我而去的？

「辛伯母！」

「事實上，我們是第二次見面了。」她轉過臉來，很快地給我這個回答。「兩次，你給我的印象都不錯。我在中午之前就回家，你等著我吧。」她穿著一雙寶藍色釘珠緞鞋，步履輕捷，一點也沒有五十來歲的人的老態。

「我嬸嬸是個十分幹練的女人。」在送走辛伯母之後，惕彥對我說。「我叔叔在世時，要沒有她的協助，他的事業是不可能這樣成功的。」

「我看得出來。」我說。我沒有把我不喜歡她這句話說出來，但即使我沒說，惕彥也知道，因爲我有理由相信惕彥也不喜歡她：他在她面前不也是侷促不安嗎？

惕彥攤了一下雙手。「你看，淑媛，嬸嬸的最大不幸是有錢而沒有兒女。以前，她是把金錢當作兒女那樣地來塡補自己這方面的空虛，可是，自從叔叔去世之後，她卻發覺，這是不夠的，她要把我當作她的兒子。你看，我是幸呢，還是不幸？」

我揚起眉毛，笑他的明知故問：「呀，誰不說你是個幸運兒？以後能夠不勞而獲地繼承數百萬的家財，簡直是掉下來的天財嘛。你沒聽到我們店裏的幾個店員朋友都喚你辛少爺嗎？你今天這一問，是故意想在我面前炫耀一下吧？」

惕彥一本正經地走到我的面前來。「什麼都不是，我是要向你訴苦：你驚訝了，是不是？你看，我嬸嬸是個多麼細心的人，做她的繼承者，談何容易？她希望我順從她，認爲這是她未來的繼承者所應預付的代價，但她卻又厭惡別人過分順從她，認爲這是覬覦她金錢的先兆。這眞叫我進退兩難，無所適從。就拿我交女朋友來說吧，她也總不忘插上一手。一個人要說不愛那幾百萬的財產吧，那是矯情，但是如果要用種種的自由去換取它，那也實在不太值得。

我倒寧可她是一個平凡的女人，一個慈藹的嬸嬸。我喜歡住在這裏，主要是因爲在長久飄泊之後需要一個親人。今天，她對你的印象很好，她主動地留你吃飯，表示她想跟你接近。」

我閉了一下眼睛：「天，我有什麼優點，值得她跟我接近的？」

「或許是你那種溫柔中含有剛強、時式中帶著純樸的氣息使她安了心。你以後會知道，她雖有錢，但卻很寂寞。她把鄰居、朋友、合夥人全當作覬覦她財產的惡棍，因此，她成了一個最孤獨的人。」

我向惕彥搖搖手。「別說下去了。聽你的口氣，彷彿你的嬸嬸倒是一個可憐的人了！」

惕彥對我大笑：「哈哈，可憐？誰說她可憐？如果你認爲她可憐，那你就顯得可笑了！」

我們都沉默下來。我們都不想繼續談論他的嬸嬸。坐在矞麗的客廳裏，我心裏只有一個感覺：惕彥的嬸嬸是個醜陋的黑影。如果我想避免以後的許多不快、許多不幸以及許多意外，那我最好在她還未回來之前離開。

我站起身子，惕彥卻說：「淑媛，你不是一個懦怯的人，你不該逃避。或許你可以把嬸嬸的護甲擊碎。她今天對你的態度，就是準備你去把它擊碎的。」

我又坐下來。擊碎？如何去擊碎？我沒打過仗，我甚至也沒有跟別人吵過架。我怎麼去擊碎它？像辛伯母那樣的人，要是有人——譬如說，我母親還健在的話——勸勸她，或許有點用處。母親跟辛伯母年齡相若，都曾經歷過戰亂。戰亂使母親把感情看得很重、很重，卻把金錢看得很輕、很輕，或許正可以拿這麼一點人生觀去勸勸辛伯母。住在鄉下的那些年中，我們的生活雖然艱苦、淒涼，但我們仍有很多朋友。有一次，母親曾說：在我決心在鄉間定居下來以後，我以為我們很孤獨，但想不到我們又有了一批新朋友。母親出身望族，但她卻很快讓自己成為一個十足的村婦。現在，當我已經二十歲，我一直在想，當年，母親該可以住在都市裏，找個小事情，甚或可以再嫁。她的思想並不很舊。她不會認這是一種羞辱或者是一種罪惡。她的再婚也許能帶給她以舒適的生活。難道這是她為我而作的犧牲？

不知為什麼，在辛伯母的家裏，當我不想她的驕傲、冷峻時，我就不由得憶起母親的親切與溫順。有時，人就是這麼可憐，擁有得越多，心胸就越窄狹，眼光也就越短小。要是有一天，我果真成了惕彥的妻子，且又被迫訓練成像辛伯母那一類型的女人，那正如惕彥所說，那是幸還是不幸？我大聲喚：

「惕彥！」

「什麼事？」

「為什麼你想繼承你嬸嬸的財產呢？」

「為了下一代。」

如果你也像你叔父一樣，沒有孩子呢？」

「啊呀，淑媛，你在想什麼？」

眞的，我在想什麼？我還祇是惕彥的女友呢。我太過分了。

外面有汽車駛進來的聲音。我拉拉裙幅，坐得端正些，但我卻在心裏說：縱使以後我跟惕彥結了婚，我也決不會住在這座屋子裏；決不，決不！

三

那天，直到晚上才由惕彥送我回住所。整個下午，我都是跟辛伯母在一起。我最初的目的只是想從她的談吐中找出她更多的缺點，譬如：奸刁、陰險、狂妄……然而，她從中午回來之後，她對我的態度始終十分和善。跟她聊得越多，我就越覺得她並不冷酷、驕傲。她有熱情，也有同情。她祇對她的財產具有過高的警覺，但我並不眼紅她的這份財產，因此，我倒似乎可以跟她做個「超然的」朋友了。

「淑媛，我的確很喜歡你；也可以說，我很信任你。我這裏多的是房間，你何必在外面租房子住，搬到這裏來，怎樣？」

「謝謝你，辛伯母。我想，我租的那個房間，也勉強可以住。這件事，等以後再說吧。」

「你想什麼時候搬來住就搬來住，」她豪爽地說。「只要你跟惕彥說一聲就行。」

我當然不願跟她同住。我願意過一種自由自在的生活。可是，晚上，當我在斗室裏、四鄰有孩童的啼哭聲、廣播電視的流行歌曲聲、間或還夾雜著清亮的打牌聲侵擾著我的思緒與睡眠時，我倒的確渴望住在一個清靜的環境裏。我懷疑我是被華屋誘惑住了，因爲我以前爲什麼就沒有昇起過這種念頭呢？呵，我的理智雖在抗拒那種舒適的生活，但我的潛意識卻在企圖獲得它。

於是，我用力在腦子裏挖掘我往日的苦況，使我得能滿足於我現在的生活。大雨夜裏，屋頂漏了，滴滴的雨水落到那放在竹床上的鉛桶裏。我們母女倆裹著棉被蜷縮在床的另一端。第二天，雨停了，出去一看，開墾出來的那塊靠近溪岸的菜圃，竟然被大水沖走了。我哭了起來，那裏面不僅有我母親的汗水，還有我的汗水。母親說：你哭什麼，淑媛？我們失去的究竟只是一小塊菜園，有時，我們一不小心，就連一生的幸福都會失去哩。

每天晚上，我總想著我能惦記起來的種種瑣事，於是，母親的形象以及我童年的生活就漸漸地越來越鮮明了。像用細珠子去編串一只手袋那樣，無數的碎事拼綴起來，我竟意外地發現了一件我以前所不曾察覺的事情：母親在嫁給父親之前是有一個戀人的。

那個男人叫什麼名字，我不知道；當然，我也用不著知道，而且，也不可能知道。但我卻知道我的母親有個毀了她一生幸福的知己女友柯惠芬。在長長的夏夜裏，我已經把碎片整理得十分完整——那時，母親二十歲，跟我一樣年輕，而且，我相信，比我美麗。二十歲的施薇娟有很多青年追求她，但她富裕而守舊的家庭卻替她訂了婚，替她準備了嫁妝。她有時坐在房間裏，有時站在大門口。該怎麼辦呢？她想著，該怎麼辦呢？她愛的不是那個未婚夫，而是她高中時的一個同學。她該出走呢，還是該跟母親明說呢？要是被她的那個曾經中過舉的父親知道了，準會把她打得半死的。那末，她是只好認命了？婚期越迫越近，她也就越來越憔悴。於是，有一天，男方派了媒人來退聘，理由是她行爲不檢，跟另一個年輕人已經有過多次的交往。父母認爲這是一種恥辱，而她卻欣喜它是一個奇蹟。她細細地盤算著：那個正在讀大學的男友，正可以趁這個空隙來提親。她想寫信把這告訴他，又想親自去找他，但她卻已失卻了行動的自由。於是她只有請密友柯惠芬替她帶個口訊告訴他，她等著他叫媒人來作伐。是的，她一直滿懷希望地等著：等著他的回音，等著那滿臉堆笑的媒人；終於，有一天，她等到了一個消息：她的男友跟柯惠芬結婚了。柯惠芬根本沒有替她傳口訊，反而奪走了她的愛人。

於是，年輕美麗的施薇娟在無路可走的情況下，隨隨便便地嫁給了一個中年男人。那男人便是我的父親。

「淑媛，那時，我是在沒有選擇的餘地之下才嫁給你的父親的，」多年以前，母親曾對我說過這麼幾句話：「因爲，我已經選擇了一次，而且不幸失敗了。」

那時，我對這些話並沒有什麼反應、什麼興趣。如果當時我能機伶一點的話，那末，或許母親在我探問時就會把這段故事細細地說出來，不必到現在由我自己去發掘，而她，也不會一直找不到一個可以聽她傾訴委曲的人。

從這個發現上，母親內心痛苦的異乎常人，該是不言可喻的。她只把她的不幸、她的哀傷、她的悽苦、她的怨恨隱藏在她的微笑之下。她之不想改嫁，或許正因爲她對愛情已經不再懷抱希望。

每天晚上，我總是在這片思潮中浮泅，然後就在無數張母親的臉的圍繞中睡去。這片思潮給我以安慰，也給我以警惕。我不願像母親那樣，失去第一個戀人。我愛惕彥；在有些事情上，我是不必過分固執己意的。譬如，對於他的嬸嬸，我實在無需懷著那樣的戒懼，只要我能保持我自己的個性和風格，那末，縱然我住在大屋裏，又有什麼關係？

惕彥又駕著車子到我服務的那家店舖來，站在櫃臺前，向著我微笑。我正在整理一個大洋娃娃的垂肩的黑髮，並在她的髮上加扣一枚新月形的髮花。我說：「惕彥，你又要買什麼了？買個美麗的洋娃娃回去吧，你嬸嬸臥室裏的氣氛一定很嚴肅，有個美麗的洋娃娃，就會增添不少輕鬆活潑的情調。」

他拿著洋娃娃，看了一會，說：「它太美了，嬸嬸需要一個平凡一點的。」

「我們只有美麗的，沒有平凡的。」

「淑媛，你就是一個平凡的洋娃娃，你也有長髮，也有粉紅的雙頰。告訴你吧，嬸嬸今天叫我來接你。你好久不去她那裏了。」

「為什麼不是你主動地來接我呢？」我說。我不喜歡惕彥老以他嬸嬸的意見為意見。「你應該說，我來接你，順便去看看嬸嬸。」

「那有什麼兩樣？你怎麼總在這方面吹毛求疵的？」

「那當然不同。我不是為你的嬸嬸遷就你，我是為你才遷就她的。我已經想過了，為了你，我要主動地去喜歡她。你知道，初次見面時，我有多嫌她！」

「有時，一個人的喜惡並不是一成不變的。」惕彥說。

我進去向老闆請假，他先猶疑了一下，不過他已經知道惕彥的底細，所以也終於勉強答應了。我到達辛家時，辛伯母早在屋子右側的花棚下佈置好一套桌椅，等著我吃冷飲呢。

「淑媛，天氣太熱了，剛從外面來，還是先在這裏吃點冰西瓜、冰汽水。」她穿一件雪青色綢旗袍，由於臉上有笑影，因此看上去也就比上次更要年輕點。檀香扇仍然放在她的手邊。我分不出空氣裏的芬芳是來自園中的花卉、她身上的香水，抑或是那把扇子？

「辛伯母，你待我太好了。」我很有禮貌地、輕巧地坐落在她的旁邊。

「何必說這種客氣話？我知道你的自尊心很強，只怕我懷疑你奉承我，所以我不請，你就不來。其實，我前次就看出你的純眞來，哪裏還會不相信你？最近，惕彥要去臺北受訓一個月，我一個人在家裏太冷清，所以我今天要再跟你商量，你到我這裏來住一陣，怎樣？」

惕彥也插進來：「淑媛，你就代我陪陪嬸嬸，解解她的悶吧。老實說，嬸嬸對你是『一見傾心』，她還很少這樣喜歡過一個女孩子呢。」

我找不出什麼推托的理由，而且，或許我也並不堅持著要去尋找。我不想太使惕彥爲難。我只是說：「辛伯母，謝謝你這樣看得起我。我是一個孤女。從我母親去世之後，我還沒有從別人那裏獲得過像你對我那樣的稱讚和愛護。我有什麼理由不願跟你作伴呢？以前，我不肯來這裏，實在是因爲我在貧困的環境中長大，對許多事、許多禮節都不太懂，只怕惹你生氣；現在，你對我這些缺點既然不會介意，那我自然樂意在你邊。不過，有一點，我得預先說明：我們做店員的，工作時間長，恐怕一天當中，除了睡覺以外，我也沒有多少時間能夠跟你在一起。」

辛伯母拿起檀香扇，在桌面上清脆地擊了一下。「這件事嘛，你不說，我也想跟你談談。你的那份工作既然這樣忙，待遇也並不太理想，乾脆辭掉算了。」

「這怎麼行，辛伯母？我現在是靠它過活的，媽沒留給我什麼。如果我辭職不幹，生活不就成了問題？」

她笑得咯咯咯地，笑得這麼爽朗、響亮，笑得連那些垂吊在花棚邊沿的花葉都伸長脖子來看我們。隨後，惕彥也隨著笑了起來。他說：「淑媛，你眞像一個孩子，又天眞，又傻氣。」

我仍一本正經地：「反正我不能辭。你們不知道，以前，我找這麼一個工作，曾費了多大的勁。」

辛伯母輕搖著檀香扇，想拂去那陣因大笑而沁出來的汗濕。「我完全明白。」她說，「完全明白你尋找工作時所受的苦。你以爲我生來就有錢的？我年輕時，也嚐過找尋工作的焦慮和痛苦，但你現在住在我這裏，還有什麼好擔心的？」

「不，那跟有一個固定的職業不同，這會使我有種寄生的感覺。」而且，我心裏想，萬一我無法跟你和平相處，那時，我到哪裏去？

「啊，說來說去，還是自尊心在作祟。在現今這個世界上，爲了追求一點兒利，把自尊心踩在腳底下的，大有人在。你這孩子有骨氣，惕彥眞是揀對了。」沒想到我越堅持，辛伯母對我竟越有好感。「讓我來替你想辦法。我跟你的老闆曾經有過金錢上的來往。這還是前年的事，他爲了擴充營業範圍和店面，曾輾轉託人向我調過幾十萬的頭寸。我去跟他商量：這白天，你照舊去上班，傍晚回到這裏，就不必再去。這樣，你就可以兩面兼顧了。我想，只是一個月的事情，你的老闆不會不答應的。」她把檀香扇合起來，也使這個話題告一段落。

我又趁車到我租住的地方帶來一些替換的衣服。女客房是早就備著的，跟辛伯母的臥室隔著一個辦事房。那是宴會時供遠道而來的女客住宿的，相當寬大；有兩張大床，一口嵌在壁間的精美的大衣櫥，整套的松綠色的沙發，一隻大理石檯面的梳妝檯以及一張可以用來打牌的方桌。它要比我租住的那個房間大五倍，幾乎跟我童年時居住的那座木屋一樣大。我想，無怪乎辛伯母要我作伴了。我一個人躺在這個大房間裏，也感到空闊得需要一個女友躺在我對面的床上。第一夜是新奇一夜，在空漠中，夜晚把神秘、詭譎、緊張、刺激、恐懼全帶到我的身邊來。尤其是那面鑲在梳妝檯上的大鏡子，把光與影作了多重的投射，右角上有一條四、五寸長的裂縫，遠遠看去，好似嵌著一把梳子。我忽然有個奇異的感覺：辛伯母跟業已去世的辛伯父，並不是一對十分恩愛的夫妻。辛伯父在世時，一定有個情婦，而那個情婦，就以辛伯母的女友身份常來這裏住。有一天，從外面回來的辛伯母，撞見了他們在一起，一氣之下，就抓起一把梳子向著梳妝檯的大鏡子仍過去。鏡子的裂罅永遠留在那裏。辛伯母要把它當作一個創痕，所以根本不想換上一塊新的。這想像在經過一再的重複之後，就變得很眞實了。早上起來，我檢查梳妝檯的每一只抽屜，滿望發現一張小紙片、或者這一故事的其他證物，但衹找到一些化妝用紙、粉撲等。

愓彥敲開我的房門，走進來，問：「淑媛，你在這裏睡得慣嗎？」

「這房間好大！」我伸開兩條胳臂做了個手勢。「半夜醒來，很想找一個人聊聊，很想問問看，這個房間裏住過哪些漂亮的女人？」

愓彥笑了起來：「你很愛幻想。我從不去想這些。嬸嬸的過去跟我們有什麼關係呢？連嬸嬸自己都不願去想了。淑媛，我早上就要趁車上臺北去，希望在這些日子裏，你跟嬸嬸能夠處得很好。或許，這只是她對你的一次考驗。」

愓彥在七點半出去，辛伯母還未起床，我在客廳裏看看雜誌等候她。好久，好久，我才聽見她走下樓來。我轉過臉去，看她穿著一襲繡著小白花的淡紫晨衣，經過一夜的睡眠，顯得清朗而爽健。我趕緊走過去，扶她跨完最後一個梯級。「你還沒吃早飯？」她問。

「沒有，辛伯母，我在等你，反正還早，店裏九點才開門。」

她頻頻點著頭：「好，很好。你眞可以稱得上『善體人意』。你辛伯父在世的時候，因爲工作的關係，也跟愓彥一樣，一到八點就出去了，多少年來，實在難得有人陪我吃早餐。」

「辛伯母，以後，我會每天陪你的。」我說。我霍地激動起來。如果辛伯母能這樣慈和地待我，那我又爲什麼不能像待母親那樣地待她？母親的形象之經常伴隨著我，是由於我沒有機會盡過一天奉養的責任而感到愧疚、不安吧。讓我把這份對她的愛轉移到別人身上去，讓我用這一方式來對母親補償吧。

「淑媛，你去上班時，順便把我的名片帶給你的老闆，我已經把我的要求寫在後面，我想他會答應的。」

我接過來辛伯母從晨衣口袋裏掏出來的那張名片。我仔細地看了一遍，右角上是四行輝煌的頭銜，不是某某公司的董事，就是某某公司的監事，中央是她的姓名柯彬如，左下角是小小的兩個字：「惠芬」，她的別號。

像有什麼人暗地裏對我猛擊，我渾身火熱，卻又無力還擊。眼前的景物忽然模糊，我只看見母親的臉跟辛伯母的臉並在一起。我在心裏說，不，不，不，不。我不要她是柯惠芬。不，不，她不是柯惠芬。她不是。柯惠芬不是這個樣子。柯惠芬應該是陰險、刁猾而醜陋。啊，剛才我還很快樂，現在，我的快樂呢？剛才，我還想待母親那樣地待她，現在，又怎麼能夠呢？

「我要把它放到皮包裏去，」我說。我鎭定下來。我看到了她臉上細細的皺紋、微笑時略向右彎的嘴角、深淵似的無底的雙眼。一刹那，她的臉孔竟然變得如此地可憎。我走向樓梯，大聲地重複了一句：「我要把它放到皮包裏去！」

奔進臥室裏，我撿起一把梳子，扔向那面大鏡子，然而，或許因爲它畢竟不是我自己的東西，我扔夠勁兒，梳子的尖端只輕輕地碰了碰鏡面，就啪的一聲落在檯面上。

鏡中的我，也是微彎的嘴角、微張的鼻翼、邃不可測的雙眼。我的臉孔同樣醜陋不堪。

我預感到有一件事必然會發生，但我卻不知道是什麼事。

四

我承認，我愛幻想，那是我悲涼的身世使然的。然而，現在，我遇到的這件事，卻不是幻想，而是事實。這是一陣兇暴的龍捲風，把這些日子來的美好部份全扯成了碎片。當我面對辛伯母時，我同樣也看到了母親；當我傾聽辛伯母得意地對我敘述她在商場上的勝利時，我同時也聽到了被貧苦所困的母親的嘆息與呻吟。夜晚，在大屋子內，在任何一個房間裏，我們兩個人的身影都顯得異常渺小。她喜歡倚在香妃榻上，身旁不是電扇，而是那把黃沉沉的檀香扇。她患有輕度的神經痛，所以家中的電扇是專爲客人備的。她說：「淑媛，一個人，年輕時，總免不了任著性子幹，到年紀大了，再來懊悔，就嫌晚了。」她停下來。我凝神地望著她。我想：來了，她終於提起她年輕時的往事來了。二十歲那年，她有一個友好託她傳口訊……她一輩子爲這而懊悔。可是辛伯母卻說：「年輕時，我只憑著身子棒，任著性子浸冷水，現在，一吹電扇，就混身發酸，淑媛，所以年輕時，也得什麼都小心。」我點點頭，但卻不相信這就是她想告訴我的話。檀香扇在她的手中搖呀搖的，手搖酸了，扇子就半掩在她的臉上，一隻眼睛躲在扇子下，一隻眼睛盯住我。假如一個少女的臉，那或許很嬌美，但那卻是一個將老的婦人的臉，那樣子就很恐怖。

她移去扇子，目光忽然注向窗外。窗外是夜，是蒼藍夜空上的星星。她的香妃榻就在落地窗邊。她像站在陽臺上一樣，可以欣賞夜景。她說：「淑媛，你可曾發覺，星星永遠是這麼年輕的。我們年輕時，它們是這麼閃熠，我們年老時，它們也還是這樣閃熠。」

「辛伯母，你彷彿也有許多感慨啊！」

「誰沒有感慨？你以爲我有了錢，就一切滿足了？我看見你們這些年輕人，就不由得想到自己也曾年輕過，但幾十年的光陰卻就這麼庸庸碌碌地過去了。我曾希望做個教育家，或者一個出色的新聞記者，但環境卻逼著我從事於商業。」她轉過臉來，無可奈何地笑了笑。

「辛伯母，倘若你現在做了教育家或新聞記者，你會滿足嗎？」

她沉吟了一下。「誰知道？人，許多許多的人，都不會滿足。如果我現在是個窮教育家，或者窮記者，可能我又會懊悔這幾十年工夫爲什麼不經營工業、商業了。每個人都在想，要是能夠重活一次，重新安排人生，那就一定能夠比現在活得更好、更快樂。譬如，我跟惕彥的叔叔……」

我挺直腰幹，兩隻耳朶像獵犬的耳朶似地準備獵取任何消息。這一次，她準會說：我跟惕彥叔叔的婚姻是很偶然的。有一件事促使我去看他。於是，我們很快就結婚了。我們始終沒有眞正了解過。我們有時也爭吵。你看到那塊大鏡子上的裂痕嗎？我假意地笑著：「辛伯母，我想，你們一定很恩愛。」

她把檀香扇子合起來，放到一邊，然後就半坐起身子。「恩愛？這話很難說。年輕時，我們沒有錢，經常在一起，也經常爭吵，等有了一點錢，兩人就各忙各的事，很少機會守在一起，當然也就很少吵架了。我和惕彥的叔叔都這麼想，等再過幾年，把事業交給惕彥之後，我們再來享幾年晚福，哪想得到他竟過世得這麼早。因此，回想起來，我們實在沒有過過十分幸福的日子。你想，人生可不是用一再的錯誤連接成的？」她悽然地自嘲著，伸手拿起几上的茶杯喝著。

我依舊馴良地望著她，臉上的同情是一張面具。我一點也不相信她所說的話。她沒有把眞實的情形說出來。她跟她的丈夫爲什麼要口角？他們中年的冷漠豈不是年輕時爭吵的延續？呵，那時，如果我母親知道他們也在這裏的話……我含蓄地說：「辛伯母，你只要想想不如你的人有多少，你就會覺得滿足了。就說我的母親吧，到了臺灣以後，一直住在小木屋裏，除了有個不懂事的女兒陪伴她之外，沒有丈夫，沒有親人。兩相比較，你要比她幸福多少倍啊！」

「唉，所謂幸福，總也不僅僅是這一些吧。」她打著呵欠，眼皮低垂。五十來歲婦人的蒼老就在倦態中顯現出來。

我攙著她同上樓梯；我們走得很慢、很慢。好似已有濃重的睡意，她的步態踉蹌，一不小心，就很可能從梯級上摔下來。倘若果眞摔下來，那對一個老婦人會有怎樣的後果？她可能會摔斷了腿，昏迷過去，然後在輪椅上度過她的餘生。在星星閃熠的夜晚，她會不止一次地說：人生可不是用一再的錯誤連接成的？

我扶著她到臥室裏睡下。我內心的怨恨仍在繼續滋長。我現在忽然感到，我是早該住在這座屋子裏的。這一切都是屬於我的。她欠我很多很多。她有負於我母親的，我都有權要求償還。

「淑媛，我看你對這座屋子也漸漸有了感情。我希望你會喜歡它，因爲你雖然心地純厚，不想佔有它，但它最後還是屬於惕彥和你的。」

「辛伯母，你說這些話，不嫌過早些？」

我從辛伯母的房間裏出來，走到我的臥室去。我毫無睡意。我的憤怒使我處在極端清醒的狀態中。那面大鏡子裏的多重的投影成了一個光亮的深淵。我站在那裏，就如跌落在狹谷裏。我走到床邊，慢慢地跪下來，祈禱著：「媽，如果我的快樂就是你的快樂，那末，你的怨恨也就是我的怨恨，請你給我指示和力量！」夜很靜、很靜。外面準有輕輕柔柔的風，但卻聽不見樹葉的飄動聲。我望著床。我知道恬寧的睡眠已不再屬於我。夜晚是各色各樣的噩夢：煎熬、搏鬪、報復……辛伯母出現在夢中時，像個妖婦。

即使在店裏，我的工作效率也突趨下降。我懷著太多的幻想、太多的計劃。老闆叫我進去，問我是否不想再幹這個小小的工作。在這種不容選擇的情況下，我只好說，我委實有這個意思。幸而，回到辛伯母那裏，我有一個更響亮、更充實的理由。我說，我已細細地考慮過。以前，我確是爲了一點自尊，但在她面前，那實在是多餘的。我已辭去工作，爲了可以整天陪伴她，像一個女兒之陪伴她的母親。她滿足地笑了。她說，我是一個好女孩，而且是一個知過能改的好女孩。一個聰明的女孩知道什麼是她應該放棄以及什麼是她應該爭取和學習的。

那末，如今，你逼切地需要爭取以及學習一些什麼呢？辛伯母微張著嘴，似在向我提出這個問題，但我卻從她白皙的臉上看到了那面光亮的大鏡子——碎了的鏡面以及碎了的臉。有股力量從遙遠的地方向我奔騰而來，我以從未有過的急速口吻說：

「辛伯母，我想學駕駛。以後，我可以載著你去兜風！」

「呵，看你這孩子，多有孝心啊！時代不同了，年輕人是應該什麼都學學的；叫阿福去教你吧。」

兩個人都愉快地笑了。我的笑容最美也最邪惡。我已不復是我以前的自己。我無法抑制我自己往那個方向漂浮，好像我的母親正在我後面推著我。

在這種意念的激勵下，一切外在的生活都變得不眞實了。我以一種滿望做個賽車者的狂熱學開汽車，等惕彥從臺北回來時，我對汽車構造的熟悉及駕駛技術的諳練已然超過了他。辛伯母在惕彥的面前不斷地誇讚我，並且還說，過幾天，在交通並不擁擠的清晨，她要我載她去作一次郊遊。這時，我們正站在汽車的旁邊，她順手拉開汽車的門，那麼自得地按按喇叭。清亮的叭叭聲在院子裏跳躍，但我卻聽到在遙遠的地方爲她響起的喪鐘。

當祇有我跟惕彥在一起時，他帶著一點憂悒說：「淑媛，我似乎覺得在這一個月裏，你改變了不少？」

「我自己還不覺得呢。哪裏改變了？」我伸長脖子，那麼不相信地。

他退後一步，打量我，又走前一步，端詳我。「很難說個明白。總而言之，你要比以前成熟，活躍。呵，我不喜歡你現在這個樣子。」

「怕是你的眼光變了。我每天都在這裏，怎麼會變？難道我是學會了開車就不像以前的我了？」

「或許就是這樣。如果我在家裏，我是不會讓你學的。」

「爲什麼？」

「怕你常常開車出去，怕你超速，怕你一緊張煞不住車，怕人家的車子撞上你的，怕許許多多的意外。呵，或許是我太自私了。我只是不願意你去冒險，冒任何的險。我可以失去任何東西，但不願失去你。你知道我的意思了吧？」

我笑了笑。我叫他不要胡思亂想，但在另一方面，我又是如何感激他的眞情與愛心！我能把眞正的目的告訴他嗎？我能告訴他我生活中現在只剩下一個光亮的狹谷嗎？

「我想學車的時候，曾說過一句話：要載著你嬸嬸去兜兜風，讓她開開心。現在，你既這樣反對，那就讓我載她出遊一次，也算實踐了我的諾言。我會很小心的。你知道吧，即使我可以對自己大意，可不能對辛伯母大意呀。」

就這樣，幾天之後的一個清晨，我就開著車子出去了。我跟辛伯母有著默契。那天，她起得特別早，我們避過了惕彥的可能的阻攔，把車子輕輕地滑出了大門。到哪裏去呢？辛伯母問我。我說，去宋家花園怎樣？聽說，那裏是臺中市郊一個鮮爲人知的遊玩勝地。惕彥早想帶我去看看，但還沒有去。今天我們倆去。我們要到中午才回家，讓他驚奇一下。他一定以爲我們出了事。你以爲我們會出事嗎，辛伯母？今晨的天氣多清朗，車子像浮在風裏一樣。我從不知道清晨開車有這麼舒暢，或許是因爲有你在一起，辛伯母。你看，兩旁的稻田、那些哈背彎腰的稻穗，都在向你微笑點頭呢！太陽昇得比剛才高了。這會兒，我們就感到現在是眞正的夏天了。你帶來了檀香扇沒有？呵，當然帶來了，在皮包裏。每次，你搖著檀香扇的時候，我就覺得你是一個中國的古典美人。像我，即使有了檀香扇，但豁拉豁拉地亂搧一陣，也就沒有一點韻緻了。我知道，我們這一代的年輕人，能夠欣賞中國傳統的幽閒情趣的，畢竟太少了……哈，你瞧，那輛紅色計程車開得多快，超過我們往前馳去了。辛伯母，你知道，惕彥怕我開車去冒險呢。你相不相信我是一個肯冒險的人？那天，惕彥在霧中開車，我們不也安然回來了？我相信，今晨，如果有大霧，我會開得比他更穩沉。其實，在霧中開車，也怪好玩的。那天的霧，濃得跟牛奶一樣，嘿，我倒怕他迷路呢。辛伯母，你看，我們現在到了三岔路口，我還記得那天我們是選右首的那條路走的。那天，在這條路上，車子駛了二十來分鐘以，霧就慢慢地薄了，一座橋就從霧中浮現出來。好美的橋，它使我想起母親；每看到橋，我就想起母親，你說奇怪不奇怪？她現在就在我們眼前，她向我微笑，也向你微笑。她爲什麼要對你笑呢？辛伯母，那是因爲你比她幸福得太多了。車子再前進五分鐘，我們或許就可以看到那座橋了。我們一定得經過那座橋，才能到達宋家花園。那是必經之路，你逃不了。辛伯母，那座橋有半圓形的橋洞，有矮矮的橋欄。你把頭探向前面一點，你就能看得更清楚。一座中國的古典的橋，正像一個中國的古典美人。呵，辛伯母，你瞧，我駕駛得多棒！眞夠過癮。現在，車子就像一股風那樣地在刮，刮向我們要去的目標……我把車速增加到六十公里。那座橋就在前面不遠，我心眼裏可以看到那灰色的橋欄……媽，我在心裏喊，你等在那裏，等你的那個好友柯惠芬。我自己會小心的，或許，我會折斷一支胳臂，但我自己會小心的。

車子像風那樣地馳過去，於是，我看到，就在我選中的那處橋欄的旁邊，一輛走了樣的紅色計程車正橫在那裏。一個女客和一個司機的身子半吊在被撞開的車門邊。他們的臉部破裂了，流著血。我和辛伯母都同時驚叫起來；車子也就在這時被我刹住在橋邊。

我從未如此清晰地看到過車禍現場傷者的慘狀，我嗦嗦地顫慄起來。回頭去看辛伯母，她還是完整、但卻蒼白地坐在那裏。我又大叫一聲，衝下車去。

我不知道我當時是怎樣高聲呼喊的，竟招來了一些正在附近耕作的農人，以及我是怎樣幫同他們把兩個奄奄一息的重傷者抬到我們的轎車上，然後駛到醫院去。我只記得在回家的路上，我根本無法繼續開車，不得不打電話把阿福喚了來。當我終於靠在客廳的沙發上時，我已全身癱瘓。這些日子來一直激盪著我的那股力量，已經遠去，而且，也永遠不會再來。在眞正來到的清醒中，我明白，我慈祥的母親，即使在世的話，她也絕不會鼓勵我去做這種傻事。甚至，在漫長歲月的洗濯下，她對女友的憎恨，或許早已化成一片被風一吹就能飄散的浮雲。

這件事情發生之後的不久，我在××日報上看到一則結婚啓事。那女方的家長，赫然又是柯惠芬。我愣了好一會，於是抬頭看辛伯母。她仍然輕搖著檀香扇，一副中國的古典美人的模樣。我走過去，挨著她坐下來，讓那股幽沉脫俗的風把這些日子來的許多事以及這些日子來我的許多幻想帶到遠方去。

一九六九年（民國五十八年）十二月

樓外樓

這樓太舊了——一種聲音響自靜寂築成的山谷中，音波衝擊到巉嶮的削壁上，濺回來一片驚愕的細雨，紛紛飛飛地飄落在默坐著的麥枋身上。

麥枋驀地抬起頭，那動作是痙攣性的。在那急促的倉惶中，似想抖掉那一身的冷濕。這句話是誰說的？穿著汗衫睡褲的丈夫，平躺在對面床上的止水中，雖如一條大魚，卻看不出他嘴唇翕動的痕跡。細雨遠去，迷惘的塵沙又隨著飛揚、飄落，掩得她比這小樓更舊、更黯。

噢，這句話，不單是丈夫余堅說過，也不單是她自己說過。他倆都說過這句話。在以前，這兩句同樣的話，恰是懸在窗前的一對小宮燈，輕搖緩擺，風姿嫣然。

「你說什麼？」丈夫余堅側過臉來問。

「我沒有說什麼。」故意推掉那迷惘，麥枋把一角明朗，挑上眉梢。

「我好像聽見你在說話。」余堅的語音是鬆散的，非常簡捷地把麥枋丟開去的迷惘接了過來。蒼黃的臉又去對著比它更爲蒼黃的天花板。那兒，水跡繪下了疆域的輪廓，絲網編出了蜘蛛的慧黠。飛蟲的殘骸已然成了灰塵——那樓眞的太舊了，位於第三層上，舊得可怕；

豎在豪華洋房的對面，又舊得可憐。余堅習慣地抓起了放在枕邊的報紙，一陣沙沙聲刺戳著小樓中的靜寂。

「我要買一座新樓！」熱切的期望，無理的執拗，余堅面向著漠然以對的鉛字，眞願意一鞭子揮過去，叫鉛字呼喊起來。「我要……」聲音沉落下去，報紙還在手中，像親人，又像仇人。

「過些日子，等有了錢，有了空，我去買幾罐淡綠色的油漆來，上上下下地髹一番。」麥枋說。她知道這話安慰不了丈夫，但不說，卻又安慰不了她自己。她雖瞧不見余堅面前的那些鉛字，卻料得到他看的是什麼——經濟版的股票行情。「別看這些了。那是騙人——」本想說，那是騙人跳樓的玩意兒，但後面幾個字，她卻不敢說：太刺激了，彷彿一說，就會把余堅推下樓去。那一陣，丈夫站在窗口，她就擔心這一點。夜半醒來，惶惶然地找尋不在床上的丈夫，卻見丈夫正隔著玻窗，凝視對街的華廈。那兒，雖有窗簾的遮掩，窗內仍然透出幾堆淡黃的光暈。好一幅幽美的夜景，衹是丈夫欣賞的並不是這。「堅——」眞想再勸他幾句，勸他把以前的統統忘掉，勸他把購置新樓的念頭忘掉，也勸他把他倆都說過的「這樓太舊了」的話忘掉。

余堅說：

「你勸我有什麼用？你老是勸我，我聽膩了。你要我相信，這是騙人的，然而，對那座大廈的主人，他現在也是你的主人，又該怎麼說？我衹相信我的機會不夠多，衹要我能再有一個機會，我也準可以成爲這樣一座大廈的主人。去把那破窗簾拉開來吧。」

麥枋站起，她的步履輕悄，踩著那舊的以及新的憂悒，走向窗前，把那褪了色的淡藍布窗簾拉向兩邊。午後兩時的陽光，也正移步踩上窗檻，光芒灼灼，蓄意想染亮這個小樓，但小樓仍倔強地保持著它的舊容，一無隱藏地展露了它的凌亂與晦黯。玻窗本是敞開的。有風，又似無風。初夏的風總要這麼賣弄賣弄。麥枋略略探頭出去，陽光就落到她白皙的臉上。一種舒適的溫熱。她閉上眼，微仰起臉，讓它沖洗一會，滌去她心頭的寒意。她每天總對著陽光說：你照到我心裏來！你照到我心裏來！但，溫熱總衹這麼短暫的一陣——在閉著眼睛、什麼都不見、不聞、不想的片刻。衹要一睜開眼來，面對現實，最先看到的就是丈夫。陰冷蒼黃的臉上嵌著一擊就能冒出火星來的兩眼——那兩眼所看到的，多半不是她，而是那小樓的破舊，是那大廈的富麗，是那證券交易所的瘋狂。她有時陪他而坐，想用深情的眼光，喚回往昔篤實而不騖幻想的他：公餘回家，就纏繞在她的身畔，吻吻她的髮香，低低地告訴她：「我愛你，枋！」她嫌他說得太多，嫌他結婚三、四年了，還不改去那副賴皮相。眞盼望有個孩子來讓他抱抱、忙忙。啊，眞的，嫌他以前說得太多，把現在該說、以後該說的統統說光，連把「我愛你」這句話，也在證券交易所裏輸得一乾二淨了。

「枋，站到旁邊去，別遮住我的視線！」余堅說。

麥枋移身到右側的窗畔。窗畔的牆邊橫放著一隻梳妝檯，灰色山形花紋的保麗板面，模仿著大理石。檯邊抵住麥枋的腰部，硬而涼，跟剛才丈夫的聲音差不了多少。雖然她儘量不讓身子佔住窗口，但頭部卻仍往前探伸。下面的馬路才舖不久，平坦得使它看來比以前寬闊得多。這不是一條鬧街，也不是一條冷巷，而應該算是一處高尚的住宅區。他們爲什麼要擠到「高尚」裏面來？還是這一帶是逐漸「高尚」起來的？這幾乎要查一查這一帶的歷史了，她已經記不清楚。正對面的大廈確很堂皇，表面的淡黃磁磚，閃熠如金片。三層都是一式的落地大窗，一式的玻窗外的銀灰色的窗柵，以及玻璃窗內的淡茶色的提花窗簾，夠讓人瞧上半天。站在這兒的窗邊，幾乎能把對面大廈裏的情景，半收在眼裏。祇是，大多時光，一二層樓的窗簾總低垂著如晚禮服的長裙，祇有三樓的窗口常是慷慨地接受外面的光亮。兩窗面面相對，也就看得格外清楚。那兒似乎是個接連臥房的起居室，有四張沙發、一張睡榻、一張玻璃面的小桌，靠牆的小几上放著一隻話機。早上，穿著昂貴睡衣的男女主人總在那兒出現，一個由褓姆帶領著的稚齡女孩以及一個端著食盤的女佣也在那兒出現。男主人坐下來就急促地翻閱報紙。是不是報紙上的種種也是他的食品？女主人默然地吃著早點，低垂的眼皮還壓著昨夜的夢！吃得慢而少，是昨夜的宵夜還梗在胃中？小女孩由褓姆哄著吃，一會兒要吃這，一會兒要吃那，難伺候得像剛捉來的小鳥兒。她看著人家進早點，把燉在後房煤氣爐上的稀飯幾乎熬焦了。即使焦了，也和著花生米、醬瓜，將就著吃。丈夫也不生氣，祇說：「枋，你沒有辦法安排時間，你應該讀家事學校的！」說完，又猛喝了幾口稀飯，向她微笑：「也好，讓我吃得苦中苦——」她自己也喝著泛黃的稀飯，很香，不難吃。可是雖然這樣，還是想著對街玻璃面桌子上的各色西點和飲料、或者是三碗佐料豐富的湯麵，感慨著那女主人眞是在福中不知福，怎麼不多吃一點。如果有一天自己碰到她，一定要告訴她，不必顧忌什麼，先享受一點口福之樂，或者告訴她，既然吃不了那麼多，還不如節省些。啊，自己也覺自己的想法可笑。什麼時候才能遇見她？不是站在窗口、兩對目光的驟然相遇，而是撤去空間的距離，眞實的相遇。那女主人出去總是坐計程車的，正跟男主人一樣，不過，兩人出去時間卻不同，回來的時間也不同，兩人都有屬於自己的一種忙碌，忙得連把僅有的一個小女兒白天也給送到教會的托兒所去。她幾乎是用一種欣賞花圃的心情，去欣賞大廈內的豪華氣派、奢侈生活，而不帶著絲毫的妒嫉，但，回過頭來端詳自己的小樓時，卻發覺它是太舊了。

「我們幾時把房間油髹一下？」她對丈夫說，「用淡綠的油漆，像對面三樓牆壁的顏色。」

丈夫對這並不起勁。他是塑膠廠裏的一個職員。「我可不會幹。如果你高興，你自己動手，否則——省一點事也好。」

「你眞懶，懶得祇張口說俏皮話。」她白他一眼，但也原諒了他。他實在是那種不會做家事、祇會辦公事的男人。她自己也著實懶，老是拖著不去買，祇在心裏把房間髹了一遍又一遍，再添上他倆的笑聲與蜜語，小樓倒仍是可愛的。於是，她拿一本書，端一張椅子，坐在窗邊看，看倦了，就讓目光自由地流竄一番，一會兒落在馬路上，一會兒射向附近的樓房，一會兒看著停在電線上的小鳥，一會兒游盪在藍天白雲間，偶爾也停留在對面的起居室裏。

女主人顯得很忙，又顯得很懶，穿著寬大的睡袍，有時會獨自坐上半天，偶爾也走到窗畔來，於是，她找到了她的皺紋。她猜她該快四十了。

「枋，」躺在床上的余堅又說：「你還怔在窗邊幹嗎？」

「對面三樓的窗簾還沒拉開，可見霍先生還在睡午覺。」

余堅又抖動一下手中的報紙。「每次，我催你，你才準備。人家是主人，你就得等他，別以爲我窮了，能讓你蓬頭垢面地出去，叫別人看了，說我養不起你！」

「你何必說這種話，這樓雖舊，我們也能苦苦挨下去。」

「我不，我不，我要買一座新樓！」他翻身坐起來。「我要再去找一次機會！」勸他也沒用——不勸也罷。機會失去了，哪天再來？麥枋走到鏡子面前。她對鏡化妝，鏡中的人擠不出一絲笑來。塗紅了唇，畫黑了眉，卻是意趣索然。化妝得再好，也聽不見丈夫一句「你眞美」的讚賞。說是他不愛她了，她不忍相信。當初想買新樓，也就是爲了愛她。閒著，他站在窗前，看久了對樓的寬敞與亮麗，回過頭來，這才眞的發覺自家的樓是太小、太舊了。她重又建議用油漆美化一下，但他對這已不能滿足。這是個租來的小樓，他要棄它而去。其實，這也沒有什麼不好，所以她並不反對。兩人站在窗前，把希望懸在屋簷下，轔轔的車聲帶他們馳得很遠，馳向恩愛美滿的生活——並不想馳向荆棘叢中……

麥枋隨便梳一梳鬈髮。頭髮太長了些。她把左邊的掠到耳後，用兩枚髮夾夾住，打算把右邊的也梳成這樣，卻又覺得太老氣了些。自己到底衹有二十五、六歲哩。還是讓右邊的頭髮溜下來些，在右後腦上鬆鬆地揷兩枚夾子。算了，實在沒有精神花在這上面，說怎麼都行。比不得從前，出去看電影，也要對著鏡子，左看看，右瞧瞧，甚至還嫌自己的兩只眼睛不夠，再加上余堅的兩只。他也不馬虎，暫時充當一下理髮師，說：「噢，這樣不好。噢，對了，這樣好。噢，這兒的一綹還得理一下。」——全是那新樓，使一切都爲之改觀了。

麥枋走到屋角的布幔後面去換衣服。那兒掛著她旗袍以及余堅的西裝。他們雖然已經負債，總算還沒有把衣服當掉。她的五、六件綢旗袍掛成一排，它們用往日的討好樣子，歡迎她的選擇。她的目光漸漸地、不經心地掠過去。每一件衣料，都是她跟余堅一同去買的。那花色，他喜歡，她也喜歡。如今，他不喜歡，她也不喜歡。她隨便揀了一件淡紫潑墨般的花綢旗袍，待褪下布袋裝時，這才記起白綢襯裙還晾在後房的鉛絲上。眞麻煩。暫時就算是海邊的游泳者吧，穿著類似泳裝的內衣褲，橫過臥房，走到後房去。丈夫看到她時，皺皺眉。她在後房裏套上襯裙。余堅說：「枋，霍先生最近買賣的是什麼股票？」麥枋沒有聽清楚。

「你說什麼？」余堅說：「你走出來呀，走到我這兒來！」

麥枋當然是要出來的。她穿著襯裙和奶罩，現在倒像是個跳草裙舞的女人。她站在余堅面前時，余堅又皺皺眉。她趕緊躲到布幔後面去，露出半個臉來，說：「堅，你剛才說什麼，再說一遍。」非常歉然地。不知道是因她剛才的裝束而歉然，還是因她的聽不清楚而歉然。

余堅很不耐煩。「我是說，霍先生最近買賣的是什麼股票？」

「我不知道。我們根本沒有談過這些。」麥枋左手揑著布幔，越揑越緊，希望它就是丈夫手中的報紙，一下子把它撕破。說他節省吧，但寧可把理髮的錢、買花生米的錢省下來，就是不肯省下這份報錢！看什麼也好，偏要看股票行情……

「你可以問的呵，你知道我關心這方面的事。」

「知道有什麼用？股票行情，漲漲落落，一日數變。」麥枋說。

「我不服氣，為什麼霍東明老是賺錢？他本來已經有了一座高樓，去年一年裏，他又賺進幾座高樓。他要這許多高樓做什麼？就看對面的這座大廈吧，除了佣人以外，現在祇不過住著他和女兒兩個！」

麥枋縮進頭去，開始穿衣服。她不想回答。她如今連丈夫的事都管不了，還能管別人的事！

「枋，你知道不知道，今天替我問問看，最近他買賣的是什麼股票？」

一會後，麥枋從布幔後面走出來，她穿的當然已經不是那身草裙舞裝，一襲旗袍已經很切貼地裏住她那曲線玲瓏的胴體。余堅怔了怔，彷彿走進去和走出來的不是同一個人。

「你下午不到老同學那兒去碰運氣？」麥枋坐下來，身旁已放著皮鞋，雪花似的白。這雙鞋是專門備著上大廈用的，惟恐配不上大廈的潔淨。她自己實在並不喜歡穿它，祇願趿著拖鞋，穿著家常便服，等待余堅下班回家。眞不該依順他，讓他辭掉了塑膠廠的工作。這樣不工計算的人還想到證券交易所裏去闖！

「或許，」余堅含糊地說，身子向下一溜，又平躺在床上，把報紙展開來，蓋在臉上。

呀，你甘心把自己用報紙掩埋，你不要看到我，也不要我看到你。你想躲避——躲避我的規勸、我的目光以及自己往昔對我的愛情！我懷疑在印書紙摺成的屋頂下，你眞能一無所覩。或許，擋住了眼前的一切，你才能赤裸裸地看到交易所的擁擠與喧囂，買空賣空者的貪婪與陰險！堅，別想瞞我！我祇痛惜你有了慾望，而你以前本無慾望——假如你果眞有慾望的話，也祇標明你對愛情的忠誠！你祇認爲幾罐油漆配不上你愛情的豪華，祇想用積儲起來的一疊臺泥股票去換一樓的美夢，祇希望我們的樓雖小，但能精巧清美如新月！堅，埋在報紙下，你到底看到了一些什麼？是不是又看到了出賣臺泥股票時的創傷！看到了證券公司裏的經紀人揮動著的肥手掌，聽到了重覆兩個字：「不要，不要……」「爲什麼不要，先生？」你曾問，帶著你那時所特有的卑恭。「因爲我們要的是整股而不是零股。」他回答。「什麼是整股與零股，先生？我這兒是一千八百股。」你曾輕輕地推出你的疑惑，那樣輕輕地，我知道。你換回來的祇是厭煩的回答：「我們要的是一千股或兩千股，最好是五千股或……我們很忙，你還是到別家去。」你低頭走出來，惟恐碰見別人的眼光。另一家，再另一家，汗從額上涔涔流下，而得到的卻是同樣的手勢與回答。我知道，我什麼都知道。你那時還把一切都告訴了我。你去的最後一家，那胖胖的中年人有一副好好先生的長相：「你別著急，我替你想辦法，我爲你介紹一個想買少數臺泥股票的朋友。晚上，你到××路××號來。」你唇邊閃出了一絲快慰的苦笑。堅，那晚，你沒有回來吃晚飯，很早就找上門去，也是這麼樣的一個胖胖的好好先生：「先生，你的事，×兄已經告訴了我，可惜我今天手邊缺少頭寸，並不想要。不過，你倒用不著焦急，我可以爲你介紹一個朋友。」朋友的朋友，朋友的朋友。這世界似大又小。你一整天加上半個晚上，都在臺北市兜圈子，最後把一身疲乏，擲在午夜的床上，祇向我喃喃著：「我低價脫手了，低價！」

麥枋把一件漿燙好的白襯衫放在床頭。「堅，這兒是你的襯衫，無論如何，你該到同學家裏去走走，你不能這樣下去——這樣下去呀！」她用手去碰碰報紙。「堅，到這個月底爲止，我在對面霍家做事，已滿半年了。」

「做下去！」余堅在報紙下面說，「做下去！我們欠他的錢還沒償清呢。你這份跟女秘書差不多的工作，還不至於損及你的尊嚴。」

麥枋仍默默地望著他——你仍然固執地讓自己掩埋在報紙下面。難道證券交易所對你的誘惑，猶如一場精杉的肚皮舞之對於那些單身漢？早知你會輸去你的一生，就該阻止你在低價脫手臺泥票之後去向霍東日請教！「堅兄，你上了當，股票市場上，風風雨雨，豈是你料得到的？千股以上既不算是零股，場外交易也不合規定，他們看你是外行人，串通著來殺你的價。我說這話，祇因我們是老街坊。那些小事犯不著跟他們鬪氣——要鬪也鬪不過他們。你想放著股票生利息，那是鄉下人的想法。你想賺錢，就得像我，買空賣空。就在最近的一個月裏，我在臺糖股票上就賺了幾座大廈。」總不能怪霍東明對你說了實話，祇怪你被他的一席話迷住了，把小計劃變成大計劃，把買小樓變成買大樓，把一串希望掛在交易所的數字上；把買小樓的錢、加上賣掉我首飾的錢、加上向霍東明借來的錢、再加上你白天的時間，統統投資在你無法掌握的股市上！

她轉過臉去，看到對面三樓的窗簾已給拉開，站在兩塊淡茶色窗簾之間的，是穿著鑲有藍邊的白綢睡衣褲的霍東明。他扶著窗台、眺望街景的那副悠然神態，使人感到他已滿足於一切。麥枋站起身，他向她點頭微笑。那是一種訊號，告訴她，她該去工作了；而她也點頭回禮，告訴他，她就是在等他。

「堅，你是不是想睡？是不是眞的想睡？」麥枋挽上皮包，再一次地對著埋在報紙下面的丈夫。「這床，可不是你久留之地呀，你要考慮！」

在得不到任何回答的死寂山谷中，麥枋的憂怨是一片自生自滅的小草。片刻後，她悄然地離開小樓，讓自己順著樓梯步步下降。下降、下降，在物質上、在愛情上、在希望上，下降到零度。一無所有的虛空。「小心呀，婚後用錢可要謹愼，別儘往前衝，踩空了腳，一跤跌下去，可不是玩的！」長輩們曾叮囑過她。有誰叮囑過余堅沒有？她走完樓梯，站在門口息了一會；抬起頭，瞧見霍東明仍在三樓窗口。他的臉上繪著井形的銀灰格子，一對目光正俯對著她，彷彿她自己住的是座玻璃房子，他剛才是看著她怎麼走下樓來的。他又笑了笑，和藹地。呵，何必這樣著急呢，走得氣喘吁吁地——他的笑容這樣告訴她。不管他怎麼不介意，下午已經去了一半，她是不該再佇立的。

她急急穿過馬路，從舊的樓前，走到新的樓前——穿越一個世界。未按門鈴，伶俐的女佣已在窗口看到她，爲她打開了門，隨即笑著說：「麥小姐，你吃過飯啦。」那女佣不叫她余太太，叫她麥小姐，那是跟著霍東明喚的。「是呀！」麥枋笑不由衷地。從走進這座大廈時起，她儘力讓自己的外型明朗化。她的俐落與輕捷，正配合室內佈置的精巧。以前，有一個年輕女佣，第一次來大廈工作時，就自作聰明地喚她爲霍太太；她立即吃驚地表明了自己的身份。那女孩子還疑信參半地說：「眞可惜，這屋子裏沒有一位太太！」

麥枋穿過十幾坪寬的拼花地板的大廳，來到舖著烏棕色地毯的樓梯邊。同屬樓梯，上昇如斯，下降如彼。慢慢地踩，反正堅硬結實的高跟敲不響她的心曲。走到二樓梯口，她就碰到了從三樓下來的霍東明。如此準確，彷彿祇爲了節省時間。兩人一同向二樓的一間書室走去。麥枋再一注意，霍東明此刻依舊穿著那身睡衣，雖然瀟洒自若，但仍揮不去他隱約的精明。暫時不去想那埋在報紙下面的丈夫吧，且面對著這個從股票市場中竄立起來的霍東明。他滿足於自己的財運，卻並不滿足於自己婚姻。讓一座美侖美奐的大廈裏缺少一個女主人！

「麥小姐，我有兩封信要請你寫。」他在麥枋還未坐下來時說。

上午，她也寫過兩封信。一封是給他在香的朋友，另一封信是給新竹××戲院的經理。在往返的信件中，隱約可以看出他在不斷地擴大經營範圍；那是一環連一環的經濟。麥枋很明白，沒有第一環，就永遠不可能有第二環，而有了第二環，就一定想要第三環。要說霍東明是個滿足於財運的人，也不見得正確。

「好，請你說吧，我馬上寫。」麥枋扶著椅背，專一地諦聽著霍東明告訴她信的內容，然後坐下來，在腦子裏把這些略爲整理一下，就開始動筆。一封是給基隆某處長的，說他有事，不能參加週末的宴會。另一封是給一個臺南的朋友的，祝賀他的兒子訂婚。平日，這些應酬信佔了他信札的大部份。麥枋的另一工作，是每週一次從霍東明手中接過錢，安排這一星期裏的家庭飲食、小物件的購置，並把支出逐一記下來。以那樣工作的報酬，來償還她丈夫的債務，來維持她和丈夫的生活。

兩信寫好後，給霍東明過了目。她封信時，霍東明忽然又說：「麥小姐，寄兩千塊錢的支票給劉珣珍女士，另附一封短信。」他即刻在支票簿上簽了一張支票，然後將它撕下來。

這是件每月一次的例行公事。麥枋早知道劉珣珍女士就是以前的霍太太。當那個穿睡袍的女人在三樓的起居室裏消失以後，她的身份就變了。那一陣子，余堅正面臨股票市場的狂漲狂跌的疾飆。小船顛簸在驚濤駭浪中，她，這個同舟的人，既無法勸他攏向岸邊，便祇好同擔風險。兩樓面面相對，同為自己的命運而掙扎。一方，小船淹覆了；一方，婚姻破裂了。兩個女人，在兩個窗口木然地互望，把世事盡收眼底，然後化爲烏有。霍太太離開那天，穿了一身黑色的秋裝，一輛計程車等在門前。她剛巧站在樓下。霍太太在沒有上車之前，突然走過來，跟她從未交談過的鄰居們握手，跟她握手，囁嚅地對她說：「你正年輕，祝你幸福！」

麥枋在做這件例行公事時，總有一份傷感。她從來沒有問過霍東明，他跟她爲麼要離婚。她也從來沒有向鄰居探問過這件事。她不願別人知道她跟余堅間的不快。她也不願把別人的不快攬到自己的心裏。這封信比任何的信都來得簡短而公式化。霍東明叮囑過她，他要從這一點上表明自己跟對方已無一線感情的牽掛。正如他稱她爲「劉珣珍女士」一樣，很想把她跟他以前曾有過的一段生活經歷，全部抹掉。

「你要看看？」麥枋說，望著那封信——那逝去的愛情。

「不要，你封上吧。」霍東明揮揮手。

麥枋按鈴喚來一個女佣，叫她把這三封信發了。然後，她站起來。平日，她總這樣跟霍東明同時退出書室。他出去辦他的事，她則指揮女佣料理家務。然而，這會兒，霍東明卻仍安適地坐著，覆著罕有的沉靜的笑影，默認這兒是最安適的地方。

「霍先生，下午你不準備出去？」麥枋問。

「想這樣。在家裏休息休息，也很難得。」

「想看看帳目吧？」麥枋拉開抽屜，把帳簿遞給他，自己也跟他一起坐在沙發上。霍東明隨便翻了翻，遞還給她。

「我相信你，相信你是一個十分可靠的人，麥小姐，但——」他忽然站起來，急促地把帳簿奪回去。「但做一個太可靠的人，又何必？譬如，你知道，我絕不會查你的帳。你儘可以——」

「不，不，」麥枋緊張地回答，力圖維護自己的尊嚴。「我不是做這種事情的人！」

「我知道你『不是』，但，爲什麼不『是』？」他把帳簿丟在寫字檯上。「你爲什麼要這樣可靠，對我這樣揮金如土的人？對我這樣一轉手就可以賺上十萬八萬的人！」

「霍先生，你說這話，不像一個主人！」

「我從來不想把自己當作你的主人，我是你的街坊，我是你的朋友，我是你丈夫的——你丈夫的債權人！」

麥枋愕然而對。他很激動——爲她而激動。麥枋感到不可思議。這時，他的精明完全褪去，他猶如一個在大學裏唸書的大孩子，爲某件他所倡議的事而大聲疾呼。她也驀地激動起來——爲他的激動而激動。街上有一輛摩托車馳過，「噗噗噗」地噴著氣，掠過去了，但那急促的噴氣聲似仍留在空氣中。

「我感激你，你是一個很爲我著想的主人。」麥枋低低地說。她不願表示出自己的激動，但那種抑制的激動，卻蹦跳在她的眼神中。

「你感激我，誰感激你呢？」他也放鬆了語氣，不肯放鬆的，是他的語意。

「我爲自己，何必要人感激？」麥枋笑了，笑得如此悽然而勇敢。她避開買主人的好意，雙手把重擔放到自己的肩上。

霍東明望她，搖搖頭，然後把另一句帶刺的話丟在她的跟前：

「余堅每天仍躲在家裏？」

「是的，他太消沉了。」

「可能他太野心勃勃了，麥小姐。從股票市場上敗退下來的人，消沉下面是他的野心。」

麥枋什麼也不分辯，即使分辯，對霍東明有什麼用？他什麼都明白。她裝起一個歡歡樂樂的臉給他看，而他卻偏要掏心挖肺地看她血淋淋的內心。半晌，她才說：「何必談他以及談我們那邊小樓的事。霍先生，這兒有的是光亮與快樂。你不是決定在下星期六開個舞會嗎？可要我現在給你寫請柬？」

「不，我們還是談談的好。」看來，霍東明今天決定不想做她的主人，而要做她的朋友。「我們還是上三樓的起居室去，那兒舒服些。」

她不表示可否。她想告訴他，她雖安份得不曾上去過，但那起居室對她卻是很熟悉的。在那段風平浪靜的日子裏，她可能忽略過自己的小樓，但卻不曾忽略過他起居室中的一切。在朦朧的希冀中，她把兩個樓混在一起，而在驟來的痛苦中，她又把它們拆了開來，把不是她的抛向遠方，祇願緊緊地摟住僅有的存在，但，恰似一個母親摟住她那已死的兒女。去到那樓上，站在窗前，眺望自己那埋在報紙下面的丈夫？呵，不要這樣殘酷！

然而，她畢竟無法說出口。她還是跟著霍東明往三樓走。權且把這也當作是一種工作吧，現在是賣給他的時間。她站在華貴的淡茶色的提花窗簾之前，抹不去的仍是丈夫埋在報紙下面的那幅畫面。

「余堅睡著了？」霍東明說。

「或許。他剛才沒有午睡。」

「我今天也沒有午睡。」霍東明說。「我一直坐在窗邊。」

麥枋注意到窗簾半掩的窗邊，躲著一張淡綠的小巧椅子。一股蒸氣般的熱，逼炙著她的臉。她希望自己的手臂能伸過去，搖醒余堅：「醒來呀，醒來呀，你睡得夠久了。你睡了半年了！」

霍東明又說：「我常常坐在窗邊，常常、常常。」聲音很結實，厚厚地疊在一起，非要她面對著它不可。

麥枋從窗口往後退。那把椅子的存在是個意外。這個大膽的闖入者，把她腦中的思緒攪成了一堆稀泥。她退到小桌邊，倉倉惶惶地在沙發上坐下來。

霍東明撥開窗簾，乾脆坐在淡綠色的椅子上，隔著一段距離對她說：

「麥小姐，幾年來，我們一直是街坊，一直靠得很近，一直在互相注視著對方，祇是我們都沒有說。」

「呵，我們靠得並不近，我們一直隔得很遠，以前，以及現在，那條馬路很寬。」

「但我們的眼力都很好。」霍東明側面否認了她的話。「你可能還記得，以前，珣珍總是坐在你現在坐的那張沙發上。」

「啊！」一種下意識的恐懼使麥枋倏地站起。她換了一張椅子，眼前祇看到穿著寬大睡袍的霍太太。她那不成爲食慾的食慾以及她的沉默以及她的魚尾紋以及每月一次的短信：「珣珍女士惠鑒……霍東明啓。」而此刻，霍東明又想編織一個故事。麥枋說：「我懷念她……」我懷念已逝的一切，即使是去年的落葉、去年的風。

「你不必爲她發愁。除了每月兩千元的贍養費外，我還給了她一座兩層洋房，她生活得比在這兒快樂。」霍東明說。

「快樂？」麥枋問。「祇因爲她自己有一座新樓？」

「不，除了這些，她已另外找到了一個男人，雖然她沒有再婚。」

麥枋描繪不出穿著寬大睡袍的霍太太跟另一個男人同進早飯時的情景，她也描摹不出她那業已恢復的食慾以及她那重生的笑聲。她描摹不出……而又不想描摹，祇因爲鬱蔥蔥的幽沉圈住了她自己的心眼。

「我要作個比較，站在我們男人的立場來說，我待她並不壞，麥小姐。」

「請你——霍先生——請你不要——」麥枋喃喃著，請你不要比較，什麼都不要比較。不要比較樓新與樓舊，不要比較愛與不愛，不要比較幸與不幸，不要比較內心與外型。不要，不要，不要痛苦與歡樂，不要一切，我祇要這片刻的木然。

「你看，余堅起床了，他站在窗前，他看著我，也看著你。」霍東明又朝向窗外。「但我相信他看不見我，也看不見你。」

麥枋的視線也拋向窗外。余堅直然而望，望著他所要望的。他的靜止迸射出一種不能滿足的憒憊。這時，霍東明又回過臉來，笑了：

「這是你的丈夫！」

「我要下樓去！」

「不要這樣，麥小姐。你是無法使他滿足的，我能使他滿足。我了解他，像了解某種股票的漲落。我要打個電話給他。你們的房東有個電話。」霍東明起身時，當著余堅的面，微笑地拉上窗簾。麥枋張口要抗議，他卻又說：「麥小姐，你太可靠了，可靠得始終站在一定不變的原位上。」他打電話時，走過她身畔，親暱地拍拍她的肩，又湊著她的耳朵，說：「等一會，我要喚你枋，一遍一遍地喚。」

「不，不！」麥枋顫慄地提出抗議，一邊望著那合攏了窗簾。讓她把窗簾拉開來，看看余堅突然變色的臉，但她並沒有動，她祇聽見霍東明撥通了電話，又聽見他指明要跟余堅談話。於是，她彷彿聽見余堅的聲音就在聽筒裡，就在她身邊，因爲霍東明在說：

「余兄，枋這會兒在我的身邊，」——誰要你在我丈夫的面前喚我的名字——「余兄，這幾天，××股票的行情看漲……我答應供給你十萬元週轉金。」——蝕掉了，拿什麼償還？難道我再爲你做十年秘書——「不必還我，完全送你，余兄，賺了，希望你去買座跟我的一樣的新樓！」——我不要新樓，我不要一切耀眼的騙人的新，如果你能夠，替我找回舊的一切——「余兄，這會兒，枋在我的身邊。我要你答應，今晚，她跟我同進晚餐……今晚，她不回家！」

麥枋躍奔過去，搶來話筒：「堅，你不要答應！不要答應！」

「我要買一座新樓！」余堅的聲音遙遠而陌生，逐漸淡去，隱沒在合攏的窗帘後面。

霍東明從麥枋癱瘓的手中拿下話筒，安慰她說：

「你不要爲他發愁，有了新樓，他會去找另一個女人的。」

一九六五年（民國五十四年）五月

僅有的快樂時光

很美、很寬，這條白色的長廊，但也很憂悒、很悽愴，因爲廊上經常有惶惶不安的人在等待。

那長廊很明亮（因此，有些在這裏走動的、穿著深色衣服的老年人看來就像飄動著的影子），因爲一邊雖是連成一排的房間，一邊卻是纖塵不染的窗子。那幾扇朝東的窗子，把早上的陽光吸了進來，讓一片水汪汪的光沖淨了長廊，也淹沒了昨天發生在長廊上的事以及昨天遺留在長廊上的人們的足跡。長廊，依然是新的。

朱紹千是這條長廊的訪客，他已經來過三次了。今天，則是第四次。他照例在上午十時左右到達。陪他同來的，是正度暑假的十歲小孫女芬芬。每次來的時候，他總看到靠窗的長椅上已先他們坐著三、四個或五、六個人。他來得不夠早。或許，他該像上班那樣，在八點半、當大玻璃門剛被打開的時候就進來等在這裏；那樣，他便能第一個接受鈷六十的治療。然而，幹嗎要這麼認眞地去爭取這些時間呢？坐在長廊上，聽憑時間慢慢地流逝，跟坐在家裏，讓光陰消失於無形中，又有什麼區別？他，七十四歲了，生命對他已是一個爛熟的蘋果，沒有太多的滋味了。

朱紹千緩緩地走去。他那芝麻色的綢衫有韻致地輕揚著，勾劃出他的嶙峋以及他的堅韌。他向坐在那裏的三個人點頭招呼——友善而且悠然，臉上還露著笑，彷彿他是在一個聚會中跟朋友招呼（嗨，大家都來了嗎？我請大家共飲一杯！以前，他可不是常常這樣？）。他看到他們無可奈何地回笑（朋友，何必把死亡的陰影掛在臉上？如果把生死看作人生的兩種境界，死亡不也是一杯可飲的酒？）。他認識他們當中的兩個。一個五十多歲的胖女人，乳癌患者；一個六十左右的垂老男人，腸癌患者；而新來的那一個，他不知道他患的是什麼病。希望不是癌症，而只是那些頑強的、非要鈷六十治療不可的濕疹；然而，看他幾天沒有睡好的憔悴模樣、那對游移不定的眼神，卻似乎又是一個癌症患者。

而他自己，則是一個皮膚癌患者。

他坐下來，在這些病友之間，在一個外面有株扶桑樹的窗畔。小孫女芬芬便坐在他的身邊。嫩黃的洋裝、粉紅的雙頰、愉悅的聲音，是長廊上的一朵黃玫瑰，而他們這幾個人則是幽沉的樹蔭、蒼苔。窗外的庭院中擺著很多盆景，對面的窗簷下掛著一隻鳥籠，養著一對兩小束陽光似的金絲雀。以這個庭院爲界限，對面的兩層樓洋房是院長的私人住宅。那是既有鳥語、也有花香的好地方。這裏的病人都是曾經被他診斷過、有些且曾經由他動過手術、按照他的指示前來這條長廊的。

朱紹千座位的對面正是物理治療室的門口。這時，門正半啓，朱紹千可以看到一個比他少不了幾歲的老年人正仰面躺在治療檯上。那架佔據著三分之一房間的龐然怪物正巍然地立在治療檯的後面，它那筒形的手臂彎扭過來，掌心貼近患者的赤裸的右胸。朱紹千知道那位老人是個肺癌患者。他倆已經見過三次面，兩次在這長廊上，而另一次則是在候診室內。

那位老人姓丁，他喚他丁老。丁老三次都是獨自前來的，沒有家屬陪同。他想他是一個孤獨的老人。

「嗨，你老先生貴姓？」那次還是丁老先向他打招呼。後來，他一直想，候診室內有個朋友聊聊天，的確要好得多。他第一次來看病的時候，是兒子請了半天假陪他來的。大夫說要住院切片，於是就輪到媳婦請了假來陪他。不管是兒子還是媳婦，平日在客廳裏，倒還不乏話題，但一到醫院裏，卻無法隨隨便便地聊起天來；同時，他的心裏也總惦掛著他們誤了工作，而他的心中或許也在這樣惦掛著，只是沒有出口罷了。於是，他出院回到家裏，而需要接受鈷六十治療時，就輪到芬芬陪他來醫院了。現在，陪了幾次，芬芬也一定在不耐煩了。可不是，這裏沒有什麼有趣的事兒，除了對於死亡的推測，但，那對才萌芽的孩子來說，是太早，也太殘酷了。芬芬甚至不知道她的爺爺已經患上了絕症。昨天，一個患癌症的女人哭著離開時，芬芬曾問他，那女人生了什麼病；他還來不及撒謊時，有人卻告訴芬芬，女人不久就要死了。芬芬也幾乎怕得哭起來。那時，長廊上是一片愴惻。

而此刻，芬芬已經跪在椅上、伏在窗檻上，眺望對面窗簷下的那對金絲雀了。兒子要芬芬同來，無非是要她在上下車時照顧他一下。其實，七十幾歲的他，耳聰目明，並不需要拐杖，也不需要一個小女孩的扶持；只是有個親人在身旁，在別人眼中，他就不會顯得那麼伶仃、可憐，一如丁老那樣的孤單、寂寞。

「爺爺，」芬芬側過臉來，說：「我也要養一對金絲雀。」

「好的，」朱紹千說：「回家後，跟你爸說去。」

「爸不會肯的。爸會皺起眉頭說：又要花錢了，你一個月花多少錢？爺爺，金絲雀貴不貴？」

「大概不會便宜吧，總要好幾百一對。」

「爺爺，你看一次病要多少錢？」

「噢，也不便宜，也要一、兩百塊。」

「爺爺，你醫病的錢是爸的，還是你自己的？」

「當然是你爸的。」

「那你自己的呢？」

「我自己的，全花在你爸身上了。」

「不對。」芬芬說：「爺爺從前跟我說過，你自己的全留在大陸上了。」

「哈，芬芬好壞，知道了還要問。」

「不管，我要買金絲雀！」芬芬嘟著嘴，說：「爺爺，你幫我跟爸去說，替我買對金絲雀。」

「好的。如果你爸不給芬芬買，爺爺就給芬芬買。至少，爺爺還有點兒錢，爺爺還不是窮光蛋。」

「當然不是，」芬芬說：「因爲爺爺沒有錢的時候，可以向爸爸要。」

芬芬安靜下來了，似在想像她的那對行將屬於她的金絲雀。廊上的另外三個人仍然默默無言。他們偶爾把頭側向這邊，又側向那邊，像要揮去一個他們不想承受的夢境。治療室裏，丁老仍然仰面躺著，那二、三十分鐘對他是無限的長，還是刹那的短？機械的震盪聲是惱人的刺螫，還是愉快的催眠？他自己，對病，對不斷的營營聲，全已很淡漠，因此，第一次，他甚至就在這張檯上睡去了。私人醫院裏那個不曾受過嚴格訓練的護士小姐，幾乎以爲他已在不知不覺中死去。

之後兩次，當他躺到治療檯上之後，他就試著去尋夢，或者試著去重憶瑣細的舊事。他靜躺著，讓怪物的掌心貼近他的患部。營營聲像蜜蜂或知了的鳴聲，在他閉上眼睛之後，牠就漸漸而又漸漸地飛遠了。牆壁倒了，屋頂坍了，長廊是條白石路，引他去向遠方。遠方，是他的年輕時候；遠方，是他的故鄉；遠方，是他曾經踩踏過的、撫摸過的大陸的廣廓的土地。他不想折回來。他遨遊於廣闊的千萬里的空間中以及悠長的幾十年的時間中。那是一種永不倦乏的遨遊……

「爺爺，」芬芬又說：「你還要來多少次呢？五次，還是十次？」

「我不知道。」朱紹千說：「我希望很快就不要來了。芬芬喜不喜歡來？」

「我也不喜歡來。這裏不是兒童樂園，也不是動物園，一點兒也不好玩。爺爺，怎會有這許多人生病呢？」

「那是上天的安排。至於爺爺，那是因爲年紀老了，應該多病的。只是我不喜歡生這種病，那要花你爸很多錢。」

「爺爺，爸爸到底有沒有錢？他以後有沒有錢給芬芬買一架鋼琴？他積下來的錢多，還是你留在大陸上的錢多？」

「當然是爺爺的多。爺爺留在那裏的，不但有錢，還有田地、房屋，還有朋友、親人，還有各種往事。」朱紹千望著長廊。很美、很美，他嘆息著；坐在長廊上，回憶往事，或者躺在治療檯上，緬懷舊景，都是很美、很美。雖然美中帶絲淒涼，但淒涼也如一塊薄荷糖。彷佛以前——在他的那些清朗的歲月中以及在他的那些忙碌的時日中，往事曾是模糊的煙雲，而現在，它們卻是清澈、堅實得猶如一塊大理石了，看得見，觸得到。常在他閉眼養神的當兒，幾十年不見的好友向他走來，死去多年的妻迎他以微笑，童年時代他曾打過滾的紫苜蓿田袓露在陽光下。那些，都不是現實社會所能給予他的。現實社會所能給予他的，只是愈來愈深的寂寞與孤獨。他現在已經很難找到幾個年逾七旬的老友了。自從他們在事業上退休以後，本就經常來往，但有些身子一直比他好的，卻一下子倒了下去，永遠起不來了。剛跨上六十歲時，他們這一群人自認爲自己起碼可以活到八十歲，如今證明，一百歲的人瑞雖然有，卻不是他們。七十歲以後，每年總有兩、三個朋友死去；每次，他總要去參加那個故友的喪禮，送個花圈，撰副輓聯，在遺像前行上一個禮。他們都曾擔任過不算小的職位，因此，花圈很多，輓聯很多，弔喪的人也很多。開始時，當他弔後回到家裏，他總要呆上一陣，想不透那個朋友怎麼會這樣脆弱，說走就走，對人世一無留戀；當然，也不免唏噓一陣，感到重晤的不再、死別的悲痛。然而，慢慢地，慢慢地，在他多去了幾次殯儀館以後，感覺也就不同了：依稀覺得逝世的竟是自己，而他去參加的也就是自己的喪禮。他在殯儀館裏到處走動，看著死去的自己如何受到朋友們的哀悼。這種感覺其實並不奇特，也許跟他同等年齡的老人，或多或少都有這種感覺，因爲同樣的喪禮，這一次是「甲」的，而下一次卻是弔過「甲」的「乙」的，再下一次則是弔過「甲」、「乙」的「丙」的。被弔以及去弔的人，他們之間的距離，只不過是短短的幾個星期，或者幾個月而已。他現在活著，眼見喪禮的種切，或者幻想著自己躺在棺木裏，能夠透視這種切。心情是主觀中的客觀，激動中的冷靜。哪個朋友是臉色肅穆的，而哪個卻只是前來應應卯，轉過背，就跟別人有說有笑了。所謂蓋棺定論——到底定論了沒有？輓聯上寫的是這樣，別人口中說的卻又是那樣！究竟誰是誰非？自己的爲人、處世，在別人的眼中又是怎樣呢？忽然，他從未有像那時那樣鄭重地檢討以及反省起自己一生的行誼來，宛似寫自傳，但比自傳更眞切，芝麻綠豆大的事都湧了攏來。年輕時，他曾向一個朋友借過一塊墨西歌的鷹洋，結果卻始終沒有歸還，這件事早就忘了，現在卻從記憶的角落裏亮了出來。中年時，一個內親曾向他告借二兩黃金去做小本生意，但他卻只借給他一隻三錢重的戒子；這位內親始終窮困潦倒，是不是因爲他沒有及時予以經濟上的援助？

過去了這許多年，現在卻不免悔恨交集。至於事業上的浮浮沉沉，倒反而不甚重要了。他那樣弔著朋友，也弔著自己，想著別人的種種，也想著自己的種種。樂隊奏著哀傷的曲子，死者的親人穿著孝服，匍伏於靈前。朋友的遺像安詳而慈和，他望著他，他也望著他。對他這樣的老人，死有什麼可以害怕呢？朋友們一個個地走到彼岸去了，或許，只有在那裏，他們才能重聚在一起；或許，只有在那裏，生命才會再一次地蛻變成爲一個年輕的個體。死去多年的妻也會跟他團聚。的確，他們分別得太久了，即使在抗戰期間，他們也只離開六、七年。她說，紹千，你還丟不下孩子嗎？對他不放心嗎？他已進入中年了，他現在已比我們四十歲時還能幹，因爲我們的子孫總是越來越比我們聰明的呀。他回答：哦，當然。兒子早已不需要我的照顧，還有大偉，甚至還有小芬芬，他們也不需要我的照顧了；他們已跟我們完全不同，他們是新的一代，多才多藝的一代。你知道嗎？我們的孫兒女們。

「爺爺，」芬芬推著他。「爺爺，你在想什麼？」

「我在想芬芬也長大了。」

「爺爺，如果爸眞的沒有錢了，芬芬的鋼琴怎麼辦呢？」

「向你媽要呀，要不，就向別人租呀。」

「不，我不要租的，我要買新的。爸、媽早答應過我，他們只要我能好好地讀書、好好地學芭蕾舞、好好地學鋼琴，就肯給我買鋼琴。他們可不能騙人呀！」

「當然。當然不能騙你。」

「我已經有兩次沒有去學鋼琴了，別人一定比我彈得更好了。」

「那你爲什麼不去？」

「因爲媽說，爺爺在家裏沒有人陪，不許我去。哥哥已去補習了，因爲他明年要考高中。我還不要緊。但媽媽不知道我也很忙。」

朱紹千說：「那末，今天你媽回家後，讓爺爺代你去說情，好不好？芬芬就可以去彈鋼琴了。」

「還有跳芭蕾舞。」

「是的，芬芬是多才多藝的小女孩，既漂亮，又能幹。」

芬芬笑了。粉紅的小臉頰撒嬌地貼上爺爺的乾癟的老臉。朱紹千也笑了。他摟住小孫女的身子：新的一代，從小就忙碌著的、準備追趕太空船的一代。

「如果爺爺有錢，爺爺就給你買架鋼琴。」

「那末，金絲雀呢？」

「當然也要買，有錢的話，兩樣都買。」

芬芬幾乎要拍手歡呼起來，朱紹千及時阻住她。他說，這條長廊需要靜，芬芬不能破壞它；芬芬不能大叫、大笑，或者唱歌。於是芬芬說，她要跳舞。她走下椅子，雙手拉著寬寬的、薄如雲片的裙幅，在淒美的長廊上，迴旋、蹁躚，輕盈地掠過癌症忠者的憂鬱的眼前。她微笑著，像隻鳥兒；這會兒，她是多麼快樂呀。

當她舞回來時，經過治療室的門口，她略一佇立，從門口望進去，丁爺爺已經完成了例行治療，由護士扶著，從檯上下來。鐵灰色的綢衫，枯枝般的身體，覆一抹雪花似的白髮；這些，跟自己的爺爺太相像了。當他穿鞋時，她看到那是一雙黑色的布鞋，跟爺爺的又是一模一樣！在陰暗處，她簡直要把他當作自己的爺爺了。

芬芬回到長椅上。丁老出來時，朱紹千站起來招呼他：「丁老，來這裏坐；今天，你好早啊！」語氣又像是在應酬中碰面似的。兩個人高興地握握手，又拉著手走到椅旁坐下。兩人互望了一會。眼神中沒有恐懼，但也映不出對方嶙峋的身影。

「朱老，你近來怎樣了？」

「差不多。你吶？」朱紹千說。

「我也是老樣子。其實，不來也沒關係，只是家裏的人不放心；其實，他們心裏也是挺明白的，對不對？」

「可不是？——對啦，你每次都是一個人來，我還以爲你是隻身在臺哩；即然有親人，怎不叫他們陪你來啊？」

「唔，開頭他們是陪我來的。陪了幾次，我覺得太麻煩，而且，他們的確也沒有空，坐在長椅上，心神不定的，實在受罪。年輕人怎能像我們這樣，在醫院裏呆上半天？」

「爺爺，」芬芬喚。「我要一對金絲雀。」

「好，我一定給你買。」朱紹千說，然後又轉臉向著丁老。「丁老，你的見解完全正確。

他們太忙了，身子和腦子都一刻不停地在忙。」

「其實，我們都不想來。總是這麼一回事：來，也好不了什麼；不來，也同樣可以拖上一些時日。像我們這把年紀的人，不生這種病，也會生另一種病的，是不是？」

「可不是？別人活到九十、一百歲，我們可沒有這種福氣。」

「我們只能再活幾十天，最長也不過幾個月。」

「是呀。我實在一點也不怕死，但在這裏坐上老半天也好，在家裏呆著也好，都覺得無聊。趁這最後的一些日子，委實應該去各處走走。」

「是的，把毛病丟開一陣也好，只是沒有伴兒，一個人去，太乏味了。」

「我也這樣想，總不能一個人去遊山玩水的，但我又不願兒孫們陪我一同去。」

他們互望著；乾澀的臉上摺起了皺紋。芬芬又說：

「爺爺，你別忘了，我還要一架鋼琴呢！」

「好，好的。」朱紹千說。丁老仍然望著他。他說：「我們兩個人一起去遊玩，就有伴了。你覺得怎樣？」

「那好極了。我們多少總可以玩好些天。我們順便帶些要服用的藥物去。哈，明天，我們不來醫院，只要在公園門口匯合就好了。」

「不錯。早知這樣，前幾天，我們就該這麼做的。今天，我也不想電療了。」

兩個都站起來。長廊上的氣氛並沒有因他們的無視於死亡而顯得明麗。芬芬跟在朱紹千的背後，急急地問：「爺爺，你怎麼不照了？」

「因爲今天我覺得很好。」

「那末，明天你還要不要來？明天我要去學芭蕾舞，還要學鋼琴，我已經兩次沒有去了。」

「當然，你應該去學。我會跟你媽說的。」朱紹千拍拍孫女的背，安慰她：「芬芬，你聽著：從明天起，爺爺不要你陪了，你放心好了。」

「我要一對金絲雀！」芬芬又說。

「好的，我一定給你買。」

「還有一架鋼琴。」

「沒有問題，你等著吧。」

三個人走完這條白色的長廊，又邁出了那扇大玻璃門。外面的天地突然遼闊了許多。丁老回過頭來，向朱紹千笑了笑：

「明天上午九點，在公園門口見。別忘呵！」

「當然不會忘。我一定準時到那裏，因爲這是我們僅有的快樂時光！」

一九七〇年（民國五十九年）九月

陽台上的閒談

一 我的妹妹和她的丈夫

時間、場景和人物：晚春。暖和的四月的某一個上午。天氣，如人們所期望的那樣美好，兼有春天的柔媚與夏日的美麗。陽光和風都像水一樣，軟滑滑而又熱溫溫的。陽光和風洗濯著小鎮的長街、以及高高的街樹；那街樹的細厚的葉子都變成了金綠色，在高處輕語曼舞。那陽光和風也洗濯著那座街屋的陽台。那街屋是古典式的木造房子，位於長街的盡頭，矮矮的樓，小小的窗，卻附著那個突出的木造陽台。那陽台已經很黯、很舊了；當年，那淡黃木質的欄杆曾如象牙那樣的潤瑩，如今，卻已年輪畢露，一如老女人的乾瘦多筋的手臂。陽台上有兩張舊籐椅，空空地被陽光和風洗濯著，彷佛久在等人光顧了。

忽然，樓梯上響起腳步聲，有人走上樓來。跫音輕重、緩急都不同，稍一細聽，就分得出是屬於三個人的。一個重而慢，一下一下地，宛如在拍大皮球；一個輕而有規律，走幾步，停一停；而另一個，蹦蹦跳，顯然是小孩子的。

陽台上的那扇門開了。兩個中年女人和一個三、四歲大的小女孩走了出來。一個胖胖的四十幾歲的女人看來是小樓的主人，穿著一件家常的桃灰厚布洋裝，半長的袖子微微捲起。另一個乾瘦而挺直，像一根撥火棍子，穿一條齊膝的黑灰窄裙、一件豆沙色鑲花邊的長袖衫。如果從後面看去，最多不過二十七、八，就因爲背影太年輕了，所以一轉過臉來——嘿，快四十的老女人了。細緻的皺紋特別正經、特別嚴肅，而且悲天憫人。她混身散發著修女的氣息；不打自招：一個老處女。她身邊的那個小女孩，乖巧伶俐，手上拿著一隻玩具青蛙，而穿在身上的那件淡綠小洋裝，一望而知是由大人的衣服改的。那位尤老小姐，嘴唇纖薄，語音清靈，她面對著街，深深地呼吸了一下。她來這裡，是爲了閒談。

噯，小岫岫，噯，乖乖，你可不許亂走亂動呵！靠近大姨，好好兒地玩你的橡皮青蛙。大姨要在這裡坐一會，跟周媽媽談談。周大嫂，你別客氣，不要進去倒茶了，我也不是什麼生客，你還來這一套幹嗎？小岫岫也不要吃什麼糖果；多吃了，對牙齒不好。眞的，你別忙，你坐下來吧。你瞧，我已經坐下來了。春天裡，坐在這個陽台上，可眞舒服；尤其是像今天這樣的好天氣。今天早上，我就對自己說，我要過來看看你，散散心，舒鬆舒鬆筋骨——啊呀，不瞞你說，我老是累得腰酸背痛，實在是自找苦吃啊——所以我就來了。雖然這樣，我還是忙了一個早上、半個上午；這會兒，該十點了吧！我忙些什麼？我妹妹那一家呀，穿的、吃的，都要我來，都要我煩心；還有那岫岫小冤家，整天纏著我，叫我沒得空閒。有一天，我就跟我妹妹說：文燕，我要走了，這是你的家，你自己管，我在你家算什麼？文燕流下眼淚來：姊姊，你上哪裡去？除了這個家，你沒有別的家呀！我說：我以前在紗廠裡做了十幾年的工，難道現在我就不能回紗廠去？是你看準我沒處投奔了？文燕哭著說：你怎麼說起這種話來？你我本是一家人，你住在這裡，哪些事不稱心，說出來，好讓我們改正。是我在外面做事沒陪你？還是東流說了什麼話，得罪了你？還是小岫岫吵得不成話了？我說：是我不想管你的家了。從你六歲時起，我就照管你；照管了二十年了，還不夠？我想想很後悔，悔不該在你結婚後還一直獃著不走；我算是你們家的什麼人？文燕說：誰不知道你是我的姊姊、岫岫的大姨呀？姊姊，你最近累了，我早說過要請一個女傭來做半天的家事，我明天就托人去！

周大嫂，文燕就有這麼不懂事，不知生活的艱苦！我一提要走，她就要去找女傭來幫忙。我眞的光了火。我問她：你一個月賺多少錢？東流一個月又賺多少錢？是東流發了橫財了？你一開口，就想請個女傭來幫活，好大的口氣！我又問她，當年，我在紗廠裡做女工，一個月又賺得了多少錢？那時，倘若我沒能在紗廠裡找到工作，眼看著就要替人家洗衣服來養活我們兩個了。而今，一家四、五個人的衣服還想僱人來洗，說得過去？你僱人最好，好讓我走得更快，我看不慣你們那樣的花錢法！

文燕聽了我的話，嚇呆了，淚也不敢流，話也不敢說。天可憐見，我沒有心嚇唬她。我清楚她很膽小。小時候，在晚上，偎著我睡。祖屋的天花板上老鼠多，一聽見悉悉索索的聲音，她就把我抓得緊緊的。第二天早上醒來，還問我老鼠會不會跑下來咬她的鼻子——這樣一個女孩子！斯斯文文，清清秀秀，以前是這樣，現在也是這樣。看她那模樣，我怎忍心走掉？周大嫂，我這個人就是這麼一副軟心腸，看不得文燕難過、受屈。誰叫她是我的親妹妹呀？她眼淚汪汪的，我就想起了我們那苦命的、過早去世的爹娘。爹死得比娘早。娘死時，文燕六歲，我十六歲；文燕讀一年級，我剛初中畢業。好可憐呵，我現在想起來還心酸、鼻酸。娘死時，家裡除了破衣服、破傢俱之外，什麼値錢的東西都沒有。我們兩個只知道哭。文燕那時還是小不點兒一個，穿一件我穿不著的舊洋裝。娘生病前，她還賴在娘的身上撒嬌哩。我說過，那時，我眞的一點辦法也拿不出來，幾乎想給人家洗衣服，包上幾家，一個月賺幾百塊也好。人，總得吃飯啊，是不？不是這樣苦過來，怎麼知道賺錢不容易、積錢不容易？周大嫂，沒有錢時，就是幾塊錢也是一筆大數目！文燕就該記得這些；用一個錢也該想想看！可是，對於這點，她就一點也沒頭腦。我要不住在她家裡，也就落得耳目清淨，但我既然住在她家，也就不能袖手旁觀！東流又不是眞的發了橫財！

所以，說來說去，我還是推不掉。好在大家都是老朋友，我倒不妨把我一早上做了多少事說給你聽聽：煮稀飯，洗衣服，餵雞，替岫岫穿衣服，餵飯，洗碗筷，擦碗櫥。雖然，曾經有一個星期，文燕很早起來，在上班之前，洗好了一家人的衣服；她說替我分勞。可是，啊呀，你沒看到她洗的衣服是什麼樣子，領子等於沒洗，袖口照樣髒兮兮的，被單東一塊白、西一塊黑，肥皂倒多用了一塊半。她呀，只配洗洗小岫岫的衣服！我看了一星期，越看越不順眼，越想越覺得她在糟塌東西，終於一把將她手中的衣服奪過來。她說，她是在練，日子久了，準會洗得乾乾淨淨，潔白如新。但我就是不相信她會練出一個名堂來。她的衣服從來都是我替她洗的。還有她的丈夫徐東流，也在飯後鑽到廚房裡去洗碗筷；能洗乾淨，倒也罷了，只是洗過的碗筷，全是油膩膩、水淋淋的，誰敢用？我也把他轟出廚房去！他還說：大姊，你太愛清潔了，馬虎一點吧，好讓我辦公回來，再給家裡出一點力，否則，我不成了家裡的游民了？你瞧，自己不會做，還說我太愛乾爭。即使我眞的太愛乾淨吧，還不是爲了他的家？我就這樣回答他：你有本領，就不要往廚房裡鑽；你有本領，就不妨多賺一點錢回來，也好叫我的妹妹，辭掉那月薪一千二的小差使。於是，他就一聲不響地走開了。

文燕就說我的話太尖利，刺傷了他。但我原是個直爽人，想說什麼就說什麼；不然——我走。我就是看不慣徐東流那副不冷不熱的瘟相；有時，獃在家裡，老半天也說不上幾句話。別人說他是老實人，還說老實人就是好人；可是一個大男人，究竟不能老實得讓人揑扁搓圓，讓人騎在頭上，或者踩在腳下，對不對？我的這番話，給那些不知道內情的人聽了，怕還會說我過分了呢，然而事實如此。在那個機關裡，他幹了七、八年，只升了這麼一點點，現在，比他低的人都爬到他上面去了，還說是大學畢業的！天知道，他讀了大學就不管用！我直到現在還攪不明白，文燕以前是憑哪一點看上他的？瀟洒嗎？有才幹嗎？有財勢嗎？什麼都沒有。一個窮大學生，一個窮小職員，但她卻非他不嫁，連我竭力反對都沒用。周大嫂，我早跟你說過，文燕嫁給那個徐東流，我是的確傷透了心的。我當時對她說：文燕，你自己選擇，你到底要他還是要我？文燕說：姊姊，那是互不衝突的，你可以住到我的家裡去。我們多少年來都沒有一個完整的家了，我需要一個家，你住到我的家裡去吧。我回答她：你的意思，我知道，我只是說，你不會嫁給一個比徐東流強一點的男人嗎？你該明白我對你的期望有多大，我把我的一生的幸福都放到你的身上了。這十幾年來，我爲你做的事也儘夠了；這件事，你就不能依從我嗎？文燕說：姊姊，我知道你是多麼地愛我，但徐東流也是多麼地愛我。姊姊，他會像愛一個姊姊那樣地愛你。你住到我家裡去，定會快樂的；就把我的家當作你的家吧！我說：文燕，你長得很美，你應該嫁給一個有財有勢的男人，你何必急著結婚？你太把我倆的幸福當作兒戲了！

可是文燕怎麼也不聽。文燕委實在太天眞了。她被徐東流蠱住了。我不知道他對她說了一些什麼。說他以後會平步青雲？還是說他以後會腰纏百萬？只有我知道文燕這輩子是苦定了。以前，她穿舊衣服，我心裡難過，但我沒辦法；現在，她有機會穿新的，但她卻偏偏要放棄。我不懂，我眞的不懂。年輕女孩的心裡想的到底是什麼？當然，我自己也年輕過，但我二十歲時，文燕是十歲，我二十五歲時，文燕是十五歲，我除了工作之外，就是忙著她的事：忙她的飲食、起居和學業。文燕的身體一直不很好，現在還是瘦弱弱的。我以前總是耽心她會受涼，受了涼，她就會咳嗽或者發燒。她一生病，晚上我就得一次次醒來，睡不穩。這樣一來，白天我又怎能做事呢？所以，我年輕時，心裡只懷著一個希望：文燕，你快點長大吧！長得結結實實、漂漂亮亮的！我沒有別的念頭。別人替我介紹男朋友，我就說，再等兩年，再等兩年。我忙得根本忘了自己的年歲在逐漸增添。你瞧，我現在不是老得不成樣了？

好像從來不曾年輕過似的。這是因爲我二十歲時，文燕才十歲，而她二十歲時，我已三十歲。徐東流跟她約會時，她偷偷地瞞著我出去了。她不必像我那樣，要顧慮到家裡有個妹妹得照料。

現在，他們有了小岫岫，又要我來看顧，眞是從何說起？本來，我在他倆結婚時就說好的，我在他們家是客人，住上一年半載，就要走的，但小岫岫卻把我拖住了。你想，兩個人都上班，小岫岫交給誰管？那時，徐東流打算讓文燕辭掉出納員的工作算了，文燕也有這個意思，但我反對。那天晚上，在我們仔細研究過以後，我就對徐東流說：你一個月賺兩千五百塊，光是房租就是七百，一千八百夠不夠用？他說勉強夠用。我又問：萬一岫岫生病了呢？如果文燕不舒服了呢？或者，多來了幾張喜柬呢？那樣還夠不夠用？他就悶聲不響了。我說：你要文燕留在家裡管小孩，可以；你應該再等十年結婚，積個一、二十萬的。你呀，手頭沒有什麼積蓄，就窮追文燕，現在，好了，你把大家都坑了。他當然不作聲。本來，他一天還要抽半包香煙，那晚，被我一說，他就把幾支香煙丟到院子裡，說是不再抽煙。周大嫂，我說這些話也算不得過分呀。人吃五穀雜糧，哪有不生病的？這三、四年來，花在岫岫身上的醫藥費少說也有兩、三千塊。至於我自己的腰酸背痛，我還捨不得上醫院去看呢；有時候，吃隻當歸鴨補補，也就將就過去了。而文燕呢，天可憐見，她本是個美人胚子，辦公廳裡，哪一個女人比得上她？但現在，她們倒都打扮得花枝招展的，一件又一件的新裝可以亮相，而她卻難得做幾件新的；一句話，家無恒產，萬一用豁了邊，哪來的錢去墊補？每想起這些事，我總恨不得想把文燕再好好地教訓一番——好啊，現在後悔了吧？你後悔，我更後悔，難道我要爲你們當一輩子的傭人？

哎啊，眞是不說猶可，越說越氣。我那個妹夫簡直是個木頭人，文燕這樣地受盡委曲，他卻總是燈草打鼓——一聲不響的。回到家裡，不是把報紙往臉上一蓋，就是蹲在地上逗著蛐蛐玩，我實在看不下去，也就忍不住要借題發揮、發揮。他一聽我說話，就走到院子裡去看雞。這倒眞的叫我火了。我說：

徐東流，如果你嫌我囉嗦，我明天一早就走！你以爲我走不了？笑話！

文燕慌忙過來勸我：姊姊，我們怎會嫌你呢？你別多心吧。東流下班回來，想在院子裡散散心。

我回答她：我知道你不嫌我，是他在嫌我，難道我在這裡是吃白飯的；叫他心裡放明白些！

文燕說：姊姊，你怎麼說起這種話來？你是我們的大恩人，這個家全靠你撐著。快不要這樣想了。

我又說：我是你們的大恩人，那末，我說幾句話，他就不該拿這種臉色給我看。我祇一個人，說走就走，什麼也難不住我。不過，徐東流，你聽著，我倒有幾句話勸你：你做什麼事都是笨手笨腳的，在家裡既然插不上一手，就不妨在外面找個兼差，賺點外快來，也好貼補貼補家用！

這幾天，他倒眞的忙著在找事情了。聽說情況還不錯。他在這一帶有好些老師和同學，或許可以到中學裡兼些課。周大嫂，我總是想，人閒著閒著也就閒過去了，一個月能多賺千把塊回來，也很不錯。我是窮過來的，清楚沒有錢的苦——眞是比黃蓮還苦呵！周大嫂，你說對不？

二　謝天謝地，我的妹妹又漂亮起來了

時間、場景和人物：四個月後的某一天，盛夏的下午。小鎭的長街熱得昏昏沉沉的，街樹也憊乏地沉沉欲睡，而知了卻在它的懷裡叫開了，那樣不畏一切地基—基—基地叫著。一街的靜與一街的鬧並存不悖，涇渭分明。時間在炎陽中溶化過去。長街略爲清醒了些。街尾小樓的陽台上，早上沐過陽光，現在鬆著涼陰。那裡仍舊放著兩把舊籐椅。門開了，周大嫂、尤老小姐和小岫岫走了出來。大人手中各拿著一把紙扇，岫岫手中是一個金髮的洋娃娃。周大嫂穿著一件直腰身的、早已流行過的布袋裝。尤老小姐穿一條細格子的窄裙、一件白底藍圓點的敞領綢衫，頭髮在後腦攏起，露出她那細瘦的頸子以及前頸下面那突得高高的鎖骨。小岫岫穿一件嶄新的半透明的粉紅洋裝。兩個大人坐了下來，小岫岫就在她們的旁邊玩她的洋娃娃。

噯，噯，周大嫂，這天氣好熱呵，熱得人出不了門哪。我多久沒來了？已經幾個月了嗎？可不是，上次來的時候，我們還晒著太陽聊天。那一陣，常常是陰天或雨天，看到陽光多高

興，黃澄澄的，像莊稼漢看到谷子一樣。而今，陽光像猛火一般，誰敢親近它？我又要說，你這兒的陽台眞不錯，這會兒比哪兒都透風，我甚至還覺得有點兒過路風彎到這裡來哩。所以，現在的西式房子，都有陽台，這是不錯的。坐著聊天，或者晚上乘涼，或者擺幾隻盆景，都好。文燕租住的房子，是克難房子，只是有個小院罷了。一排三間正屋，竹片泥巴牆，凹凸不平的水泥地，看來寒酸得很；希望有一天，文燕能住在高樓大廈裡。我是一直這樣盼望著的，也相信她有這份福氣。

我這樣說，完全是爲文燕著想，沒有一點我個人的私心在內。文燕嫁給徐東流以後，簡直是從鳳凰變成了雞，白白的糟塌了文燕的傾城之貌。文燕有時說，姊姊，你怎麼老是提起我婚前有多美、多俏，現在我是爲人妻、爲人母了呀！這話可有點兒似是而非，我不贊成。她才廿六歲，還很年輕，即使已經爲人妻、母，還不是可以很美、很俏嗎？只是徐東流窩囊，沒有本事給她這個環境吧了。舉個簡單的例子：別人在早上吃牛奶、雞蛋、土司、白脫、水果；她呢，每天不是稀飯配醬瓜、花生米，就是稀飯配生豆腐、炸豆干。有時候，我劈一隻鹹蛋，她還讓給徐東流吃。當然，徐東流也不夠結實，但這可不是文燕和我的錯呀。有時候，我也不明白，有些男人健壯如牛，爲什麼徐東流就不是！如果他眞夠健壯的話，他也不會從腳踏車上摔下來了。

這件事情，我還沒有跟你談起過。對啦，它是在我那次來過之後的不久發生的。本來是件好好的事，但落在徐東流的身上卻走了樣。在我看來，他是一個不折不扣的草包。我想，文燕生個女孩子，像她自己，纔是生對了；如果文燕生個男孩子，可千萬不要像徐東流那樣。不過，現在，謝天謝地，文燕卻根本不想再生孩子，同時，她的工作也根本不允許她有孩子。她那個新工作，月薪五千塊，乖乖，比徐東流的要多上一倍！

徐東流那時的薪水是二千五，外加兼差一千二。說他兼差，還不如說他在爲別人補習來得簡單明瞭些。也不知道是誰替他介紹的，他替四個讀國中的學生補習英文、數學。他一星期教四個晚上。那些學生高興的是，不必到補習班去擠，只消在張家大飯廳裡舒舒服服地等就好了。徐東流呢，卻是下了班趕著吃飯，吃好飯，趕著騎車去張家。本來，那幾個學生當中，就沒有一個是真正想讀書的；要補習，還不是老子、娘的意思？老子、娘想兒成龍，想女成鳳，而兒女卻偏偏不想成龍、成鳳，怎麼辦？徐東流把這堆爛帳接過來，簡直是燥手捧濕豬頭，拿也不好，放也不好。我勸他：你不妨相機行事；如果他們不聽話，你就不妨鬆一點，管他們進步不進步，反正補習費總少不了。但他生就這個木頭腦子，硬是撥不轉，還說什麼不教便吧，要教就得認認真真。於是什麼個別教授法、什麼激將法、勸導法、鼓勵法、兩人互助小組法，等等，什麼都用上了。本來一個晚上說好是教兩個鐘頭的，但他竟自動延長到三小時。他以爲這樣別人就會領他的情，沒想到他一轉背，人家就在戳他的褲子啦。三小時花在教書上，一小時花在路上；六點多出去，要到十點多才得回家。那些日子連抱抱小岫岫的時間都沒有了。我看著又是滿肚子的不高興：一個人賣命可也不是這麼賣法的！假如是一萬兩千塊，那末，別說是十點多回來，即使是十二點，也還說得過去，但現在卻只一千兩百呀。而他呢，彷彿是想顚倒了；開始，他是爲了要錢才去做家教的，現在，他像是爲了要教書才去做家教的，以致雖然忙得不亦樂乎，卻也不吭一聲。可是，好啊，結果還不是忙出事情來啦。那天晚上，也不知道是天氣太悶了呢，還是晚飯沒吃飽呢，十點多，他騎車回來，騎到半路上，忽然兩眼發黑，天翻地覆，車子往路邊一倒，人就摔了下去；這邊是車子，那邊是林蔭樹，人在中間，成了夾肉麵包。我們等在家裡，先是乾著急，直到十二點左右，才有人來通知，說是已給送到醫院去了。你說糟不糟？

周大嫂，這件事算是意外，但仔細想來，不也是他自己找的？學生家長雖然去醫院看過他，送些鮮花、水果給他，但也就這麼一次，而且也沒送慰問金什麼的。而他的這個家教可就因此完蛋啦。再說，東流斷了一根肋骨，在醫院裡一躺就是半個月，錢倒用了不少，把兩個月家教的錢貼進去不算，還動用了以前的積蓄，眞所謂抓雞不到蝕把米。他出院回家，文燕看他瘦巴巴的，又是雞呀、鴨呀的給他進補。一個小職員的家，這樣花費，怎麼得了？馬上就亮紅燈了。而且小岫岫還要夾在中間湊熱鬧，腸炎啦、感冒啦，搞得一家六神不安！

你說在這種情況下，只有拿我的私房錢來爲他們解圍？話雖不錯，而且當時我也想過，但這筆錢是我養老用的，我怎敢動用？我苦了一輩子，總不能落得老年時吃不飽、穿不暖！文燕畢竟是我的妹妹，明白我的處境，也沒跟我商量，只暗暗地做了一次會頭，拿回來萬把塊錢，總算救了急。但不論怎麼說，這個方式，總要比求奶奶、喊爺爺的向人告貸的好。可是，以後還是要每個月拔出一千塊來付會錢，又談何容易？因此，我就勸文燕，留意一下報紙，換個工作做做。她在鎭上的小機構裡當出納，一個月一千二，而本來住在她隔壁的一位小姐，年前去了臺北，在一家民營公司裡當會計，一個月可是三千吶。憑文燕的能力、容貌，她是絕對輸不了別人的。而且，這裡離臺北，也不是太遠呀。文燕總算聽了我的話。事實上，她不聽我的話也不行；要不，她就無法爬出窮坑！

好啊，一個人的命運就是這麼起起伏伏的。文燕轉念之間，就送走了霉運，因爲她在第二天的報上就看到一家百貨公司正在徵求一個風度、儀表兼而有之的女會計，月薪也是三千塊。文燕說沒有把握，我可替她打氣：去應徵一次，也吃虧不了什麼；她得爲小岫岫著想啊。岫岫老是穿舊衣，多可憐。岫岫馬上得進幼稚園啦，她可不能在同學面前丟臉。岫岫可不能像她自己小時候那樣。反正去一次臺北，吃虧不了什麼啊。好啦，去就去，她說。於是，我又陪著文燕去買新裝，去做頭髮，去買皮鞋。你沒看見，呵，文燕打扮起來，說多美就有多美。要是她走在陌生的街道上，別人準會以爲她是什麼皇后、公主、或者明星。她竟一點不像二十六歲，還是二十歲的模樣：皮膚雪白粉嫩，雙眼烏黑閃亮；老天爺，我一直以爲她這幾年來已經老了不少，原來她還是一顆鑽石：埋在土裡時不見光彩，一旦土給沖掉了，她依然是光耀奪目。我當時驚得發楞，我說：文燕呀，你怎麼一點兒也沒老，而我卻老得這麼快？我以前是你的大姊，現在倒像是你的阿姨了。文燕說：姊姊，你也不顯得老啊，只是瘦了一點。周大嫂，我是眞的因爲太瘦才顯得老的？還是因爲我衣服的色調太深沉了才顯得老的？你看我到底像三十六歲？還是像四十歲？還是像四十幾歲？我也記不起來了，二十歲時，我究竟是什麼樣子?二十歲時,我有沒有文燕那麼年輕?我甚至連一張年輕時候的照片也沒有。那時候,怕花錢,同時,對這種小事情也毫不在乎,而現在,卻怕去拍照片了。我只有一張七、八歲時的照片,跟媽一起拍的,胖鼓鼓的一個小女孩,坐在老家天井的台階上。這張照片我現在也不敢拿出來看:不知道爲什麼,一看,我就想哭,恨不得回到那個時候去。因此,我就對文燕說:文燕,你現在仍舊年輕,那得謝謝老天爺!你姊姊好像從來不曾年輕過,現在當然更不年輕了。我仔細琢磨過,對一個女人來說,青春是人生當中最珍貴的,再加上美麗,那就成了無價之寶了。有了它,你就是富人,所以,以前也好,現在也好,我總是一再勸你,你要好好地保護它,千切不要像我那樣未老先衰,老得讓你看了也不舒服。文燕說:姊姊,你怎麼老說自己老了?我說:我怎麼不老?我二十歲時,你是十歲,你知道嗎?我總記得這件事:我二十歲時,你是十歲。

這些年來,是不是因爲自己老得快,我就格外珍惜起文燕來。我自己的青春既然爲文燕犧牲了,我就希望文燕的青春能夠長駐不去;換句話說,一個待遇優厚的工作,也就是拉住青春的方法。那一次,只不過花了六、七百塊錢,文燕就光光彩彩地去了一次臺北。傍晚回家,未進門就大叫大嚷的,說她已被錄取了,即日上班。果然不錯,她的美麗是無敵的。

嗨,你想不到的有趣事兒可還多著哩。想起文燕的好運來,我眞要格格發笑,而且更有信心認爲自己的眼光沒錯;因爲半個月後,經理要她去談話,非常客氣而懇切地跟她商量,希望她能擔任那家公司的基本時裝模特兒,月薪五千元;文燕一下子被嚇住了。隨後,經理又送給她好幾套流行的時裝，說是那種工作，有好多女孩想謀，卻謀不到哩。那倒是眞話。那種工作眞是太舒服了，太叫人眼紅了。且說，現在幾個叫得出名字來的時裝模特兒，不僅書比文燕讀得多，出身也比文燕好得多；無論從哪一方面來說，文燕都划得來。當然，文燕還是第二天才決定的，因爲她有一個習慣：有事總要回家跟我商量。我就說：啊呀，我的好妹妹，這種「肥缺」，你不跟我商量，一口答應下來，又有什麼關係？眞正是，別人打著燈籠都找不到的，你卻得來全不費工夫。你這下子可出頭了，以後，我們都要爲你感到驕傲哩。

但在這件事情上，我那個妹夫卻自始至終扮演著木頭人的角色，沒說一句話。換了你，看了他那副死相，也會火星直冒。你想，這是他妻子的一件大事，說怎麼，他也得喝一聲采、鼓一下掌，來表示高興；或者提議全家去看一場電影、吃一頓宵夜，來表示慶祝。然而，沒有。他只坐了一會，就說他要早些上床，因爲他還有點兒虛弱。

上床就上床，我們又不是少不了他一個人，而且，我也想透了，生他的氣實在太不值得。如果要生他的氣，那就得每天生，那樣，豈不要氣出病來。所以，我們理也不理，就管自說自己的。我叫文燕先把經理送她的一些時裝，逐件穿給我看。我的那個妹妹啊，眞正是什麼顏色、什麼料子的衣服穿在她的身上都沒有不好看的，而且，她一舉手、一投足，也無不恰到好處；無怪乎那位經理要選上她。

周大嫂，文燕就是這樣踏進了時裝模特兒的圈子的。她受了一星期的訓，回到家來，更是儀態萬千；我是燈下看美人，越看越中意。我暗暗稱讚，這一下，時裝界可又出現了一顆新的彗星了，而我，尤文淑，熬了二十幾年，把她扶養成人，也算不是白苦一場了。打她十二、三歲起，我就看出，文燕注定是個要過舒適而華貴的生活的女人，因爲古往今來，對於美女的報酬，無不如此；你想改變它吧，那簡直是作夢。譬如說，徐東流沒有能力供給文燕這舒適華貴的生活，而她也並不在乎，但冥冥之中，似乎有股力量在扭轉這種局面：徐東流忽然在路上昏倒了，文燕在走投無路下只好另找工作，而找到的那份工作卻又不偏不倚地在百貨公司裡。你說巧不巧？要是我信教，我就會說，這是上帝的安排：上帝要文燕過多彩多姿的生活，人怎麼抗拒得了？於是，文燕在過去的兩星期內，由公司安排，隨同幾位小姐，自北到南，作了四、五場的時裝表演。她得到的掌聲，遠超過她的一些同伴所得到的。還有一件事是要偷偷說的：有一個年輕人，他父親在高雄加工區裡開了一家皮鞋工廠，特地從高雄追著她到臺北來，昨天到百貨公司裡去看她，一出手就送她一串珠鍊，聽說她有一個姊姊，馬上又買了一隻嵌寶石胸針托她帶給我。公司方面本來就沒透露出她是已婚的，所以叫她好爲難。我對文燕說，你千切別露出口風來，這是你的機會：你在五年前就該碰上他的。一句話，他跟你有緣。徐東流算什麼，直到現在，我還是搞不清楚他是否眞心愛你呢？文燕嘆息了一聲，沒說什麼。只是有一點，我很放心：文燕現在已經愛上這種生活了，她是不可能再回到窮困裡去了。

以後怎樣，周大嫂，我現在也沒法告訴你；只是，或許，不久以後，我們不會再住在這個鎭上的那座克難房子裡了，但我仍會來看你，因爲我們畢竟是老朋友呵！

三 我的妹夫表演了一次絕技

時間、場景和人物：老覺得夏天去得很慢，現在，不僅是夏日完、秋日逝，且是縮瑟的仲冬了，但在有陽光的日子，寶島的冬日仍是溫暖如春。午後，小鎮的街道一如往昔，平和中有它自己的活動。街樹矜持著它們的青翠，但小樓的陽台卻更蒼老了，兩把籐椅坦蕩蕩地閒在那裡。隨即，門開了，周大嫂、尤老小姐、小岫岫走到陽台上來。周大嫂穿著灰毛衣、黑長褲。尤老小姐穿著暗綠旗袍以及一件鑲珠邊的黑呢短外套，挽一隻黑皮包。她的臉色灰敗，彷彿剛生過病，顯得更乾、更癟了。小岫岫穿著橘黃毛線衫褲，手中是一包糖果。她不需要吩咐，就在陽台的一角獨自玩起來。兩個大人在籐椅上落了座。

周大嫂，你沒想到吧，今天我又突然上這兒來了。想起那次你送我們的行，我總以為我們起碼會有半年不能見面。那天，我雖然流過眼淚，但我還是高高興興地離開的。今天，我面帶笑容，重來這裡，但心中卻是淚水直流。我們是九月中搬到市區去的，現在是十二月初旬，前後不過兩個多月。說不定有一天，我們又會搬回到這個鎮上來。這是文燕前幾天說的。直到現在，我才清楚：我還沒有完全了解文燕，我只知道一件事：我是她的姊姊，她十歲時，我二十歲；她二十歲時，我三十歲。這是最最確鑿不移的，其餘都不可靠，都能改變。昨天晚上，我對文燕說：這次，我要走了，這個家，我再也不能住下去了。我究竟是外人；住下去，徒然惹你們生厭，何苦來？文燕說：姊姊，你快不要說這種話了。你安安心心地住下來吧。如果你以後不再想改變這個家、或者我、或者東流，那你就會快樂起來的。昨天夜裡，我哭了；我不知道我爲什麼哭得這麼傷心？

不錯，文燕仍在那個百貨公司裡工作。到現在爲止，她已工作了四個月。公司裡最近又在舉辦時裝表演，但她卻退了出來。她說她不願意幹這一行，寧可當她的會計員。她自己甘心斷送前程、捏碎我的希望，那我又有什麼辦法？她愚蠢得、倔強得叫人受不了。當時，我打了她一個耳光。我怪她不跟我商量。她哭也不哭，只說：姊姊，我惹你生氣，你就多打我幾下吧，但這個決定，我卻不能改。

周大嫂，事情會弄到這個地步，怎不叫我心碎？倘如文燕聽了我的話，早就做了闊少奶奶。我們搬到臺北市以後，才知道追求她的男人有好幾個，今天接到那個送的禮物，明天又收到另一個送的禮物。有兩個經常到家裡來坐，縱使知道文燕是個有夫之婦，也不在意。那個徐東流，縮縮瑟瑟地躲在角落裡，也不哼一口氣。有一個男人曾經對文燕說，他願拿出十萬、二十萬給徐東流，叫文燕跟東流一刀兩斷，但文燕不肯。她說慢慢來，如果他不愛她，他會自動提出的，因爲她知道，錢壓不倒徐東流。

因此，大家都只有等待。每天晚上，我們家裡總很熱鬧。他們來了，就叫宵夜，邊吃邊談。徐東流靜靜地坐在角落裡，不說一句話。他不說好，也不說壞；他對文燕既不責備，也不懇求。他只是靜靜地、靜靜地坐著。我討厭他這副陰沉相。幹不出大事來的小人嘛。於是，一星期前的那個晚上，他竟悄悄地起來，溜進浴室裡，扭開了瓦斯熱水器。他想自殺！——

老天，饒恕他吧！——而湊巧的是，半夜三更，我要解手去，抓住門軸，左轉右轉的，就是打不開浴室的門。文燕倒被我吵醒了，問我：姊姊，你哪裡不舒服了？我說沒有不舒服，只是打不開浴室的門。文燕說：東流不在床上，或許正在浴室裡。我回說：不可能，我剛才起來的時候，浴室是黑洞洞的，他要是在裡面，就不可能不開燈。於是，突地，文燕赤著腳，跑了出來，邊用拳頭敲著浴室的門，邊喊著東流的名字。可是，裡面沒有一點兒聲音。文燕用凳子打破了門上的花玻璃，爬了進去——老天，徐東流穿著整整齊齊的，正躺在乾乾的浴缸裡——當然，他沒有死，他給救活了！

我的那個膽小如鼠的妹妹，居然被這件事情嚇昏了。她哭了又哭，說她對不起東流！那簡直是夢話；她有什麼對不起他的？我跟她說，徐東流竟然用死來威脅，可見他已經狠毒、鄙劣到了極點，跟流氓、強盜的行徑差不離，但文燕卻認定他是用死來表明自己的愛心。她說她再也不會找到第二個像他這樣愛她的人！這眞是從何說起！我整個晚上都在勸她，勸她應該仔仔細細地、前前後後地、爲她自己、爲小岫岫、爲她以後的孩子想一想；她可不要一時衝動啊。可是，我所有的話都是白費，我所有的好意都像扔在水裡。文燕只是搖著頭，然後說：

姊姊，請你別想改變這個家或者我吧。請你把以前的許多事情忘掉吧；只要你安安靜靜地住下來，我們全會很快樂的。

周大嫂，事情就是這樣——悲慘得無法挽回。文燕滿有自信地認爲我依了她的話，我就會高興起來。那是她想錯了。我將永遠傷心下去，因爲我無法忍受她過這樣平淡的一生，同時，我也無法忘掉——她十歲時，我二十歲，而她二十歲時，我已三十歲了。

一九七二年（民國六十一年）七月

兩件差事

居嘉木在那片廣場上站下來。

他的左手緊抓住褲袋裡的那塊給摺得方方正正的手帕。他渴想把它取出來，拭他那汗濕的前額，但他的手卻始終不肯動。上午的陽光清晰地勾勒出他那略微高聳的剛勁的顴骨以及有些凹陷的眼眶。於是，他看見一具擔架從走廊的陰影中被抬了出來，向一輛車子走去。覆在擔架上面的白色床單，就像一片雪光，扎痛了他的雙眼。

居嘉木疾走幾步，拉往擔架的一邊，問：

「是歐南強嗎？」

「是的。」

居嘉木垂下了頭。他很想看看白色床單下的歐南強的臉，但他卻只說：

「歐南強，願你安息！」

居嘉木的那隻攀著擔架的手猝然被他背後伸過來的另一隻手甩開去。他回過頭去，瞥見歐南強的妻子正以充血的目光瞪視他：

「居法官，我們不需要你的憐憫！」

「我不是憐憫。」

「我們不需要你感情上的施捨！」

「歐太太……那也不是施捨。」

「我接到獄方通知……我第一個想到的就是你，但你竟然也來了；我不明白，你這個執法者！」

「我只想表示一下我的哀悼。」

「把你的哀悼收回去！」悲憤交集的歐太太說，一邊跟著擔架進入車內，然後，她又伸出頭來，對著他的臉吐擲她的話語：「殯儀館還比你有人情味！」

空氣中震悸著車門的冷厲的碰擊聲。車子馳行在三月的陽光、三月的風中。居嘉木這時才拿出手帕來，仔細地揩著前額和鼻子，彷彿他確實被啐得一臉都是唾沫。

那個魁岸的典獄長走過來，把一隻手按在他的肩上。

「嘉木兄，你眞是位富於同情心的法官。」

居嘉木楞了一下，第一個反應認爲對方是在揶揄他，但馬上發覺自己的過敏，訕訕地笑了：

「沒有想到，對不對？歐南強，他才四十歲，竟然會因突發的心臟病死在牢裡。」

「當然沒有想到。他平日從不去醫療室看病。其實，這件事，我們已經盡了力。」

「當然，當然。多謝你今天早上打電話通知我。我聽到這個消息時，眞有點兒不相信。」

「我聽得出來。我想，你是寧可別的受刑人死而不願他死的。」

居嘉木感到這句話很難回答。誰跟他有怨有仇？當然，如果死的不是歐南強的話，那他此刻就不會來這裡。「我覺得他不是一個應該死在牢裡的人。」他閉著眼嘆息：「唉，事不由人！」

典獄長笑著說：「嘉木兄，作爲典獄長的我，因爲經常跟受刑人接觸，跟他們建立起感情，這原是很自然的事，可是你，既然判了他的刑，卻又慢慢地對他產生了感情；像這種情形，倒眞是很少見到的。」

「是嘛，這或許是因爲一個犯小錯的受刑人跟我們自己並沒有什麼兩樣吧！」

典獄長這次倒眞有點調侃他了：

「嘉木兄，你不想來這裡傳教吧。呵，我們不能老是站在這裡，進去喝一杯茶，怎樣？」

居嘉木婉拒了典獄長的邀請，告辭出來。在扳著臉的高牆之外的土地上，他看到一大片色彩絢麗、笑容可掬的花兒正迎向陽光，迎向藍天。那是一部份的受刑人在懺悔之下所編織出來的夢；而那些夢都在未凋萎之前就被出售了。那是他們的幸運，他們沒有看到它被扔在垃圾桶裡的那股蒼涼。

「呵，那些花兒眞美！」居嘉木跟那個在花圃邊上工作的男性受刑人說。

「先生，你要買花？今天一大早，我們就把一大批鮮花送到花店去了。」

「噢，我會到花店裡去買的。」居嘉木朝他點點頭，然後趁上一輛計程車。

春天裡，白色的大理花給紮成一環淒幽，它是豐美花季裡的一圈碎心的蒼白。居嘉木凝視著它，或許，它本來就是歐南強編織的夢，現在，他竟又用它來祭歐南強。平日，他絕少買花；獨身的男子不需要用它來裝飾。今天是歐南強去世的第三天——開弔的日子。也許，在別人看來，那是一種不光榮的死，所以在殯儀館裡，在他的靈前，花圈也是寥落可數的。

居嘉木把白色的花圈獻上去，把歐南強自己的夢獻上去。歐南強望著他。三十歲的年輕歐南強，不，他已四十歲了；那一定是十年前的歐南強。去年，他審理他的案子時，他看來要蒼老得多。

……

歐南強，你家裡有些什麼人？

妻子和一個女兒。

你爲什麼要收買贓物？

我不知道它們是贓物。

你爲什麼要買這隻鑽戒和這枚翡翠別針？

我要送給我的太太。十幾年來，她從來不曾向我要求過什麼。

你知道這兩件首飾值多少錢？

我不知道，大概很貴。

他要多少錢？

兩千元，我買了。

你知道它們不祇值兩千元，你明知它們來路不正！你貪便宜。你收買贓物，助長盜風！

我不知道！我不知道！

白蠟燭滴著熱淚，靈旁跪著歐南強的憔悴的妻子和年輕的女兒。她們紅腫的眼睛盯著他，憤恚把悲哀燒得閃亮、閃亮。他知道，他是一個最不受她們歡迎的弔客。

然而，我卻是一個最誠懇的弔客。

歐南強，我沒有想到……請原諒我。

他的褲袋裡揣著那塊給摺得方方正正的手帕，但他不會流淚。他也是四十歲，已經做了十年的法官：做法官的人很少流淚——不會流淚。會流淚的不像法官。

今天上午他沒有要審理的案子，他一直留在那裡。弔喪的人走了。穿著白色喪服的歐太太倒在墊子上，虛弱得站不起身來。居嘉木走過去扶她。她淚流滿面地譴責他：

「南強已經死了，你還要什麼——你還要什麼？」

「我來表示一下我的哀悼。他是不該死的。」

「你殺了他！」

「別激動，聽我說。」

「我不要聽，」她岔斷了他。「我求過你，一次又一次地。我跟你說過，他是老實人；

他只是爲了愛我，才糊糊塗塗地買下了那兩件首飾，但你不相信。」

「以後，如果我私人方面有什麼可以效勞的地方，我一定盡心幫忙。」

「我不會領你的情！」歐太太閉著眼睛說。她的臉像一張白色塑膠紙，如此纖薄，卻又如此堅韌。

居嘉木從由白色花圈、白色幔布、白色燭淚所融成的氣氛中退身出來，眼前只交疊著兩張臉：歐南強的和歐太太的。審判過多少件案子了，也曾毫無憐惜地判過殺人犯的死刑，內心卻了無愧疚，而對於歐南強……

居嘉木無可奈何地搖搖頭。現在，他相信歐南強是老實人，可是，在審判這案件的當時，他卻認爲歐南強是個貪婪、刁鑽的小人。那件案子去年曾經轟動過一時：一個犯案纍纍的歹徒，懷著一把刀，在暗巷裡搶走了一個中年婦人的首飾和錢袋，而且還在那婦人的臂上刺了一刀。後來，這件案子總算破了，但被捕的搶劫犯卻已把錢花光，把首飾賣了，而收買首飾的就是歐南強。

開過第一庭的那時晚上，他正在書房裡探究案情、翻閱判例時，有人打電話來，一開頭，聲音裡就帶著淚珠的閃爍：

你是居法官嗎？

是的。你是哪一位？

我們住在你家不遠。我求求你，求求你。我先生是個老實人，是個好人。

你到底是誰？

歐南強的妻子。我本來以爲這件事情無關緊要。他是這麼忠厚，只是買了兩件別人上門來兜售的便宜貨，但起訴書上竟說得這麼嚴重……

你請了律師沒有？

已經請了一個。我不放心。居法官，我求求你，你一定要相信他是好人，你以後也會知道他是……

囉嗦——他把電話掛斷了。

那電話使他很光大。那個嫌犯的妻子竟敢直接向他求情，或許她是想向他行賄！光憑這一點，就可以斷定那個歐南強一定不是什麼好東西。

第二次開庭時，他重新端詳歐南強：黑黝黝的胖臉、粗粗的眉毛、亮亮的眼睛、薄薄的嘴唇，分明是個表面老實、內藏奸詐的人。

當天晚上，歐南強的妻子竟親自上門來找他：要求他相信歐南強是無意犯下小錯。他不相信，而且，他還認爲：她雖然沒帶任何禮物，但也已經越了規。

這件案子終於審結了：那個搶劫犯固然被判重刑，而歐南強也被判得略微重了些（八個月的有期徒刑，扣押的贓物按律發還給被害人）。他覺得非這樣不足以懲罰那些企圖掩備自己罪行的刁滑之徒。

以後，那女人再沒有打電話來，而他照理也該很容易地就把歐南強和他的妻子攆出腦海之外，像醫師把一個業已死亡的病人從心中移開去那樣。然而，正因爲兩家住得很近，他竟一次又一次地在路上碰見她。她雖避著他，不跟他打招面，但他卻看得清清楚楚：她穿著素淡，臉容憂戚。她總倉促地行走，頎長的身影像個驚嘆號，而投影到他的心中，卻又變成了問號。

他走近水果攤去買木瓜，有意無意地向攤主探問：「那位太太在做事吧？怎麼這樣來去匆匆的？」

「可不是嘛，她才開始做事哪。她先生在一個月前被關到牢裡去了。」

「唷，這樣說來，她先生一定……一定不是什麼好人。」

「那也很難說。照我看來，歐先生做人倒是挺好的。他們在那條巷子裡住了六、七年，歐先生也在我的攤子上買了六、七年的水果，從不欠賬，也不還價，也不嫌這嫌那。他總是和和氣氣的，人家怎麼說，他也從來不疑心，他太把別人當好人了，錯就錯在這裡。」

怎麼能貿貿然相信一個小販的話？於是，隔上幾天，他又順便到一家附近的糖果店裡打聽一下：

「老闆娘，據說那位歐太太的先生給關到牢裏去了？」

「我也聽說是這樣。唉，是運氣不好嘛，他實在是個好人呢！跟太太恩恩愛愛的，每天晚上，他們都要上我店裏來買半條或一條麵包。有時，我順手塞幾粒糖果給他嚐嚐，他也不肯白白收下來。」

於是，他又換一家雜貨店，又換一家……

那末，是他的判斷錯了？歐南強確是一個老實人……他的不幸是：第一次碰到了那個說謊的搶劫犯，第二次碰到了一個有成見的法官……

歐南強，你爲什麼不上訴？那可不是還價不還價的事；歐南強，現在你又突然地死亡，讓我一生也彌補不了對你的愧疚！

居嘉木有好幾天感到沮索而憂悒，也有好幾夜枕著悚惶與慚恧。電話鈴老在夢中響起：居法官，我求求你……他是好人！醒來後，他只在黑暗中瞧見一圈柔白的大理花熠著它的哀愁。一個凋萎了的夢。

同樣，居嘉木注意到歐太太的臉也像一朵枯萎了的白色大理花，當他在街上遇到她的時候。

他幾乎每星期都要在路上碰到她兩、三次。次數的頻繁幾乎使他疑心她已搬了家，來做他的近鄰了。他眞不願看到她的憔悴與落寞，彷彿那張臉孔就是一塊招牌，標示著他的過錯。她以前一定是個快樂的女人吧，在夜晚的幽涼中讓歐南強陪著她一同去買麵包。一個易於滿足的女人，滿足於溫飽的生活，滿足於歐南強的愛情；於是，在一個偶然的機會中，歐南強想爲他的愛情綴上鑽石翡翠。

能怪歐南強嗎？一個並不富有的忠實的丈夫……

他還是經常碰見歐太太。夏天來了，她換上一襲乳白色的洋裝，看他走近去，便把那頂藍色的綢傘壓得很低很低。她還在恨他？那眞是一種極不愉快的念頭。他現在願意做她的一個朋友，幫助她，照顧她，來贖前愆！

那個星期天，他看見歐太太買了好多東西，滿滿的菜藍，外加奶粉、木條和尼龍紗，還有陽傘和皮包，兩隻手根本不夠用。居嘉木壯起膽，走過去，說：

「歐太太，我可以幫你一點兒忙嗎？」

歐太太毫不驚慌，只淡淡地說：「我女兒文瑤馬上就會來接我的。」

他知道那是拒絕，但既然開始了，他就不想馬上退卻。他順著她的意思說：

「那也好，你家裏有電話，讓我到附近的公共電話亭，打個電話給她，怎樣？」

她看了他一眼，隱藏著的怒意像藏在草葉下的蟋蟀，蠢然欲躍。

「呵，電話，我懊悔我家裏裝了電話，叫我深夜向你求救；」她猝然停下來，隨即語氣就變得緩和了：「我女兒上午去同學家了，你能幫我拿些也好，省得我趁計程車。」

路很近，他們走不上六、七分鐘，就到了她家的門口。除了幫她拿東西之外，他還得說幾句話：這陣子一直彆在他心裏的幾句話。

「歐太太，讓我再說一遍，我對歐南強的歉疚和哀痛都不是假的。最近，我甚至認爲假如我是他，我一定也會幹出這種傻事來的。」

「你不以爲現在說這種話已經晚了？我想，當時，你是恨不得把他當作搶劫犯的同夥人！」

歐太太把門打開來，回身望著他。此刻，她的臉像塊玻璃：又冷又硬。

「我自信是個廉正的法官，如果當初你不來說情，或許這件事情就不會是這樣。我又是一個未婚的男人，對愛情也沒有深刻的瞭解。」

歐太太的玻璃般的臉霍地碎裂了，雙頰顫抖了一會，細細的淚波直漾到眼角的下面；眼皮一垂，兩顆淚珠將滴未滴。

「你是說，那是我的錯？怎麼現在繞了一個大圈圈，竟然是我害了他？」

「我不是這個意思。我是說，站在我的立場，我有時也免不了有些成見；人究竟是人嘛，我爲此難過。歐太太，希望你不要把我當作仇人。」

「把你當作一個朋友？那不是太不可思議了？南強在地下會怎麼想？」

「我相信他是不會把我當作仇人看待的。」

歐太太嘆息了一下。這句話使她好心酸。歐南強忠厚得從不想去怨恨任何人。即使他死在獄中，但他在她的心中卻仍是完美無瑕的。這句話也使她相信：居嘉木眞正認識了歐南強。這點是很重要的：歐南強是個好人。

「我可以進去嗎，歐太太？」

歐太太點點頭。居嘉木替她把東西拿到屋子裏，然後佇足在客廳中。那裏，最引人注目的是那張十二吋的放大照——三十歲的年輕的歐南強。

「拍那張照片時，他以爲自己還可以再活上五十年。」歐太太站在居嘉木的身後解釋。

「人在年輕時，從不會想到自己會老去、死去。」

「那是因爲他活得快樂、幸福。」居嘉木走近去，細看他稚戇的笑容。「我就不希望自己活得這麼久，我沒有理由要自己活得這麼久。」

「那天是我的生日。」歐太太繼續說。「他送給我一隻鑽戒和一枚翡翠別針。我的每個生日，他總要送我一件價值一、兩百塊錢的小禮物；在我已經感到很滿足了。我並不冀求什麼昂貴的東西，那不是我們這種家庭所該想望的。我也不是這樣的女人。但他愛我，那天，我三十八歲生日，他送了我這兩件禮物，是他用他的考績奬金買來的。」

「我現在相信許多男人都禁不住要這樣做，而且，他爲人又太忠厚，過分相信別人所說的話。」

「他太愛我！」歐太太糾正他。「是我害了他！現在，我恨我自己！」歐太太扯拉著自己的手絹，彷彿那是她的頭髮、她的衣服。手絹嘶的一聲被扯裂了，她狠狠地把它丟在地上。

他感到好抱歉。他想來幫助她、安慰她，結果卻反而戳痛了她。他希望自己不是法官，這樣，那些事情就不會落到他的頭上來。

居嘉木說：「我看你今天買來了木條和尼龍紗，大概是要換紗窗，要不要我順路替你叫一個木工來？」

「不要，我自己會釘。下午，文瑤回來，會幫我的忙的。我們如今不得不學些本來是男人們做的事。前幾天，我們釘了一個書架。」她又像驕傲又似悽楚地笑了。「而且，還鬆了漆。」

居嘉木感到越發侷促不安起來；他這個大男人似乎還不及她會做事呢。

「我知道你有一個聰明能幹的女兒，我見到過她。」

「她確是個活潑的女孩。」

「希望以後她有興趣去我家玩！」

他轉身離開那屋子。歐太太也沒有送他一步。走到院門口時，他回過頭去瞥她一眼。她已側身坐在窗邊，臉偎著窗框，一種永恆的等待的姿勢。在歐南強被囚在獄中的時日裏，她就這樣送走每一個夜晚嗎？那時，她計算著日子，然後，時間就駐留不前了。

居嘉木回到家裏，在客廳中坐下來，悒悒地望著正面粉牆上的一片空曠。歐家的客廳不也是這樣大小，也有一堵粉牆。只是那堵粉牆上多了一張歐南強的放大照！

他望久了，竟然看到自家客廳的粉牆上也同樣有張歐南強的照片——三十歲的年輕的歐南強。

他一直凝視著那堵牆，然後感到很疲倦，幾乎昏然睡去了。

星期六，他去書店裏訂購了一套青年科學叢書。無論如何，他是應該送些禮物給失去父親的歐文瑤的。

客廳裏的話機嗚油油的，他把手輕輕地按在它上面，宛如按在一座烏木雕成的飾物上。

他猶豫了一會，隨即撥通了電話。

「歐太太，我是居嘉木。」

「我不知道你還有什麼事情要跟我說的？」對方顯然有點兒不耐煩。

居嘉木平靜地說：「歐文瑤在不在？我剛爲她買了一套青年科學叢書，明天就可以送到你府上。我希望它對文瑤有點兒用處。她是一個可愛的女孩。」

「居法官，你實在不必這樣。」

「我自己沒有女兒，我很喜歡她。」

「居法官，說實話，我已經不再怪你了。我知道你是好人，正如你知道歐南強是好人一樣。眞的，我已經不再怪你。」

居嘉木揑著話筒的右手嗦嗦地抖了起來。他所盼望的不就是這一句話？「歐太太……歐太太……噢，我不知道該怎麼說，謝謝你！」話筒從他的手中滑落下來。

這就是結束嗎？以前他確是這樣打算的。他用幫助去換取原諒，而取得了原諒以後，幫助也就自然終止了。

但這樣做，與其說是幫助，倒毋寧說是「收買」。他絕不能用這種手段去對付。那是說，他得繼續幫助。那是錯誤所付的一種代價，但也未始不是一種收穫。他不是很孤寂？要是他有一個像歐文瑤那樣的女兒，他就會感到很快樂。可能有一次，這個女孩，會到這個屋子裏來。對他說：居叔叔，你這麼關切我，你好像是我的父親。

他這樣想著，快樂彷彿就漸漸地地湧過來了，細碎的、溫馨的，卻又是不易掌握的，宛如他是坐在夏日的小溪邊，一隻手浸在那緩緩流動的溪水中，而另一隻手卻在甫捉花衫上的躍騰不已的光點。不必眞的要去攫住什麼，那情景就夠叫人陶醉了。他抬起頭來，驟然驚覺這座屋子太靜寂、太暗沉、太刻板了，如同一個水泥的蓄水池，雖然實用，但卻十分空洞。除了那些冷著臉孔的法典、判例而外，連一串音符、一束花朵都闕如。

至少，他可以在客廳裏插上一束花吧，連同一些翠碧的葉子，讓燠熱的客廳呈露一股清新的舒暢愉悅之氣。

於是，幾天後，他走到花店裏去。各色各樣的花排列在那裏，一層復一層，像花卉砌成的踏級，把水槽都遮沒了。居嘉木想起監獄高牆外面的那片絢爛花圃；呵，一個個美好的夢。

他選了幾片水芭蕉葉、幾朵大輪的金黃百日草和一小叢白色薔薇，合在一起，比了比，色彩不俗。正待轉身離去，他瞧見一個撐著淡藍綢傘的女人走近來。他馬上認出是歐太太。她收起傘，看到他，就先喚了一聲：

「居先生！」

他很高興她喚他居先生而不是居法官，那麼，她是有意要把他的身份忘掉了：那個使她切齒的身份。

「你也來買花？」他問。

「是的，我隔幾天總要來買一束花。」

不必問下去。她是爲歐南強而買的。現在且把歐南的事撇下不談，他只說：

「屋子裏有一瓶鮮花，要比什麼都好。」

她點點頭，便開始去選花。爲什麼要等她？說不出來，只覺得應該等她。她買了五、六支亭亭的晚香玉。

「居先生，你送文瑤的那套叢書，我們在幾天之前就收到了，文瑤很喜歡，本來想打個電話向你道謝，但仔細想了想，終於沒有打，因爲怕打擾你。」

「其實，我也不是每天都很忙的。」居嘉木說，但他馬上從她略微低垂的眼皮上猜測到她當時之所以不打電話給他，並不是有鑒於他的忙碌，而是由於她以前深夜爲她丈夫求情的那份宿創。

「這幾天，你承辦了一些什麼……嗯，我們不談這種事。這幾天，我和文瑤兩個已把紗窗全部換過了，從外面望進去，綠閃閃的，給屋子增添了不少光彩。」

「喃，我也在改善屋子的氣氛，使它能夠活潑一點。譬如，在成架的書之外，也打算有點兒花，有點兒音樂；我生活得太刻板了！」

「那是因爲你的職業……你年輕時，或許——」

「其實，我年輕時，倒是很外向的，很喜歡打球、蹓冰、游泳、跳舞……這一類，後來，忽然把什麼都放棄了，認爲這些跟我的職業……呵，彷彿很可笑，對不對？」

他們邊談邊走。自從歐太太的敵意消失之後，她的語音就變得十分輕柔軟和了。一個很有教養的女人。

「文遙在不在家？」

「在家。她知道我很冷清，不是同學邀她，她總留在家裏陪我。」

哦，當然，他這才記起來，現在是八月中旬，正是孩子們的假期哩。

「要不要到我家裏去坐一會？」她又小心翼翼地探問他。「或許你可以給文瑤一點指導。她馬上是高二了，竟然還沒決定要讀哪一組？我不想勉強她，但也無法幫助她。有時，眞有點焦急；我只有這麼一個女兒，不希望她走錯一步。

他謹愼地回答她：「我去，會不會打擾你？」

「呵，不，你說過，我們現在已經是朋友了。」

居嘉木再度被她的寬厚的語音所感動。事實上，他回家去，也沒有什麼事。她的女兒，那個女孩，或許正如他所幻想的，可以跟他建立起叔姪般的感情。他輕輕地說：「是的，我這樣說過。」

他雖然曾一再地在歐太太的面前談起她的女兒，但他卻只碰到過她一次。那次，她穿著孝服，跪在靈前，兩眼紅腫，一個可憐的「小」女孩，可是今天，他卻非把這一印象推翻不可。她站在門口迎接他，竟然長得跟父親一樣頎長，而且比她母親健壯。一個充分吸收了父母的愛的養分的獨生女。嘴角邊兩顆小小的酒渦似隱若現，烏亮的兩眼也總是閃爍地期待著更多的鍾愛與關切。

「居叔叔，你眞好！」歐文瑤一開頭就親熱地說。「你瞧，那套叢書，我把它們放在新做的書架上。好漂亮哦！」

幾句話就把彼此間的陌生、隔膜一下子剝去了。他不相信自己竟也變得風趣起來：「文瑤，你曉不曉得，我是因爲知道你有了新書架，才買新書送你的。」

「那末，以後，我們一定還要做兩隻才對。」

「你有興趣做，我當然也有興趣買啊！哈哈，買書還不簡單嗎？」

歐太太看他們兩個談得很投機，所以在插好花、安置好茶和水果以後，就溜到廚房去忙她自己的事情了。文瑤坐在居嘉木的對面，不時站起身來，走過去摸摸窗子、拉拉桌布、喝一口茶、吃一片水果。她精力充沛，像隻小鹿，想跑想跳：父親的去世沒有在她的身上留下太深的創痛。

「夏天是個露營的好季節，我每年總要外出半個月。」文瑤說。

「今年呢？」

「沒有，怕媽在家太寂寞。你看，我們家好久沒有客人上門來了。」

「哦，你是個乖孩子。」

隨後，他向她探問她的愛好和功課，小心而細密，像老師，又像醫生。他發覺她是一個具有多方面興趣的女孩。在戶外活動上，她喜歡游泳、打球、寫生、騎車。在課業上，文史、生物、理化，她全喜歡，但都成績平平，並不突出。

「以後你打算做個什麼樣的人？」

「誰知道？或許做個美術教員，或者做個護士，也或者做個工程師什麼的。」她湊過臉去，細聲細氣地：「媽叫你來問我的，是不是？」

他本能地撒著謊，假惺惺地做出驚愕的樣子：「咦，怎麼會？她自己問你不比我問你要好得多？我只是想，目標越早確定越好，我剛讀高中的時候，就已打算……」

「如果我也想當法官，你怎麼說？」

居嘉木啞然失笑。歐文璐既天眞，又尖刻，使他一時應付不過來。

「法官嘛，聽起來好聽，但當起來卻沒有多大的樂趣。」

「如果你還能選擇一次，居叔叔，你願意幹什麼呢？」

「我要永遠做個學生，像你一樣，不想以後的事。」

兩人都大笑起來。

居嘉木在十點多的時候，向歐太太告辭。他說，他要趕快回家去，把花插在花瓶裏，否則，簡直是在虐待它們。他說得非常鄭重。歐文璐在一旁看著他，當歐太太吩咐文璐送居嘉木出來時，文璐說：

「居叔叔，看你那樣珍惜花，你應該是個重感情的人，那你又怎麼會不肯饒放像我爸爸那樣的好人呢？」

「文璐，這件事情已經過去了，我們不要再提它了。」

「是的，媽也這樣說過。以前，我一直認爲法官是板著臉孔不會笑的，今天，我才知道你跟普通人一樣。」

「眞的？」居嘉木摸摸自己的臉頰，好希望眼前有面大鏡子，照照自己的友善的臉。這幾年來的審判工作是不是已使自己臉部的肌肉僵硬了？

居嘉木就這樣地跟歐家的母女成了朋友，也給他單調乏味的生活摻進了聲音與色彩。他不時買些書刊給歐文瑤，使她的那隻新書架幾乎有不勝負荷之感。他也不時跟歐太太在街上碰面。因爲現在天氣漸冷，她穿的是撒著小花的旗袍，藍色小花、黃色小花、褐色小花，開滿在赭黑的草地上，外披一件琥珀色的外衣：一身深秋的蕭瑟，但她的笑容卻是成熟的果子，毫無苦澀的味兒。

「居先生，你怎麼老是送文瑤書刊，叫我們拿什麼來答謝？」

「我欠你們的情實在太多了。」居嘉木語意誠懇。

「不要這麼說。我也想表示一點意思，隔天，讓我好好地請你上館子吃一頓飯，好不好？」

「何必呢？何必把錢花在那裏呢？」說完，他馬上發覺語氣近於責備——責備她處身困境，猶作這種無謂的浪費？然而，在她來說，也可能是想保持她的自尊，不願受人過多的恩惠。因此，他在停頓片刻後，又說：「歐太太，我實在非常感激你的好意，只是我一向不太喜歡讓人花費，尤其是因爲我幹的是這一行，特別容易引起別人誤會。」

「啊呀，幹你們這一行的，『忌諱』可眞多呢！」

「可不是？怪不自由的。」

一段短短的沉默，但兩個人也由此獲得一種小小的諒解。深秋裏，深深的陽光、冷冷的微風，陪伴著他們步行；但路很短，他們也快到分手的時候了！

歐太太停下來，說：「文瑤告訴我，她喜歡讀法律。」

「什麼？」

「她告訴我，她對法律有興趣。那天，你已跟她談過她的興趣了，是不是？」

「算是談過了，只是她的興趣很廣泛，所以也沒談出一個結果來。不過，據我看來，她活潑好動，應該讀新聞系，做個記者才對。」

「倘如你眞認爲這樣，我想，文瑤也不會反對的。希望你以後有便時當面跟她談談。」

「爲什麼要我談，而你自己不談？」

「因爲你是法官，會說話，會舉出很多的理由。做法官也未始沒有一點兒好處，是不是？」

歐太太揮揮手，跟他在十字路口分手了。他看她步子快速而穩健，衣衤微飄，頭髮輕揚，那背影仍像一個三十左右的女人。他楞了好一會，這才轉身走回家去。他手中揑著剛從商店裏買來的牙膏，但他卻總覺得他不只買了這麼一點點；還有好多東西，不知道丟失在什麼地方了。

而丟失的到底是些什麼呢？

現在，客廳裏經常有花揷在一隻孔雀藍的直筒花瓶裏。今天是五支淡金色的唐菖蒲，鮮麗灼爍，似是幾束被捕攫進來的陽光，令客廳溫馨晴朗得猶如一座露天洋台。他倒了一杯清茶，放在几上。噢，坐在這兒，慢慢地品嚐吧；又順手拿來一本書，攤在膝上。呃，細細地咀嚼吧。那不正是他經常享受著恬謐安樂的時光嗎？

但他仍然覺得丟失了一些東西，是什麼呢？

他怎麼也定不下心來，乾脆拿著書，走到書房裏去。這下該好了，這裏是個書城，是個「坐關」的地方；他平日常會在這裏獃到午夜之後。這是個私人的法庭，許多事情不都是在這裏研討分析，然後作成結論的？這是神聖而不可侵犯的一角。然而，他竟仍然心神不定。一會後，他重又回到客廳去。那裏，花朶美得眩目，話機亮得觸目。他走近去，把手按在話機上。

難道非要問她不可？問她，他失落的是什麼？但她又怎會知道？

不裝電話多好——「居法官，我求求你！」深夜裏，陌生女人的聲音深深地刺怒了他——如果沒裝電話，那麼，事情就不會演變到這樣。而現在，電話機又熠耀在眼前，逼著他去說他想說、而又不敢說的話。這，對他來說，是不公平的。他孤孑得沒有誰來幫助他、阻止他。啊，有沒有另外一個女人的影子可以拉他一下。從最近兩年開始，慢慢地把日子往前推，可曾有過？噢，當然，也可以再往前推，推到大學時代。那些活潑的女同學們，總是三五成群地簇擠在一起，像五彩的康乃馨。有一個專愛穿米黃衣裙的女同學，細挑個兒，白皙臉蛋，走路快捷而有力。他總是偷偷地注意著她，希望能跟她認識，但他根本沒有機會接近她，因爲她早已有了男朋友，而且沒有畢業，就結了結，去了美國。歐太太倒有點兒像她。歐太太在年輕時也可能就是這樣的一個引人注意的女孩，然後，她成了別人的好妻子——「居法官，我求求你！」她說。

此刻，他已知道他丟失的是什麼？那末，又何必去問她？但他還是想打電話給她——「居法官，我求求你！」——雖是一個壞的開始，但總比沒有開始的好。

「歐太太，我是居嘉木。」

「噢，沒想到是你，我們剛分手，是不是你丟失了什麼？」

丟失？她竟也問我丟失了什麼！倘如我告訴她：我丟失的是我心裏的東西，而且，它又丟失在她那裏：那她該會怎樣吃驚？

但他無論如何不能這樣說。她已經不是一個女孩，她是一個寡婦。她的創痕猶新，絕不能碰觸它。

「歐太太，文瑤在不在家，我現在就想跟她談談志願的事。」

「噢，居先生，你眞關心她。她剛跟來看她的同學一起出去了。就這樣吧，下午四點鐘，我叫她去你府上，好不好？」

「歐太太！」居嘉木無端的喚了一聲。

「是不是你那時沒有空？」

「不是。你是不是跟她一起來？」

「我？嗬，我家裏還有許多事情要做呢！她找得到你的府上的，她比我能幹；以後，她還要做記者，是不是？」

居嘉木微笑著，聽歐太太這麼說，彷彿他已把文瑤說服了。其實，文瑤可不是這樣容易被人左右的女孩。她聽人說話的時候，似乎經常在打頑皮主意，什麼時候反駁你一下，嘲弄你一下，或者岔斷你一下，你不知不覺地就被她引到旁路上去。他那時又不是在法庭上，可以板起臉孔斥責。可是這樣的女孩，也正是他所欣賞的，因爲她有個性、有幹勁、有理想。他要有個女兒的話，就希望像她那樣。

下午四點鐘，文瑤準時來了，披一件她母親的毛衣，襟角乍露在門邊的時候，他還以爲是歐太太呢。他一陣心慌、一片焦熱。文瑤走進門來時，卻似貓般地輕悄，開頭就低聲問：「有別的客人嗎？」

居嘉木說：「沒有，你是貴賓。你怎麼以爲還有別人？」

她吐吐舌頭。「我不知道。我有一種奇怪的感覺：你來我家的時候，是居叔叔；我來你家的時候，你是居法官，我進來是，很怕被你轟出去。」

他感到很抱歉。是她母親的經驗感染了她？因此，他分外和藹地牽著她的手，走進客廳去。

「居叔叔，我媽要我來跟你談談，大概是志願吧？她很信任你哩。」

「你自己呢？」

「我並不很關心自己的志願，反正船到橋頭自會直。我只是喜歡聽你說話。媽說過，男人的見識廣，話題也廣，所以閒談的內容總很豐富、精彩。」她吃著蜜餞，嫵媚地笑著。「居叔叔，我相信你知道的事要比別人來得多。」

「那倒不見得。我通常不是在家裏，就是在法院裏，哪像記者那樣，東奔西跑，眼觀四面，耳聽八方？」

「可是報上所載的一些轟動社會的事件，很多不也要經過你們法官的調查、審判？你一定還記得許多你經手的案件吧？許多不同的人、不同的事？」

居嘉木的欣悅的臉一下子僵澀了，手中那支用來挑蜜餞的牙籤也被折成兩段。「我不想談那些案子，那不會使人快樂。犯人們都怪法官心狠，但法官的心裏何常不痛苦。但願懲罰能使罪犯開始一種新的生命！文瑤，你不知道，一個人，跟案卷處久了，他自然而然會變得嚴肅起來，猶如你在手術室裏，如何能笑？」

文瑤湊過臉去，望著居嘉木的挺直的鼻子、智慧的雙眼。此刻，他的嚴肅另有一種令人仰慕的豐采，而他的慈藹，又使他的嚴肅敷上一層悲天憫人的光燄，那兩種互相矛盾的感情使這張臉顯得深玄而感人。這不像是老師的，也不像是父親的肖像，倒像是有一次在某本雜誌的封面上看到的一位著名學者的肖像。

「居叔叔，你這一段話就讓我明白你要比別人懂得多。媽說得不錯，我應該聽你的話。」

「去讀新聞系吧，做記者對你會很合適。你會看到光與熱的一面，也會發現悲慘和邪惡的角落。用愛去觀察一切，分辨是非，你以後準會比我懂得的多得多。」

「比你懂得多？唏，這樣不行，我不想比你好。居叔叔，我只希望你喜歡我，可不希望我比你強。」

「那有什麼不好？文瑤，你是個聰明的女孩，我眞的很喜歡你。」居嘉木拍拍文瑤那隻放在桌上的手。「我喜歡你常常來我這裏，知不知道？」

歐文瑤淺淺地笑著，仍然望著他的鼻子、他的眼睛。

居嘉木漸漸地成了歐家的親密的友人。在寂寞無聊的時候，他就自動走到歐家去談天，而且也能以怡愉的心情享受一頓便飯。他喜歡爲文瑤解決一些課業上的問題，跟文瑤展開一場小小的辯論，使坐在一旁的歐太太聽了，不禁笑影盈盈；然後，文瑤退到後房去讀書，而他則依然坐著。他常常把歐家的客廳當做自家的客廳。有時候，坐久了，他簡直不願起身離去。但這兒可不是他的家，而且，他也不能遲至深夜才告辭。歐太太是寡婦，他得爲她著想點兒。

歐太太低低地說：「居先生，你跟文瑤談過以後，她似乎用功多了。」

「噢，眞的，眞沒想到。」

「她說：居叔叔很喜歡我，我可不能叫他失望啊。這孩子，就喜歡別人誇獎她。」

居嘉木默然而笑。他跟文瑤之間的父女般的感情，不也是促使歐太太向著他的一股強大的力量嗎？歐南強逝世已經一年多了，她對他的懷念雖無法抹除，但他們之間的愛情卻該退隱到幕後去。現實生活裏，她需要另一段情、另一場戲。

他望著歐南強的照片。歐南強對著他笑；他已經想過很多次了，他之愛上歐太太，絕不是基於一種補償、施捨，或憐憫的意念，而是基於一種純粹的愛情。他希望他的生活跟她的合在一起。他欽慕她的談吐、風度與個性，以及那還未老去的丰姿與儀態。這個女人既然曾經使她的丈夫沐浴在愛中，當然也將使他感到幸福與充實。歐南強，你是一個好人，一個寬大的人，我想你是不會妒嫉的。她不該永遠寂寞下去。她的悲戚也該有個結束。我愛她，尊敬她。我會使她快樂的，歐南強，請你相信我！

「歐太太，你看，歐南強在對著我笑。」

「嗯，他以前一直是這個樣子的。」

「我想，他跟文瑤一樣，也跟你一樣，喜歡我這個朋友。或許，這是我們的不幸，我跟他早該是朋友才對，那樣，我就不會錯看他了。唉，都是我不好。」

「不是你，是我。」歐太太說。「總之，我太魯莽了。」

兩個人互相認錯，互視對方的誠懇的臉，居嘉木發覺今晚她穿的那件淡紫的鑲邊旗袍特別俏麗。光爲了這，他也可以看到夜深。「歐南強在對著我笑——」他又開始，但他馬上驚覺到他想說的，正是剛才心中對歐南強說過的話。但現在對她說這種話，失去的或許會比獲得的多。這一念頭使他慌忙站起身來。「我要走了。」

「怎麼這麼匆忙？」歐太太有點意外。

「忽然記起來，還有一些公事要辦。」

他連看都不敢多看她一眼，就走了出來。走出來，卻又咀咒爲什麼要走出來？爲了抑制自己說這一番話？一個愛情的懦夫！回到孤寂的屋子裏，去懊悔，去想念！歐南強的陰影並不濃。沒有什麼橫梗在他與她之間。他不相信，如果她考慮再嫁，她的眼前就會有他的身影！或許她已經考慮過了，或許她正在等待，或許……他剛才爲什麼不從側面探聽她一下：她是不是有意再嫁？看看她的神色，聽聽她的語氣。他甚至可以扯個謊，說他有一個好友，有意……無論如何，這裏需要一點兒技巧，一個小說家的技巧，轉彎抹角，虛虛實實。

他忽然調過身子，重新朝著歐家走去，走得又快又急。他希望她依然坐在客廳裏，只要他輕輕敲幾下門，她就會聽見。唏，希望她不要回房睡了。他可不願大聲喊叫，吵得四鄰都知道。而且，他在一陣呼嚷之後，又如何作婉轉的探詢？假使他無法啓齒，那她又將說些什麼？哎，他應該先在路口撥個電話告訴她一下。他剛才竟然沒有想到！他今晚怎麼老是想到這個，卻忘了那個？他的心簡直亂得像一個罪犯的。

他彎入巷子以後，心情還是沒能放鬆下來。他一再對自己說，實在不必這樣，那又不是什麼大不了的事，而且，想好了是替「友人」來探聽的，即使碰了釘子，也不至於下不了台。好了，鎮鎮定定地去面對吧，你比歐南強幸運多了，沒有人押著你。

出乎意料的，他發現歐家的院門仍然開著。不過五坪大的小院裏，歐太太正站在那裏，眺望夜空，他急促地喚了一聲：

「歐太太！」

她吃驚地猛轉過身子，看到是他，安心地笑了：

「剛才就說你走得太匆忙了，是不是丟失了什麼東西？」

又問他丟失了什麼東西！他不戴眼鏡，不拿手杖，有什麼好丟失的？

「東西倒沒忘記，只是把朋友拜托的事忘了。」他邊說，邊一個勁兒地往裏衝，倒眞像是去屋子裡找東西似的。

歐太太跟著他：「那也犯不著來回地跑，打個電話告訴我，不就得了。」

打電話？這樣的事情能打電話？你以為要說的是幾句閒話：托你買樣東西什麼的？你且看看我的臉，是不是急得走了樣？

他看到椅子，先坐下來，喘幾口氣。她站在他面前，一手托著几，傾著身子，注視他：

「看你像報警似地趕了來，一坐下來卻又不開口了。」

「我口袋裡本來還有一封信，如果不丟失的話，拿給你看，倒也乾脆些。我那位朋友在信中說——」

「什麼話？沒有關係，說出來吧，我們是熟朋友了，我還會生你的氣！」

「這個……他，他想知道你有沒有再嫁的意思？」

歐太太斗然站直了身子，目光又亮又利，話語猝然像玻璃彈珠，冷晶冰硬，一顆顆地滾動著：

「你是不是想替我作媒？是不是也是像你那樣的法官？是不是也是像你那樣的四十左右？」

「是的，一點兒不錯。」

「好啊，你去問問他，他願出什麼條件？他花幾十萬來買我的心？告訴他，我的丈夫是法官害死的！」

「歐太太！歐太太！」

「你，你……我待你太好了……你枉爲我家的朋友，你竟……竟認爲我可以被收買！」

居嘉木驚慌地站起來，把歐太太拉到沙發上坐下。「我不是這意思，你聽我說，我意思是——啊呀，是我不好，這件事根本不是這樣的。我不會說謊，一說謊就闖了禍。我只是想探探你的意思。我常常來這裏坐，我總不能不說幾句心裏想說的話。歐南強老是對著我笑。」

「他恨你！」

「不，歐南強不會生我的氣，文瑤也不會，你也不會。我愛你們一家人。我爲什麼老是坐在這裏不肯走？因爲我也願意是這個家裏的人，但不經你答應，我就不可能是。」

「你……你說話可不能三心兩意的！」

「這是我的眞心話。我沒有錢，只有愛。我以前還沒有深深地愛過別的女人。你不會拒絕吧。以後的日子長著哩。我每晚每晚坐在這裏望著你，然後獨自回家去；我受不了。」

歐太太把臉靠在沙發的背上，抽噎起來。「我也受不了。文瑤也需要你。你晚上不來，我們都覺得好孤單。」

「你不恨我？」

「不，不！」

他站起來，拍拍她的背，又拍拍她的手。快樂猶如血液一樣，在他體內的每一部分流動、歌唱。有一天晚上，他將不必再離去，因爲不管是在這裏或者是在那裏，都將是她的家，以及他的家。他在書房裏看書，她會悄悄地送來一杯綠茶，或者一杯牛奶，並且悄悄地說：別太辛苦了！可是今夜，他得離去。今夜已晚，他不能久留。他貼近她的耳朵，柔柔地說：「我走了，明晚再來。」她仰臉看他，點點頭，也沒說話，也沒送他。他輕輕地退出來，輕得惟恐踩破一塊玻璃、損壞一個完美。多少日子了，他對於愛情幾乎已經陌生，幾乎已經不懷任何期望，幾乎認爲孤獨就是他的終身良伴，而此刻，一道光射進心裏，一切就全改觀了。

居嘉木飄逸地回到家裏，不得不喝下一杯冰可樂來壓壓心頭的沸熱。有條黑影在小院中幌動；記起來了，剛才忘了關上門。但誰會進來呢？一探首，就瞧見文瑤在窗外。

「文瑤，你怎麼現在來這兒，你媽叫你來的？有什麼急事？」居嘉木慌慌忙忙地走到屋外，抓住文瑤的胳臂。文瑤一用力，把它甩掉了，逕自昂著頭，走進屋子裏。

「你是騙子！你是騙子！」她噙著淚，說。

「文瑤，我騙了你什麼？」

「你以前說我聰明、能幹。你說，你喜歡我；今晚，我又聽見你對我媽說，你喜歡她、愛她。你是騙子！」

「文瑤，我沒有騙你。我喜歡你，跟喜歡你媽不同；我愛你，也跟愛你媽不同。你是好女孩，我愛你，像一個爸爸愛自己的女兒！」

「騙子！騙子！騙子！」文瑤流著淚，喊，「騙子！騙子！騙子！」然後，她衝出屋去，進入黯漠的黑夜裏。

居嘉木被這女孩的話語與行動所怔住，他甚至沒有想到去追她或者去攔阻她。他只感到十八歲女孩的愛情是股無理可喻的旋風，憑地而起，強烈得足以把許多東西都扯成片片，但也只這麼片刻功夫，它便成爲過去。他希望文瑤在嚷過、哭過、奔跑過之後，很快就會冷靜下來，並且憬悟到他愛她的母親並沒有錯，而作爲女兒的她，也只有在那種情況下才能獲得幸福與安全。

他沒有打電話把這件事情告訴歐太太。第二天晚上，他照常前去歐家時，歐太太的臉便又憔悴得如同一朵萎黃了的白色大理花。那不是爲了愛情，而是爲了哀傷。他執住她的手，說：

「我要告訴你一件事……」

「我已經知道了。」她搶著說。

「文瑤在後房？」

「沒有。五點多，她就騎著單車，去找她的同學了。她今天一天沒吃東西，也不去上課。我開導她幾句，她竟狠狠地頂我的嘴，說話還眞不留情呢！」說著，眼睛倒又紅了。

居嘉木覺得好抱歉；這些事全是由他而起的，但他錯在哪兒？

兩人都不再說話。歐太太終於拿出才打了一半的毛衣來編織，長長的線，無盡的思慮；深灰的色澤，像冬日昏闇的天空。說這是解愁嗎？不，只是把愁編織得更密更緊吧了。居嘉木不由自主地將那團毛線握在手裏，把玩著。

「你瞧，假如文瑤這孩子一個勁地鬧彆扭的話……」歐太太開始說。今天，她的手很笨拙，毛線和鋼針都不太聽話，老從她的指上滑下來。

「不會的，而且，我們也可以等待，對不對？等她考上大學，她的眼界就開闊了。那時候，我們再……」

歐太太又不作聲了。她把毛衣捲了捲，放到桌上，然後用手撣撣前身的下擺，站起來。

「或許我該打電話去問問她的幾個好朋友，她究竟在哪裡？這樣，萬一今晚她不回家，我也不會窮等、窮急了。」

「當然，當然，小心點兒的好。」

歐太太打了四、五個電話，才找到文瑤：她在一個姓趙的同學家裏吃點心。歐太太這才放了心。在電話裏，她又囑咐文瑤早些回家。

「媽，家裡只有你一個人嗎？」

「媽很冷清，希望你能早點回家來陪我。」

「我知道，我會回來。我想知道，這會兒只你一個人在家嗎？」

「我希望你能回來陪我，我希望你能回來陪我！」歐太太說，聲音懇切而焦灼，但她也保留了原不是秘密的秘密。

她放下話機，嘆了一口氣。居嘉木反而安慰她：他可以早點兒走，如果文瑤這幾天不想跟他碰面的話；他也可以選擇她不在家的時候來。

「在某些小事上，我們總得犧牲一點、依順她一點，讓她自己慢慢兒地去想通。現在是九點一刻，或許我該走了。」

歐太太深情地看他一眼，「你眞好！」也沒留他，讓他落寞地走了出來。他感到，愛情在夜晚竟然變得像支霓虹燈，明暗不定，復又無法斷定它是屬於哪種色澤。他從那個屋子走到自己的這個屋子，情調變得很多；自己這個冷冷的屋子該是屬於書本的，他自然而然地鑽到書房裏去。

大概過了個把鐘頭，那逼不及待的電話鈴聲又把他從書房拉到客廳裏來；拿起聽筒，他聽到的是歐太太喘息的聲音：

「居先生——嘉木，你聽我說，文瑤剛才出了事！」

「什麼事？快說呀，不是撞車吧？快說呀！」

「確實是撞車。是她撞倒了別人——撞傷了兩個人。」

「什麼車子？」

「摩托車。是她同學的哥哥的；她以前駕駛過幾次，這次是偷騎出來的。」

「胡來！」居嘉木有點兒冒火了。「這孩子，簡直是無理取鬧！」

「求求你，嘉木，不管怎麼說，她一定不是故意撞人的。嘉木，我沒想到又是深夜打電話求你，這是第二次了。第一次是爲南強的事。」

歐南強？居嘉木揑著聽筒的手沁著冷汗，額頭也濕成一片。「你別想得太多了，明天，讓我把事情弄個清楚。那兩個人的傷勢怎樣？」

「似乎傷得不輕呢，都送醫院去急救了。我幾分鐘前才接到通知。我嚇得全身無力，既沒有力氣去醫院看他們，也沒有力氣去警所看文瑤。」

「不會太嚴重的，你不要太擔心，早點睡吧。」

「嘉木，文瑤的罪名——文瑤的過失，你認爲——」

「你別想得太多了。」他安慰她。「等我弄清楚以後再說。」

「嘉木，我第二次求你，無論如何，這孩子……」歐太太的聲音憂慮而淒惻，跟從前那一次的聲音交疊在一起。

居嘉木沒有繼續看書，一直坐在客廳裏，直到午夜。當然，文瑤是無意的，跟她的父親一樣。我一定得相信這一點。現在，我一定得相信。許多人的犯錯都不是有意的。我對不起歐南強，也對不起他的妻女。「求求你，嘉木！」爲什麼她又要說這種話？

居嘉木很快就把文瑤的事情探聽明白了。那天夜裏十時光景，悲憤交加的文瑤騎車疾馳，撞倒了一個人，警察鳴笛制止，駕車直追，但她非但不停下來，反而加速馬力，橫衝直闖，再度撞倒了一個人，而自己的車子也被擱擱在高出的邊石上。

這眞是「過失」傷害嗎？

——嘉木，我求求你，你一定得相信，她是無意——

居嘉木在那些天裏，情緒的紊亂就像搞翻了的檔案。他希望自己能有半個月的假期，出去旅行一次，來逃避各色各樣的困擾。

而這案子的審判卻正巧落在他的身上！

爲什麼偏要他來幹這件差使？難道他還不夠難受？

他已經好幾天沒去歐家了。這一天，歐太太在晚飯後，突然來看他。

「你不該在這種時候來看我。」居嘉木說。

「我想念你；你已經有好幾天沒去看我了。」她毫不掩飾地流下了淚。「這幾個傍晚，我一直坐在窗前等你。」

「…………」

「我現在知道我是一個可憐的女人。我不僅失去了南強，而且還失去了更多更多。」她望著他。「你不來看我，是表示不再愛我了。」

「不，不！」

「你不再喜歡文瑤了？」

「不，不！」

「文瑤是無知的女孩，饒恕她吧。」

「………」

「南強會感激你的。」

「歐南強？嗬！」

「嘉木，你一直欠著南強的一筆情。你比我還清楚。這正是你償還的時候！」

「償還？」

「文瑤是無意的。嘉木，以後，她會是我倆的好女兒，饒恕她這一次！」

「無意？」

「是的，你可以這麼說。」

「尚芝！」他喚她的名字。

「什麼事？」

「今晚，你來這裏看我是不智的。」

「我馬上就要回去。」

「尚芝！」他再度喚她。

「什麼事？」

「我要告訴你：不管什麼時候，我都愛著你以及愛著文瑤。」

「那你是說你願意……」

「這是判決那天的事，我們現在不要談論它。我送你回家吧。」

他拉上窗子，跟她一同走出來。他抬頭看看星星，它們像無數盞小燈，高舉在夜空中。

想起他那天必得作的無情的判決，他感慨地說：

「你瞧，這夜色多美；我不知道什麼時候，還能跟你一同享受它。」

她回過頭來看他。他把臉掉開些，不讓她看清他臉上的悵惋。過幾天，她會恨他，恨他只是一個法官，不是一個愛人。

一九七三年（民國六十二年）九月

夜晚的訪客

—之甲—

周光里喜歡洗澡，夏天裡，他早晚各沖一次冷水浴，整盆整盆的水沒頭沒腦地倒到身上時，他感到自己青春的再生，強壯而富有活力，彷彿自己剛從大學校園的球場上跑回來，換上衣服後，還要去赴一個宴會哩！水，潑辣潑辣地落在水泥地上，然後清亮地流向水溝去。小小的浴室裡簡直可以細聽泉聲了。哈哈，住公家的宿舍就有這點好，用機器直接從深井裡抽上來的水，不要他花錢！冬天裡，妻燒上一木桶的熱水，他混身泡得一片紅，卻還不肯出來。慢慢來嘛，哪兒有比在浴桶裡更暖和、更舒適的？閉著眼睛，揑揑腳，搔搔背，回憶一下在故鄉打雪仗時的那股勁兒：打完後，直想把雙手雙腳挿進熊熊的爐火裡去。他浸著，緩緩地擦著，妻在外面喚：

「光里，客人來了，快點兒洗啊！」

「好，好，我馬上就出來。是哪一位？」他跨出木桶，拿起大浴巾往身上一裹，像條白白胖胖的蠶。

「是殷先生，殷老先生。」妻在門外說。

「噢，噢，是他，你先招呼一下，我一會兒就好。」他敏捷的雙手忽然減低了速度，細細地穿衫褲，細細地擦乾、梳好頭髮，然後又不必要地在鏡前端詳一會自己紅潤的臉。走到客廳時，早已過去了十幾分鐘。「殷老，對不起，讓你久等了。」

殷家雁先生顯然是這個家庭的常客，也沒欠一下身。他仍架著腿，坐在籐椅裡抽煙，悠悠閒閒的，毫無不耐不愉之色。他比周光里要大上二十歲，已經是個靠近六十的人兒了。冬日的冷夜裡，穿一襲條子花呢的駱駝絨長袍，裡面是一條舊西裝褲。一副老花眼鏡放在桌邊，怪親熱地挨著他的右肘，一種隨時準備效勞的姿態。還有一杯香片茶放在桌上。

殷家雁雖然瘦，但一副牙齒，除了被煙薰黃之外，卻只掉了幾顆，咬字吐音，還很清晰，只是他說的是口鄉土味很濃的紹興官話，光里的太太有時根本聽不懂，光里當然懂，因為光里也是紹興人。

殷家雁的對面雖有一把籐椅，但周光里卻祇對它瞄了一眼，就在斜對角的一張椅子上坐下來。離得遠一點兒的好，老年人的臉，像一片斑駁皺縮的枯葉，委實沒有細看的必要。有一次，他跟殷家雁並肩而坐，望著、望著，殷家雁的臉倏然如一片枯葉那樣地碎裂開來。當然，這是他恍惚中的幻覺，但也眞的嚇了他一大跳。

「殷老。」周光里說。「你好久不來了，怕有半個月了吧？」周光里淺淺笑著，以示關懷與歡迎——哎啊，剛才在浴室裡還照過自己的臉，淺笑時最富男性的魅力！這會兒，妻去哪兒了？她應該來看看洗過熱水澡後的他，一點也不像三十八歲的人。

殷家雁沒有馬上回答，挺認眞地計算著：「噢，還不到半個月。我記得是十二天前來過。那一天，你也剛好洗完澡。冷天裡，你也每天洗澡，光里？」

「那還用說？洗澡有許多樂趣，哈哈，說起來，可以洋洋洒洒地列出十條來。你——怎樣？」

「我跟你不同。冷天裡，我一星期才洗一次澡。我總是很小心，多洗了，感冒的機會就多；其實，常換內衣衫褲，還不是一樣？老實說，在我們家鄉，冬天裡，哪一個不是十天半月洗一次澡的？你該還記得吧，如果每天爲洗澡燒一大鍋水，別人會說那是「浪費」、「罪過」。冬天該不該每天洗澡，那完全是習慣問題。」

「呵，呵，我倒認爲那是觀念問題。以前的人不注重衛生，光知道節省。我母親把包白糖、紅棗、糕餅、祭灶果……的粗草紙，一張張地收起來，裁成三、四寸見方，放在馬桶箱邊，當作衛生紙；現在想起來，連屁股眼兒似乎還會痛、會癢呢。呵，呵，家裡也不是眞的窮，有田地，有店鋪。整年總有幾個親友住著，冬賑時也出成擔成擔的白米，但就在小地方窮省！」

殷家雁喝了幾口茶，笑了笑，臉上細細的皺紋互相你推我擠的；想起老家的情況來，又澀又甜。「確實是這樣。一張紙、一塊零布、一條繩子，都捨不得丟掉。也幸虧省，八年抗戰，才挨著、撐著，熬了過來。光里，抗戰時，你是及時去了後方；我呢，那時已經四十多歲，一向又在商行裡做帳房先生，把店裡的帳目清一清，回家去一趟，路就斷了。七、八年裡，我就一直獃在老家，啃老米飯，實在苦。每天吃鹹菜、豆芽、筍乾。有時候，釣了幾條魚回來，一家人都好高興。最後兩年，新谷上場時，就非得把我老伴的陪嫁賣掉一些不可；箱子啊、木器啊、錫瓶啊、褲腰布啊、成套的碗碟啊……來換取谷子，儲備全家一年的口糧。如今，我老伴一想起來，還眼睛發紅。尤其是那些精緻的碗碟，多少年來，她自己都捨不得用。唉，做新娘子的時候，大家都說她的嫁妝好，哪裡知道自己沒福受用。」說著，鬆弛的眼皮半垂下來。

周光里在燈光下望過去，心裡不禁嘀咕著：這個老年人怎麼儘說那些過時話？那些箱籠啊、碗碟啊，本來就不是什麼傳家之寶，賣了就算了，也值得懷念、唏噓的？到我這裡來聊天，說些有趣的事，叫人開開胃還可以，偏是長吁短嘆的。我可不是六十歲，誰要聽這些！何況那些碗碟的事，以前也已提過兩、三遍了。有一次，妻好意地請他吃一碗綠豆湯，他就說起，他老伴陪嫁的那批細瓷來，道道地地的江西景德鎭的產品，釉色瑩徹，圖案鮮麗，放在箱櫥裡，一隻隻地給用棉花襯著；原本可以在五分鐘以內吃完的綠豆湯，硬是吃了半個鐘頭。之後，他就叮囑妻，除了泡茶之外，什麼都別端出來，因爲，看他那副拖拖沓沓的吃相，心裡就不舒坦。

過了有這麼一會，周光里才說：「殷老，其實在這戰亂的時代，誰都丟了一些心愛的東西，不想也罷。」

「是啊，你說的一點兒沒錯：再好的東西也是身外之物，不想也罷。可是，三十六年春，我托老同學在這裡找到了工作，帶著老伴兒、小兒子在這裡住下來，自己雖然命大，冥冥之中逃過了這場浩劫，卻沒想到把大兒子丟在家鄉了！你瞧，想不想得到，究竟是骨肉啊……」

周光里咳了幾聲。又來了！又來了！他怎麼沒有新鮮話兒的？我早知道他來臺灣的那一年，他大兒子是二十五歲，在中藥舖裡做事，已經訂下一門親事。他小兒子十八歲，耽誤了兩年，還只讀高一。難道他想幾遍，就要說幾遍嗎？老悖了。沒能來臺灣的人多著，我哥哥也是，我弟弟也是，都是來不及出來。有什麼辦法？多說有什麼用？就喜歡把一件事當作泡泡糖的渣子那樣，牢黏在心上、嘴邊，怎麼得了？

「殷老，你身邊有個小兒子，也不錯了。」

「唉，說起小兒子來也心煩，他因為程度不好，只讀到高中為止，現在老遠地跑到臺東去做事，一年也不過來看我們三、四次。結婚嘛，還早，對象難找！我勸他請調到南部來，跟我們住在一起。現在三個房間，倒空了兩間。榻榻米的房子，把紙門統統打開了，夏天雖涼快，冬天卻全是風：尤其到了晚上，外面是風，屋子裡也是風。空空的，越坐越冷。平日，我早早就上了床，但也不行，根本睡不著嘛，翻來覆去的，要到午夜子時以後才朦朧過去。第二天五點多，又早早醒過來，全身的筋骨又酸又痛。哎唷，早睡也受罪！」

「我呢，認為冬天有兩大享受：第一，洗熱水澡；第二，孵被窩；百嚐不厭。」周光里暗示了他一下。你還是走吧，你不想早睡，我可想呢。他站起身子，走到窗邊，聽聽風聲，看看寒星，用手指在玻璃窗上胡亂地劃來劃去。快過年了，明天該擦擦窗子了！我寧可提一桶水擦窗子，也不願這樣坐著閒扯。

周光里坐下來後，殷家雁又說：

「我前幾天去看了一趟老同學。」

「你說是方總經理嗎？」

「就是嘛，高中時的同班老同學。以前，他個子比我矮，坐在我前面一排。畢業後，他攻讀化工，現在竟然那麼發達了！老同學嘛，我來的第一年，常去他家看他。去三次，大概只碰上一次。他忙嘛，也難怪。碰上的那一次，也沒談上一刻鐘，就來了客人。他忙嘛！所以我現在去得不多，三、四個月一次。老同學嘛，我總不好意思不去看他，何況又是他給我安排的工作。他太太也忙，總有好些女客人來看她。還有他的兩個媳婦，也是忙。可是，我不能不隔些日子去一次，老同學嘛，可是他對以前的事情記不眞，幾乎全忘了，我倒還記得清清楚楚，總是我提起來的。我們往往談不了多少話。他是這樣地忙。」

周光里忍不住打了一個呵欠。對於這件事，殷家雁也早說過了。他藉口替殷家雁添茶水，站起來，把杯子端到飯間裡去，順便到臥室裡去看看兩個九歲、十一歲的兒女。他們正伏在桌上做功課，妻正在旁邊看小說。他攤了攤雙手，悄悄地說：「眞沒辦法，硬是賴著不走，叫人生厭。」然後彎腰親親兩個孩子的光滑的臉頰。好香呵，爸多疼你們。功課做得好棒呵，爸明天準要買些糖果來獎勵你們。說這些話時，他衷心喜悅，倦意全消。然而，當他端著茶杯回到客廳裡、面對著那張有皺有摺的老臉時，他的倦意卻又回來了。他又打了一個呵欠。

「天實在有點兒冷。」周光里縮縮脖子。一隻手拉拉毛衣的領子，但這毛衣的雞心領卻是拉不上來的。

「臘月天了，不冷也不行。」殷家雁接過杯子，雙手烘著，精神也就越來越好。「我出來之前，駝絨長袍裡還襯了一件毛背心。老伴兒不放心。我現在一受涼，就會咳嗽。我去年生了一次支氣管炎，發燒、咳嗽了個把月，差點兒轉成了肺炎。現在，我每次出門，老伴總把我當成小孩子，叮嚀了又叮嚀。她說，沒辦法啊，你生病，我擔風險！」

周光里又打了一個呵欠——明天別忘了買糖果呵，否則不是對孩子失信了？

「比起來，現在還是我老伴的身體好，她整天養雞養鴨地忙。後院裡養了這許多雞、鴨，要早晚兩次沖洗、清掃，才不至於臭氣沖天。昨天，家裡死了一隻半斤重的小雞，她難過了一天。」

周光里又接連打了兩個呵欠——明天的天氣可能會更冷一點，該穿上那件格子呢的茄克了。明天早上，也別忘了叫小孩多穿一件衣服。十點了吧。下個月，我去買一隻掛鐘來，他不戴手錶，總可以看我的鐘。

「其實，雞也好，貓也好，死了不就算了，到底是畜生，人也要死呢！我爹娘過世的時候，我總算都在身邊，什麼事都是我親手料理的。那時，還沒抗戰，家道也過得去，所以儘量的弄得舒舒齊齊。水磨青石的墓穴、墓碑、欄杆、桌椅，花了近千的大洋。墳墓是在祖山那裡，春三月，滿眼都是耀眼的杜鵑花。記得吧，我們那裡杜鵑花叫映山紅，一點也不稀奇。乘船去上墳，孩子們總要折一大捧回來……」

周光里望著殷家雁——今天是星期五，明天是星期六，星期天該帶著妻跟孩子去一次臺南。快過年了，總要添些新衣、新鞋。妻要添一件羊毛衫、一雙半高跟皮鞋；孩子們也要各添一些衫、褲、鞋、帽。明天上午，我要去郵局提一筆存款出來——可能人太擠，還是叫妻去的好。

「我來臺灣的前幾天，還趕到爹娘的墳墓前去祭了一祭。唉，養兒育女，最後享受到的也不過是這麼些……」

對了，還要買瓜子、長生果、什錦糖果……新年要招待客人。妻想羊毛衫已經有兩年了，那都是外國貨，花色大概不錯……

周光里隔著一段距離望著。殷家雁的臉逐漸地、逐漸地模糊……代之的，是一片萎縮起來的枯葉，在寒風中發出細碎煩人的聲響。

—之　乙—

周光里在客廳的窗前站了一會。他穿著白色細麻沙圓領衫，淡青色的人造絲睡褲，手拿著一把紙扇：正面是一個穿泳裝的美女，反面是藥廠的產品廣告。他不時用扇子拍兩下前胸。

紙扇的脆亮的打擊聲在房間裡顯得異常自大與尖銳。有時，他不得不咳嗽兩下來提高自己的重要性。眞是的，才洗好澡，怎又出汗了？剛才用的是溫水，醫生關照過，患風濕痛的要忌冷水浴，要忌電風扇。眞是十三點！十月了，還冒出大伏天來磨人！中午看溫度計，水銀柱子爬到三十三格半；爬得這麼高，不怕跌死！中午根本只在客廳沙發上睡一會；醒來時，汗濕衣衫！要不是去冬風濕痛犯得厲害，他早去沖冷水浴了。唉，要一個愛沖冷水浴的人在大熱天裡熬著不去沖洗，就像要一個愛抽煙的戒煙那樣，多不好受。苦呵，他只得馬馬虎虎地擦了擦身子，換一件內衣。說穿了，他現在也不敢像以前那樣，洗澡洗上老半天。有一種恐懼：怕死在浴缸裡！近十年來，他重了二十幾公斤。洗澡時，瞧著自己一身鬆鬆軟軟的肉，心裡直是發毛。萬一在傍晚死了，要等到第二天上午十時女傭來收拾房子時才能被發覺；那時，一定會泡得腫腫脹脹的，很難看。要死，他寧可死在「正寢」。醫生說他太胖了，血壓高，心臟也不太好；眞想不到，五十七、八歲的人，就這麼沒有用了。

因爲天熱，孩子們在巷子裡嬉戲得更熱鬧了。在那塗得不夠黑的褐灰色的夜晚裡，聲音如浪花，一陣又一陣地撲進來。那些孩子們，他全不熟悉；那些鄰居們，他也全不認識。他前幾年貸了一筆款，買下了這裡的一幢平頂的小洋房，結結實實的水泥牆、亮亮的大大的玻璃窗、磁磚的浴室和廚房，看看實在舒適，只是院子小得像塊豆腐干，種兩株聖誕花還挨挨擠擠、躲躲藏藏的。他要在那樣的園子裡散步，準會轉得頭暈目眩。他要去巷子裡蹓躂，也是提心吊膽的，怕有被奔跑的孩子撞上的危險。但有時，他的心卻怎麼也不安於這三十坪室內空間的空曠，他便從後門出去，穿暗衖，去到鎮頭上。這小鎮，新屋一幢一幢地矗立起來，樹木、空地一天一天地減少下來。幾月前，他剛愛上一方空地上的一株大龍眼樹，但不久就被砍掉，在那兒打起地基來。感情的觸鬚也找不到好攀附的東西。如果發現近處有株百年老樹，他準會夜復一夜地依偎在它的身邊。而眼前，在街上，卻是夜市輝煌，大家彷彿約好了似的，全在這個時刻湧到了。他並不迷惑地、也漫無目的地、祇走了兩三條街，就走得好熱、好累了，活受罪呐！以後該打定主意，要上街，也不揀晚上八、九點鐘。

但是今夜，他卻不願整晚獃在家裡。他看過電視新聞，還看了一個自己並不喜歡、卻又只好勉強看下去的節目，現在才八點多，熱天的夜晚這麼長，他非得設法把它殺掉不可。他何妨去看看一個住在不遠的新社區裡的年輕朋友。那裡他已去過幾次，熟門熟路的，不會摸錯。那個小小子，是他眼看他長大，現在也居然結婚生子了！

周光里想著，就走到房間裡去，換了一套外出的衣服——如果不會招來非議的話，他眞想偷個懶，穿著這身衫褲出去。他年輕的時候，絕不穿著拖鞋跨出自家院子的門，現在可不一樣，明知難看，早上還是趿著拖鞋去巷口攤子上買燒餅、油條，對於衣著的時髦與否，那是更不放在心上了。

他讓房間的日光燈亮著，也讓客廳的壁燈亮著，悄悄地鎖上了門，又輕輕地掩上了院門，一如那座屋子裡還有人。防小偷是原因之一，主要的是他不願一回家就跟一屋的黑暗撞個滿懷。

出巷子，走大路，打鬧街的邊緣經過，然後是條通往新社區的直馬路。路程不過十五、六分鐘，但感覺上還是長了些。以前，這是一塊沒人要的瘠地，荒在那裡。忽然，不知怎的，大家都在這上面造起房子來了，而且竟然蓋得漂漂亮亮的。他那個年輕朋友在土地開始分割出售時，買下了八十坪，使他有一個不算小的庭院。

不過，既有一個不算小的院子，就該裝個門鈴才對；這是周光里每次上這一家來的感觸。他站在那兒，被那扇關閉著的朱漆大門激惱著。

還是沒有裝電鈴！上回來時向他們建議過。臺北的住家都裝了對講電話；你要經常關門，起碼得裝一個電鈴。年輕人，健忘！

他站在無情的木門之前不得不引吭高嚷：

「侯文海！侯文海！」

聲音不夠響，老是達不到屋裡去。屋子裡燈光亮著，人影幌著，話聲響著。

「文海！文海！」一邊嚷，一邊用拳頭敲門；好令人著急。電鈴的事，今天得再跟他說一說。自己還不算遠客，要是真有稀客上門來，這樣的敲不開門，可不要把人家氣走了？年輕人，許多事都設想得不夠週到。

周光里繼續喊著。喊聲逐級提高，右隔壁的鄰居站在洋台上，俯視下來，但也只無動於衷地聳聳肩，隨即又進去了。唉，假如早知道侯門深如海，就不該來的；但既來之，且又喊了三、四分鐘，現在鎩羽而歸，那多不甘心！

太用勁了，有點兒氣喘，不得不依著門，歇一歇。這次學乖了，尖著耳朵傾聽著，趁屋子裡最靜的片刻，猛喊兩聲：

「侯文海！侯文海！」

門燈終於倏地亮了，小孩雜著大人，四隻腳匆匆忙忙地從屋子裡走出來。手按著門上的彈簧鎖，還不放心地問上一句：

「是哪一位？找我什麼事？」

周光里站在門外，苦著臉說：

「小侯啊，我叫了半天的門，你再不來，我就要昏倒在你家門前了。」

「原來是周老伯，別說得那麼嚴重吧。請進、請進！」侯文海哈哈笑著，那麼輕鬆地打開門。他身邊是個抱著他右腿的三歲兒子小寶。小寶只穿了條背心褲，侯文海自己也只穿著汗背心和短褲。他又笑呵呵地說：「衣衫不整，請勿見怪。天氣實在太熱了。周老伯，你今晚怎會有興趣出來？」

「想來就來了。」周光里說，捏捏他的喉頭。他的嗓子眼兒喊得乾澀澀的。「小侯啊，我再提醒你一遍：你家的電鈴得趕快裝，否則，喊門吃不消，連誰都不想來了。」

「眞的，我今天一點也沒聽見。平日，我的耳朵還算是很靈的，門外有人一喊，我就聽見了。啊呀，眞是太抱歉了。」侯文海把右臂伸得長長的，請周光里先進客廳，然後又把左臂一彎，抱起兒子，立即跟進。客廳地上全是形形色色的玩具：電動的娃娃啦，塑膠的積木啦，吹得胖嘟嘟的天鵝啦，以及一些體積較小、一腳可以踩破的玩意兒。

周光里望著玩具皺皺眉，小心翼翼地迂迴前進，來到窗畔的沙發邊，不由得掏出手帕來擦汗：「侯兄，你們家關卡重重——尤其是，那個電鈴，非裝不可，非裝不可！」

侯文海把臂彎中的兒子放到玩具堆中去，一臉笑意：「本來嘛，這裡也不像都市，小偷不多，何況，我們家也沒有金銀財寶，不必防賊防盜地隨手關門，喏，全是爲了這個小傢伙。小寶是一看到門開著，就要跑出去，簡直拿他沒辦法。」一邊埋怨，一邊在小臉上吻了兩下。「你請坐一會，我去倒杯酸梅湯來。我們家自己醃製的，很不錯。」

周光里因爲肚子大，雙腿分得開開地，坐著。這間客廳不比他家的客廳大，但布置得很具巧心。湖綠的窗簾，淡藍色的流線型沙發，加上一張乳白色的矮圓桌，構成一種青春的色調。牆壁上掛兩幅色彩鮮明、對比強烈的現代畫，很夠氣派。電視機嵌在一隻長而狹的矮櫃正中，兩旁擺了許多木雕的小人兒。到底年輕人懂得佈置，他自己這一代人，在抗戰歲月裡度過黃金時代，剛來臺灣的幾年，也是創業艱難，一個家庭，只要有桌子、椅子、床，就心滿意足了，還談什麼形式的美與不美呢？前幾年，他跟老妻搬了一次家，扔掉了好些舊傢具；新添置的，還是暗茶色的四方八穩的沙發和矮桌，而且還是兩端有兩排小圓柱的籐綳大床。一個人就是嵌在他那個時代的框子裡，拔不出足來。

小寶開始喊著爸爸，而且喊聲裡帶著哭音。侯文海慌忙走出來，手裡端著兩隻杯子，一隻玻璃的，一隻塑膠的。他先把玻璃的放在桌上。「周老伯，你嚐嚐看；我記得你不愛放冰塊，是不是？」

「是的，是的，醫師關照過。我有點兒胃寒。」

「你是爲自己活的，還是爲醫師活的？醫師的話多半是胡說，我就不相信這一套。我現在穿著汗背心，電扇從晚上開到第二天早上。我從不感冒。」侯文海端著杯子，小心地讓小寶喝著酸梅湯。「乖乖，喝得慢一點，別滴在地上！」

「啊呀，你年輕哪，小侯，你幾歲，我又幾歲？我大孩子比你還要大兩、三歲！」

「對啦，志偉兒在美國可有信來？」

「信倒是每個月都有一封，不是他寫的，就是媳婦寫的。他們忙。他雖然已經工作了幾年，但現在又開始去修博士學位。我勸他不要修了，但年輕人好強，不肯聽。我媳婦在做電腦打卡員，他們也有一個兩歲大的男孩，放在托兒所裡。」周光里望著小寶。這胖胖的孩子正津津有味地啜著酸梅湯。即使不在吃東西的時候，這個孩子也從不親近他一下。或許這只能怪他自己不會逗著小孩玩兒。他對小寶很陌生，他對自己的孫子更陌生，只在照片上見過，也是胖胖的，穿著一條小褲子，在沙灘上玩沙——很遙遠、很遙遠。

侯文海一心照顧著孩子，連頭也沒有抬起來。「是嘛，在美國怎會不忙？就說住在臺北的人吧，也不知要比住在我們小鎮裡的人忙多少？賺錢忙！」

「可不是？就是賺錢忙。我女兒在加拿大做護士，她去年結婚了。我勸她結了婚別再做事吧，但她也不肯。」

「是的，你跟我說過。不過，換了我的太太，她也不會肯的。以前，她肯辭掉農會的工作，因爲她到底是個雇員。」

「你太太在哪兒？今天怎麼沒有看到她？」

「她學了一、兩個月的洋裁，現在在臥室裡又比又剪的。晚上，把小寶丟給我管。你別看小寶這個時候乖，發起脾氣來，就叫我吃不消。」侯文海自己喝完小寶剩下的半杯，跑進去，拿來了一條濕手巾，擦淨小寶的嘴和手。

周光里嘆息起來。「唉，對於孩子們的事，我管得不算多。我只會買些衣物、糖果，其餘的都推給妻子去管了。」

「是啊，周伯母以前還替我打過毛線背心。」侯文海又跑進去，擰了一把毛巾，還拿來一罐痱子粉。他用毛巾在小寶的脖子和手彎上細擦了一遍，又搽了痱子粉。「小寶胖，最會流汗。小孩子的皮膚又挺嫩！」

「當然，當然。」周光里自己也用扇子在胸前拍打了幾下。他的座位正好躲開那架火箭型電扇的吹掃。「我自己也胖。我老妻，過了四十，慢慢地發福起來。起先，我們也不把它當作一回事，哪知道她——」

侯文海再次跑進去，把毛布和痱子粉放好，出來時，抱起小寶，一起坐到沙發上。小寶卻不肯座，踩著沙發玩，一邊尖叫著。侯文海自己只好站起身子，候在那裡，注意著他，怕他摔下來。

「你要不要看電視，周老伯？小寶，你下來，把電視機打開，給周爺爺看。」

小寶忽然變得很機警了，一聲呼喊，躍下沙發，熟練地拉開了電視機的門，這才得意地又回到父親的身邊。

侯文海也笑了。「現在的孩子懂得的事情可眞多，會開電視機，會唱歌。現在大家又流行彩色了，周老伯，你有沒有再買一架彩色的？」

「沒有。」

「你又沒有什麼負擔，實在可以換一架。」侯文海起身，把電視機的音量略微調高了些。

「我對電視沒有多大興趣。晚上看著、看著，眼皮就重起來了。」

侯文海又站起來，把音量轉低了些：「好像太響了一點，是不？鄰居有孩子在做功課哩！」

「看電視最好還是有個伴兒，邊看，邊就跟伴兒討論討論，一個人乾坐著瞧，的確……」

「你看看，周老伯，這個影集可不錯，我每次都看，很少叫我失望過。」

周光里啜著酸梅湯，慢慢回味著，也慢慢感慨著：「七、八年前，家裡的兩個孩子，小的在唸大學，大的要出國去。那時，電視剛興起來，我走過電器行的門口，站著看上幾分鐘也好。」

「其實，周老伯，你看這個男主角確實很有性格，打起來也有一手！我不騙你！」

周光里望著螢光幕。那裡有幾個大男人在一個酒館裡扭成一堆。周光里嘆息著：「唉，幹嗎這樣愛打架，畢竟是血肉之軀啊。我們年紀大了，不喜歡看血淋淋的影片，只願看一些有人情味的。我老妻總算也看了一年多的電視。以前，不看電視的時候，她就打毛衣。她年輕時，對編織這一道，也並不是頂熱衷的，但是，自從兒女相繼走了以後，她就把那幾件毛衣，拆了重打，打了又拆。我有時也會光火，問她，除此之外，就眞的沒有事做了？後來，買了電視，她總算定下心來。沒想到就是在看電視時中風的，宛如她看累了，睡著似的。雖然她過世也一年多了，我卻一直不敢相信。」

「周老伯，你想開一點……」侯文海又進去擰了一把冷毛巾出來，起勁地抹著自己的脖子、肩膀。「好熱的天！」

「每次，如果是晚上，我推開虛掩的院門，望著屋子裡亮著的熟悉的燈光，老認爲她還在裡面，或許在客廳裡看電視，或許在房間裡打毛衣。我捏著門軸，久久不想推門……」

「呀，小寶要吃牛奶了，我進去沖好牛奶就出來。」侯文海站起身，小寶就跟著他走進去。茶匙碰著玻璃杯，叮叮噹噹地作響。

周光里靜靜地望著壁上的兩幅現代畫。他看不懂，但他相信它們一定不是沒有意義的。他又望望窗外；褐灰的夜，風吝嗇地躱了起來。他舉起紙扇來，猛扇了幾下。

侯文海拉著小寶出來了，手中拿著一隻奶瓶。「他吸慣了奶瓶，總糾正不過來。」

「慢慢來。」

侯文海把小寶抱在懷裡，小寶開始安靜地吮著奶瓶。「慢慢地，他就想睡了。」侯文海拍著小寶的背，輕輕地、輕輕地。「不到十點，他就想睡了。」

「小孩子，早睡是個好習慣。」

「有時候，他要我躺在床上陪他一起睡。我也常常這樣睡了過去。這一陣子，白天的工作忙，晚上也就累得很。」侯文海望著小寶半閉的眼睛，自己也打了一個大呵欠。「眞的，我們的小寶要睡了，要睡了。」

周光里又啜了幾口酸梅湯，望著依偎著的父子倆。

「我們的小寶要睡了，

我們的小寶要睡了，

小寶是可愛的小乖，

小寶是快樂的天使……」

侯文海哼著、哼著，就編成了一支催眠曲，一遍又一遍地低吟著，而小寶的眼皮也就垂得更低了。侯文海自己又打了一個大呵欠。

周光里站起身，把電視機的音量擰得更低了些，自己也就更挨近地去欣賞牆上的那兩幅現代畫。

呵，這畫面的色彩是那麼強烈，它們給人的感覺又是那麼奇特，它們一定有深刻的涵義。爲什麼我看不懂呢？看不懂呢？

而在他的耳畔，侯文海繼續癡迷迷地在輕哼：

我們的小寶要睡了，
我們的小寶要睡了。

一九七二年（民國六十一年）十二月

東、南、西、北

「老徐，你這會兒要上哪裡去？」扶著我的小孫在我耳畔叫嚷。

「我不知道。」

「你去旅館住一夜呢，還是放車子直接回府？」

「不知道，不知道。」我昏昏沉沉地搖著頭，定是滿嘴酒氣。我想不到今天竟會喝了這麼多的酒。近幾年來，因爲得了胃病，多久都沒這樣了：步履蹣跚不穩且不說，連東南西北都分不清。

「啊呀，把他送到朋友家住一宵吧；他是遠道客，雖然不是來吃我們倆的結婚喜酒，可也不能怠慢。」跟在後面的李楓，走前一步說。

「他到底是來吃喜酒的，還是來參加梅家的喪禮的？」

「誰知道？」

「喂，老徐，你今天到底是來吃喜酒的，還是來弔祭的？」

「不知道。」

「既然不知道，你來個屁！」小孫說。

「我就是要來。」

「廢話！」

我像被綁架一樣：小孫扶著我，不知道要往哪裡走。晚上八點多，天早黑了，眼前更似蒙上一塊黑布，好想抬頭看看天上有沒有星星，又恐頭暈得一跤跌倒下去。

「啊哈，」小孫又說。「今天，吳家的新娘長得可眞不賴，不折不扣的美人胚子；小吳的福氣可大啦。」

「可不是，梅家老太太的福氣可眞好，子孫滿堂，今天披麻戴孝的人一大堆。」我說。

「我說的是吳家啊，你別亂七八糟地把喪事家的事往喜事家裡堆。」

李楓卻也說：「今天近午，我在馬路上站了一會，梅家的出殯場面確是不小，光是樂隊就有三隊。」

「吳家也差不到哪裡去，新娘子連電視機也嫁上了。」小孫不服氣。

「我在兩家都吃了飯，」我含含糊糊地。「兩家的菜都不壞。」

他們兩個都笑了起來。

「喂，老徐，乾脆上我王老五的宿舍裡去睡吧，那裡雖然沒別的，至少可以煮壺咖啡，給你醒醒酒。」小孫說。

「不知道。」

「別裝蒜，」小孫用力擰了我一下。「我那個泥鰍窩你去過至少也有五、六次了；何妨多去幾次。說不定不久以後，我小孫也會娶個如花美眷，住進一幢獨院小洋房裡，那時候，你要舊地重遊，怕也不可能了。」

我們停下來，正想穿過馬路。我忽覺眼前一亮，好些穿白色鑲金邊制服的人從我們旁邊走過，原來是樂隊要趁公車回去。

「僱一個樂隊要多少錢？」小孫問。

「我不知道。」

「你有沒有注意，吳家今天也僱了一個樂隊？會不會是上午梅家僱用過的那三個樂隊當中的一個？」

「很可能，」李楓說。「他們會奏很多曲子，有些是結婚典禮用的，有些是葬禮用的。」

「哈，」我說，「很好玩。萬一奏錯了呢！」

「笨蛋才會奏錯。要是這樣，誰還敢僱他們？而且，想想看，喜事家，嘻嘻哈哈；喪事家，悲悲切切，氣氛完全不同。」小孫解釋。

「呀，我今天上午險些兒走錯了門路。」

「胡說！」

「一點也不，我把吳家當作了梅家。」

「你那時還沒灌黃湯啊！」

「可是這兩家離得不算遠，我也有好幾年沒來這裡了，遠遠看去，只見兩家都搭著一個大帳篷。」

「但這也不是分不出來的。」

「當我走到第一家的時候，帳篷裡還是空空的，我只聽見屋子裡有個婦人在跺足哭泣；我想，沒錯，那家死了人啦！」

「胡說，你酒醒了沒有？」

「被冷風一吹，倒醒了一點了。」

「那好，我們先穿過馬路去。」

我們穿過馬路，走向小孫的宿舍去。小孫把我的胳臂捏得發麻。

「到了宿舍以後，我要煮壺濃咖啡；如果一壺不夠，再煮一壺。」小孫說。「你起碼得喝上三杯。」

「我會，」我說。「只要不是酒就好。」

李楓埋怨著：「小孫，你不該打斷老徐的話頭。無論如何，老徐在上午並沒有喝過酒。」

「當然沒有喝過，只是那裡的氣氛實在不對勁。我本來莽撞，差點兒拉住一個人想問：靈堂在哪裡？」

小孫把我的胳臂捏得更緊一點，我叫了一下，小孫才鬆開手來，他乘機讓李楓來扶我。

「算你這小子運氣好，否則，這話一出口，準叫人家賞你一個大巴掌。」

「就是說嘛，幸虧我及時看了看那塊豎著的牌子，大紅紙上寫著「吳府喜事」。我們著嘴就跑，惟恐自己說溜了嘴。」

「可是誰在哭啊？」

「不知道。」

「今天老徐不是酒後胡言，就是存心亂蓋。」小孫說。「那末，你拔腳就去了梅家？」

「那還用說？我哪裡還會一錯再錯？梅家的靈堂兩旁擺滿了紙人、紙馬、紙轎、紙元寶、紙電冰箱、紙電視機；聽說，梅老太太生前最喜歡看電視。」

「不錯，」李楓說，「老人家沒事可做呀！」

「那紙玩意兒簡直就像一車嫁妝。又有輓聯、花圈，備極哀榮；靈堂裡，哭聲沖天，聽說，一個女兒和三個媳婦都曾哭昏了過去。」

「她有四子一女，我跟梅家的老四很熟。」李楓說。

「昨天我看到他，人似乎不錯，該快三十歲了吧？」

「很英俊的小夥子。母親的心肝寶貝，女人的夢裡情人！」

「這話怎麼講？」小孫問：「梅老太太對他有偏心？」

「這幾年來，你難道沒聽說過，梅家的老四，出手可闊呵！」

「我只聽說，他在追一個紅舞女。」

「那不結了？他自己一個月掙多少錢，不夠還不是向老娘要，哪像我們，如果欠了別人幾千塊錢，那就夠你拔還的了。」

走進小孫的宿舍裏，三人都鬆了一口氣。我頹坐在籐椅上。小孫忙著去煮咖啡，李楓替我拿來了一個冷手巾把，我把牠敷在腦門上。咖啡煮好後，我連喝了兩大杯。

「唉，不該喝這麼多的酒，太麻煩你們了。」我振作精神，軟軟的感覺給趕走了不少。

「你倒說起這種客氣話來，這就不敢當了。其實，弟兄們借這個機會聚聚聊聊也好。你結婚四年，簡直是杜門謝客了。」

「也不是不想念朋友。」我說，「實在是成家以後，有了妻兒，開支增大，所以也就沒有興頭東跑西逛了。現在，別說舞廳，就連像樣一點飯館，我都不敢跑進去，因爲每次出來，口袋裡總只帶著百把塊錢，怕進去容易出來難。」

「老兄說得這麼坦白。」

「有什麼不能說的？我們沒有梅家老四那樣有祖蔭可庇。聽說梅家有三甲祖田咧。」

「你怎麼這樣清楚？你是來弔祭，順便還兼偵探的！」小孫調侃我一句。

「而且，這三甲田，又全在都市的邊緣，價值好幾百萬。」李楓說。

小孫吐了一下舌頭。

「梅老太太很能幹，很精明。生前，雖然六、七十歲了，現款、田產、股票還是一把抓。她是我們商行的股東，所以，行裡今天派我來。」我說。

「有錢囉，難怪兒女媳婦都挺孝順的！」小孫聳聳肩，過了一會，又爆出一句：「你是親眼看到她的三個媳婦哭昏過去？」

「我沒看到，但有人看到，不就夠了？」

「她的三個媳婦也是能幹過人的。」李楓說。「老四化錢追舞女，氣得嫂嫂幾乎要跟小叔吵起來。這是老四親口跟我說的。要不是梅老太太死抓住田產什麼的不放，好幾年前，他們就分家了。」

「俗語說得好，爹有不如娘有，娘有不如自有。我看梅家的老四恨不得遺產早早撥到他的名下，好讓他大大地花天酒地一番。」小孫說。

我心裡怪不舒服的。「可是今天我倒眞的看見他哭得兩眼紅紅的。」

「哭過這兩天，以後就會歡天喜地了。你信不信？」小孫不服氣。

「唉，現代孝子可不多了。」李楓啜著咖啡，表情凝重。「梅老太太生前，兒孫總算沒有跟她吵吵鬧鬧，葬禮又能光光彩彩；一個人活一輩子，還希望怎麼樣？」

大家沉默了一會。

小孫又開腔了：「今晚，我本打算留下來，鬧小吳的房，可是，看看小吳似乎並不喜歡這一套，而吳伯母也沒一點表示。」

「喂，老徐，你想想看，你聽到吳府上有人在哭，會不會是胡伯母？」李楓問。

「這個我倒不知道。」

「爲什麼要哭？娶媳婦又不是嫁女兒，而且，我知道，這個媳婦還是她自己看中的。這女孩又漂亮，又是名門閨秀，所以小吳很快就愛上了她。」李楓說。

「可不是嘛，郎才女貌！」

「這樣的女孩子，假如我能碰到，也就早去追她了。即使每天寫情書，也在所不惜；即使以後每天替她洗碗，我也心甘情願。」小孫又是一副可憐相。

「乖乖，追他的人，怕要排長龍呢，會輪到你？」李楓掃了小孫一眼。

「可也輪不到你啊！」

「我不相信他在讀大學時沒有一個要好的男朋友。」

「可是小吳卻後來居上。」

「不過，現在，話說回來。」我說，「我看小吳今天也是心事重重的，彷彿總有些什麼事兒不勁勁。」

「他是不是梅老太太家的親戚，他沒有去弔祭？」

「不可能，如果是，他家可以另派人去。」

「那末？」

「難道跟他的母親鬧什麼意見了？」

「吳伯母樣樣爲兒子著想，似乎也不可能。」

「那末？」

「以後問小吳就知道了，對不對？」

「我不相信小吳會告訴我們。要是換了你小孫，你肯樣樣告訴人嗎？」

「包括你會不會生兒子這件事？」

「我不知道。」小孫遲疑了一會。「老徐，你呢？」

「我也不知道，也許我太太不肯，因爲她可能要去人工受孕，說出來，以後別人會笑話孩子的。」

「是的，」小孫說。「我想，每個女人都是不肯輕易透露的。」

「不過，小吳今天卻絕對不是爲了這件事情而煩惱。」

「新婚之日，哪會先想到兒女，而且，對了，記不記得：幾年之前，小吳曾跟一個電話接線小姐很要好。」

「幾年前的老帳，你還提出來，李楓？那個接線小姐早嫁人了。」我岔斷了他。

「不過這件事，只有我們弟兄幾個知道。小吳每在她值夜班時，就去那裡纏她。後來，那個接線小姐生了一場病，在外地醫院住了好幾天。」

「李楓，你這缺德鬼；這種事，你還沒忘記。」

「老實說，我跟誰都沒說過。除了我們弟兄三個知道之外。不過，那次，小吳也著實化了好些錢，否則，事情怎肯這樣了結？」

「那總是免不了的，只是有些事，化錢也斷不了。」我說。

「啊！」小吳驚叫起來。

「什麼事這樣大驚小怪的？」

「五、六天前，我看見一個女人，戴著一頂今年流行的軟邊涼帽，側臉很像接線小姐，是不是她聽說小吳要結婚，又回來了？」

「那是說，她還——」

「她還不肯了結?!」

「她自己嫁的是個四十多歲的中年男人！」

「不過當時是她自己答應了的啊。」

我們三個的頭上都直冒汗，單祇一架電風扇似乎不夠用。

好久，好久，小孫輕輕地說了一句：「幸而，這件事新娘那方似乎不知道。」

李楓也有點神秘地：「嗳，這個嘛，我在吃喜酒時，聽見鄰桌的一位賀客說，婚前兩天，新娘還特地上台北去補添一些嫁妝，然後又轉到花蓮去買一對大理石的檯燈，差點兒忘了趕回來。」

「家裡叫人去找回來的？」

「好像是。」

「可能嗎？」

「不過，事實是喜車到得很慢，大家簡直以爲車子在路上出了事。」

「的確，我察覺新娘眞是天生麗質，根本就沒有好好地化妝過。」

「是不是他——」

「誰知道？無論如何，小吳今天做這個新郎，可也眞是千辛萬苦的了。」

「所以，他不願別人去鬧新房，或許，今晚洞房花燭夜，他還得罰跪哩。」

大家都笑了起來。大家的心裡也輕鬆了不少。只有，當我側耳靜聽時，似乎還聽到小吳母親的哭泣聲呢。

小孫拍的一聲把咖啡杯重重地擱在桌上。「不管怎樣，今天，在我們附近，就我們所知，是：一個人結婚了，一個人下葬了。」

李楓側著頭，緊接著問：「小孫啊，你說人生是悲呢，還是喜呢？」

小孫不回答，卻朝著我問：

「老徐，你說說看。你比我們大兩三歲，你說說看！」

我半閉著眼睛，說：「我不知道。」

「你怎會不知道，你別以爲你還在醉呀！」

「我眞的不知道，」我說。「因爲，現在，我連東、南、西、北，都分不清了。」

原刊於六十年九月五日的中華日報

光環

一

我們坐在古炮旁的草地上。那是在十一月初的八卦山上，我們的左前側是巍峨的釋迦牟尼佛，祂以永恒的寧靜，盤腿坐在蓮花座上。在我們坐的地方，我們看不到祂的微笑。

我們，一共三個人，我、阿吉、小朱。這一星期中，我們一共爬過五座山，玩過不少地方；現在，我們都累了，很想躺下來憩憩。

「我們吃了飯以後，去涼亭裏睡一覺。」我說。我是趙夏平，十月裏剛滿十八歲。

「到哪裏去吃中飯？」小朱問。小朱是我們一夥當中最小的一個，十七歲；個子小，飯量可不小，每次提議去吃飯的總是他。

「當然是大佛後面的小吃店囉。」阿吉說。他十九歲，蓄著長及耳根的頭髮。他會跳舞，會唱歌，會彈吉他。他說，他在這方面很有才華，我們也承認他有才華。他渴想在螢光幕前露一手。

我伸手拍拍那黑褐褐的炮身，它實在一點也不好看；既不光亮，也不威風。那兩尊炮口對著綠茸茸的山麓的古炮，或許是鄭成功時代留下來的吧，可惜我們三個全沒有思古的幽情。

「我不喜歡古炮。」阿吉說。

「我也是。」小朱跟進。小朱喜歡討好阿吉，或許阿吉比他強壯有力。

「我喜歡左輪，或者長劍，或者彈簧刀。」阿吉又說。

「我也是。」小朱的鬼眼迅速地霎了幾下。

「你讀高中時可曾打過靶？」阿吉問我。

「當然；有一次，我還打中紅心。我小時候有時跟著爸用鳥槍打鳥。」

「那很好，你家裏有鳥槍？」

「沒有，是我爸向朋友借來的。」

阿吉聳聳肩，順勢往草地上一倒，雙腳蹺起來，擱在砲身上，他的尖頭黑皮鞋比炮身烏亮得多。

「中飯吃些什麼？」小朱問。

「到時再說。有什麼吃什麼，總少不了滷豬肝、滷蛋、白切雞、炒魷魚吧，或者再來一瓶高粱，哈，哈！」阿吉吹起口哨來。「夏平，你還有多少錢？」

「三百多，三百四十，或者三百五十，要不要點一點？」

「不用了，反正總夠我們哥兒三個花到明天就是。等會吃飯付帳時，由我來，你別作聲。」

我跟小朱也躺了下來。我把那件新夾克捲起來當枕頭，側著身，屈著腿。我的目光始終在大佛右側游移。祂的背部實在太平凡了，像峭壁，卻沒有後者的秀挺。我發覺祂的大耳朵要比背部出色得多。那下垂的厚實的耳墜，使我想起我爸多肉的下頷與有趣的球形鼻子。我是爸爸的親生兒子。我還有一個哥哥，他不是我爸親生的，他叫趙梅根，但我總喚他梅根，因爲他以前姓梅。我不喜歡他到我家來，所以，我一不高興的時候，就向他嚷嚷：

「梅根，你不姓趙，你是拖油瓶；這不是你的家，你給我滾！」

這時候，我的繼母就會紅著眼睛，而爸則會當作沒聽見，走去做他的活兒了。他總是到鋸木機那裏鋸木頭；一堆堆的木板、木條，都是爸和梅根鋸的。梅根來我家的時候是十四歲，現在是廿六歲。他很少說話，或者說，他有點怕我，雖然他比我高大、健壯。但是，他很清楚，我是我爸的親生兒子。

我翻了一個身，向著古炮。阿吉的雙腳還擱在那裏，我很想叫他把腳放下來，因爲我突然覺得這模樣兒很難看。我不喜歡他這樣，但我卻又不想說。

「阿吉，前幾天你媽來信怎麼說？」

阿吉裝了一個鬼臉。「還不是老套！她說，我上補習班，是她拿出私房錢來的，我要好好用功吶。天知道，補習班裏的人這麼多，叫我怎麼讀得進去！」

「不錯，」我說：「人太多，又在鬧街上，我也靜不下心來。」

小朱說：「我也是。那些老師說話像放機關槍。教室裏，空氣又差，我乾脆從窗口眺望街景。」他右手拔下一片青草來，放近眼前瞧著。

「你明年打算考什麼學校？」我問。

「五專。眞是活見鬼！我讀了一年私立高中，又來補習一年，再去考五專；早知這樣，初中畢業那年就該去考了。」

「考什麼五專？」

「那只有大佛知道。考上什麼就讀什麼。憑我這塊料，考得上臺北工專、或者明志工專嗎？」

「讀書眞沒意思。」我彈彈手指。「我讀膩了。有趣的玩意兒這麼多，叫我們老是啃書本，多不公平！現在，我一摸到書本就心煩！」

「你老子會不會罵你？」阿吉問。

「很少罵我。他自己才初小肆業，斗大的字識不了幾擔。他數說我的時候，我就趁機把英、數學搬出來嚇唬他，他不就楞住了？我還順勢頂他一句：爸，你有本領就去考考看！」

「嘿，有趣。」阿吉說：「你老子一輩子做鋸木廠裏的工人，他幹嗎要你讀書？」

「呀，我跟你說過，他以前是鋸木廠裏的工人，最近幾年來，我家可是開著一家鋸木廠，爸是老闆了呀。」

「那末，你是小開？」

「可不是？人家有時喚我一聲趙小開，哈哈！」我有些飄飄然。「爸有了錢，我這個親生兒子應該享福，應該讀大學，應該花錢，對不對？」

「天經地義！」小朱附和。「你的那個拖油瓶哥哥呢？」

「梅根？他沒有讀書。他來我家後，就一直幫爸做活。最近幾年來，我們自己開了鋸木廠，他晚上也工作。他身體很棒，媽叫他休息休息，他說他不累。」

「敢情你家的鋸木廠是他替你們掙下來的！」

「胡說！他算老幾？他配？」我氣鼓鼓地坐起來。「那鋸木廠是爸掙下來的。爸看他爲人忠厚，留他在家裏幫忙；要是他到外面去做工，哪有這麼好！」

阿吉和小朱互望著，隨即全都格格地笑了。

「笑什麼？難道我騙了你們？假如果眞是他掙下來的，那末，賺來的錢就該有他的份兒，但他沒有。不說別的，就說新年壓歲錢吧，爸給我的是五百塊，他卻只有兩百塊。」

「他這兩百塊錢是怎麼花的？」

「他什麼也不花，全存到銀行去。存款簿放在媽那裏。我想，他是準備先積一點，以後娶老婆用。」

阿吉和小朱也都坐起來。阿吉沉思地說：「這麼說來，你的經濟環境倒不錯。」

「當然不錯。我家鋸木廠在鎭頭上可算是生意最好的。」

「我不是這意思，我是說，你是你家裏的土皇帝，你的爸爸、媽媽、哥哥，誰都讓著你一點，你還怕什麼？你簡直有了一個聚寶盆！」

「我不大懂，阿吉。我爸有一次倒是說過，一個人能勤勤勞勞地工作，就好像有了一個聚寶盆一樣。現在，我只是在補習班裏鬼混罷了。」

「有你爸和梅根在替你工作，不就夠了？夏平，我跟你說，你這一輩子可不必愁吃、愁穿了。你可以寫信到家裏，叫他們多寄一點錢給你。」

「爸每月寄一千塊給我。」

「那不夠，夏平，你要跟你爸說，明年，如果想在聯考時爭取絕對勝利的話，那就非得精力旺盛不可。除了吃得好之外，還要服多種維他命劑、補腦丸，也要喝咖啡，甚至抽香煙，因爲咖啡和香煙可以促進思想的靈活。」

「你說得對！」我說。「以後，我叫爸每月寄一千五百給我。」

我們循著小徑下來，走到大佛後面的小吃店裏。那裏的東西並不便宜。我們點了幾樣菜，又喝了啤酒，阿吉只丟給他們八十塊錢，他們看看阿吉和小朱的模樣，就一聲不響地收下了。

我們打著飽嗝，往山腰的一個涼亭走去。阿吉用牙籤剔著牙齒，說：

「夏平還得接受訓練，他的心腸太軟，成不了大事。」

「我怕老闆不肯，跟我們吵起來。我們勢單力薄哪！」

「怕什麼？要是這一次我們吃了癟，下一回，就準叫他們吃不了兜著走。老實說，賞了他八十塊，已經算是給他面子了！」阿吉猛地往我的肩上一拍：「夏平，你該向我學習。」

「當然，我本來就在向你學習。」

「把頭髮留長些，買件紅襯衫來。」

「這月底爸寄錢來的時候，我馬上去買。」

「明天回到臺北，就馬上寫封快信給你老子去，說你的錢全被扒手扒走了；你老子一接信，還不乖乖地再寄錢來？」

我遲疑了一下，因爲剛在十天前，爸匯了一千塊錢給我。爸另外還寫給我一封似通非通的信，他叮囑我在外要小心，要用功；說我五歲時死了親娘，他辛辛苦苦地把我帶大，現在，我第一次離家遠行，他很不放心。這實在使我爲難。我怎能再向爸開口要錢？無論如何，爸的錢是鋸木頭攢積下來的。

「你的心腸還太軟。」阿吉說：「心腸軟的人，成不了大事。你老子五十歲了，積下錢來幹嗎？」

「不是這意思。」

「反正你成不了大事！你膽小，你沒種，你成不了大事！」

「好啦，好啦，別說了；我一回到臺北就寫信，不就得了？」我不耐煩地。

二

我也不清楚，我是怎麼會跟阿吉和小朱住在一起的。我們租住的是幢四樓的洋房，因爲它是在補習班的附近，所以房東就專做我們這班從中南部趕到臺北來補習的年輕學生的生意。每個房間的所有空間幾乎全被利用了。依我揣測，一幢房子裏就住著六、七十個像我那樣的青、少年。白天，聽課的聽課，玩樂的玩樂，眞可以說是「各奔前程」，而一到下午六點鐘，大家又像群蜜蜂那樣地飛回來，把一己的喜、怒、哀、樂，全發洩在將逝的黃昏中，使整幢房子在嘈雜的聲浪中幌盪。也有少數人，本來是沉默寡言的，但聽見有人在肆無忌憚地拉開破嗓子唱歌、以及自得其樂地彈吉他、以及旁若無人地高聲談笑，也就像被逼瘋了的野獸似地狂號一陣，作爲報復。

我們這個房間裏，住著我們三個人，還有一張上舖空在那裏，沒人住。我還記得，我剛上臺北的時候，膽小、守份，每天都按時去補習班上課。然後，阿吉來了，小朱來了。在課堂裏，阿吉叫我坐在後排，跟他在一起。他抽煙、玩牌，把課堂當作娛樂室；我覺得這樣的生活實在輕鬆多了，於是，我就每天衹去上一、兩堂課，應應卯，再於是，我就每星期只去一個上午或者一個下午，表示我還是補習班的學生。正如阿吉所說，光只是補習班裏的學生就有這麼多，我們哪有把握考上大專，還是不要虧待自己，趁機玩樂玩樂吧。

這次，我們三個從彰化回到臺北，幾乎全是身無分文。阿吉叫我別擔心，寄宿舍裏有的是朋友，他會去借的；而且，憑他一句話，有誰敢不借？所以當我回到寄宿舍、開始製造理由向家中要錢時，阿吉就跟小朱走到對面的房間裏去。我知道，那裏住著一個文弱的白面書生，綽號玉觀音的，他家裏每星期總要寄一個包裹來，不是水果，就是肉鬆、糕點什麼的。

阿吉和小朱一會後就回來，手裏拿著一篾籃蘋果和一袋餅干。

「嗨，簡單不簡單？」阿吉順手丟給我一個蘋果，我沒接住，砰的一聲落在書桌上。

「嗨，就是那個玉觀音的，先填填肚子！」

我啃著蘋果，邊問：「他怎麼會肯？」

「嗨，我們跟他夠交情嘛。他那副娘娘腔，簡直像個大姑娘。」

當阿吉跟小朱拋著蘋果玩兒時，房門卻猛地被推開了，出現的是個綽號石獅子、會幾下拳擊的寄宿生。他滿臉通紅，好像剛給潑上一瓶紅墨水。

「快把蘋果放回去！」他說，一邊向門內跨了一步。他的態度難看極了，我從來沒有碰到過這樣的一位煞神。

阿吉向前迎去，不由自主地把兩手的姆指搭在褲袋口上。「狗咬耗子，管你屁事！」

「我就是要管！管你的，管黃文忠的！」黃文忠是玉觀音的本名。「我問你，你憑什麼硬搶人家的蘋果，硬借人家的三百塊錢！」

「是他自願的。」

「自願什麼？他正倒在床上哭呢！現在，我要問個清楚：你是想白拿人家的錢呢，還是眞因手頭拮据，想借用一下？如果想借，就給我馬上寫借據！」

小朱從側面竄過去兩尺，阿吉的臉上抽搐了一下，但我更清楚的則是那露在石獅子短袖運動衫外的隆起的肌肉。我擔心那場即將來臨的廝打，所以就機靈地把身子插到他們的中間去，一面急急地說：「是的，是借的，是我叫阿吉去借的，他們完全是爲了我，我馬上寫借據，我爸很快就會寄錢來，到時我一定還他。」

我簡直記不清楚我是在一種什麼樣的慌亂情緒下立下了一張借據，然後，當石獅子離開房間後，阿吉又怎樣歪獰著臉打我兩巴掌。這原不是我的事，卻一下子被我拉到自己身上來。阿吉還嚷著：「你這個窩囊，你這個膿包，你坍我的台！」而我卻在納罕，如果阿吉果眞有種，他當時爲什麼不把我推開去？

「我完全是爲你好，」我說。「你不也有一點怕他？」

「老子會怕他？你沒種，連老子也栽在你的手裏了！」

那是沒有理由的爭吵。跟阿吉爭吵，輸的註定是我。我答應向爸多要五百塊錢，來向他贖罪。我撕掉剛才寫了一半的信，重新開頭：我盤算著需要多少錢？需要編個怎樣的謊？

爸：你好嗎？你非常非常好嗎？做兒子的在外面每天都想寫信問你好，每天、每天都這樣想，但我知道你希望我努力讀書！

（第一段先打動爸的心，讓他微笑中噙著眼淚，讓他想：夏平是個孝順兒子！）

我也知道你無時無刻不在惦念我，但我也無時無刻不戰戰兢兢，努力用功。然而，昨天晚上，我卻遭到了不幸。我上街去買參考書，我說過，我已經買了很多參考書。我帶了全部的錢，在書店中流連，於是，我突然發覺口袋空了。爸，那是扒手的傑作。我只得狼狽地步行回來，不料又在巷口摔了一跤，傷了腳，花去我兩百五十塊的醫藥費（是向別人借的）。

爸，無論如何，你接信後，請先寄給我一千二百塊，因爲我不能再向別人開口了。

兒夏平叩上

我看了兩遍，又交給阿吉過目。阿吉說我的信寫得不錯，如果做老子的愛兒子的話，他是一定會寄錢來的。阿吉貼了「限時專送」的郵資，代我投到郵筒裏；然後，我們懷著借來的錢去吃晚飯。要是我們省吃一點的話，那是可以支持到第四天的上午的。我預計爸最遲可以在那天上午把錢寄到。哈，那時，這個世界豈不又是我們的了？

第二天是星期日。從上午十時出去，大半天我們就在西門町一帶蕩來蕩去，從這一家百貨公司逛到那一家百貨公司。那些百貨公司一如茁壯於都市花圃裏的彩色草，嬌艷、豐茂而多變。我們很有耐心地一個櫥窗一個櫥窗地看，有時乾脆站下來，跟一些輕佻的女店員開玩笑。我們三個都長得不難看，而且，衣著入時，自以爲是風度翩翩的公子哥兒。有幾個女店員我們早就認識，阿吉甚至還請她們看過電影呢。

「嗄，櫃台西施，」阿吉拍拍那個女店員的手。那個女店員，兩頰散著好多雀斑，但卻有一對不笑時也半現著的酒渦，看到阿吉，酒渦便更深了。「歐，還記得我嗎？」

「你如果認得我，我當然也認得你。」那女孩回答。「最近，你有沒有去參加——」

「歌唱比賽？其實，參加不參加，我都不在乎。我是全能歌手，邊唱、邊彈、邊跳，我不必參加比賽，就能走上夜總會的表演台去。」

「你一個人嗎？」

阿吉用食指向背後一勾。「外加他們兩個。你肯加入嗎？我們組織一個合唱團，由我和你主唱。我看你的眼睛就知道你一定會唱歌。」

「眼睛？」

「這是我個人的意見：會唱歌的人，眼睛一定很美；換句話說，眼睛不美的人，最好不要唱歌！」

「很有理由，」櫃台西施說。「你在娛樂界一定會竄紅。」

「不是我個人，是我們大家。」阿吉糾正她。「我想看看那對袖扣，它們的色澤和手工似乎都不壞。媽說要送我一件禮物，叫我自己挑。」

櫃台西施把三對寶石袖扣拿出來，放在玻璃的檯面上，阿吉這對看看，那對比比：一對是菱形的鐵灰寶石，一對是方形的藍寶石，另一對則是圓形的臺灣玉。我知道阿吉三對都想要。其實，我也想要一副。電視上看到那些歌星穿著閃亮料子的上衣，露在外面的一截雪白袖子，上面綴著一副在燈光下閃爍輝耀的寶石袖扣，多神氣！我一直在羨慕，阿吉也一直在羨慕。

「以後，我也要買一副。」我擠在旁邊，說：「說不定我爸明天就會寄錢來。」

櫃台西施瞟了我一眼。我的個子比阿吉小，比小朱高，但三個人中，我卻顯得最稚嫩。有人還以為我是高一的學生，我有點不服氣。我又不是女孩子，希望停留在十七、八歲上。我希望成熟一點。我甚至希望自己已經二十四歲，是個大男人。我喜歡阿吉，因為阿吉處處比我老練。

「哈，如果夏平的錢明天匯到，我們就把這三副袖扣統統買下來。」阿吉輕輕地把三副袖扣往裏一推。

「喂，我要你記住，組織合唱團時，可別忘了我！」櫃台西施含情脈脈。

「當然，當然。你最好再約兩個漂亮的女孩。我們要組織一個突出的六人合唱團，可以合而爲一，也可以分而爲二、爲三，因爲有時不妨化整爲零，各自到小型的歌廳去。」

「好主意！」小朱稱讚著。「阿吉眞了不起！」

我們在頂樓的點心部喝了紅豆湯，出來時，我們很想去打場彈子。阿吉說，在彈子房裏常常能碰到一些「心儀已久」的朋友，而那些朋友，通常又跟歌廳老闆是老交情，很可能把我們送上表演台去。

可是今天，口袋裏的錢卻不能讓我們隨心所欲，我們只好去電影院的門口蹓躂，瀏覽免費的廣告照片，然後，有一個人走過來，輕輕地要求我們代他買幾張門票。阿吉的慧眼馬上認出他是黃牛，他是藉故來跟我們搭訕的，希望我們也能加入他的行列；於是，阿吉很快就跟他談攏了。

「呃，哼，」阿吉說：「其實賺錢也不難，以後，我們可以有份穩定的收入了。」

我們到晚上八點才回宿舍，推門進去，我吃了一驚，呆坐在我那張亂糟糟的床上的，竟是從南部趕來的爸。我撒嬌地奔過去，拉住他的胳臂，搖撼著：

「爸，你是不是剛到？你幹嗎趕到臺北來？」

爸的圓圓的下頷在顫抖，他的球形鼻子悲慼地皺成一團。「夏平，你上哪裏去了？」

「噢，我吃過晚飯後，又去書店裏逛了一會。」

「那末，你的腳傷在哪裏呢？」

「我只扭傷了腳踝，接骨師說要多走走路。」我故意跛了幾下腿，讓爸瞧。「剛扭傷時，痛得不得了，還以爲摔壞了骨頭。」

「夏平，你每天都這樣地整天逛書店？」

「整天？誰說逛了一整天？我才出去不久；你不信，就問問我的這兩位朋友看！」

爸盯著我：「我在這裏已經坐了六、七個鐘頭了。「我不放心你的腳，所以一早就從家裏趕了來。夏平，你沒有在用功！」

「爸，不是，不是這樣的。」我提起右腳，不斷地擦著。「今天，全是爲了這條腿；這條腿害了我，爸。以前，我每天都在宿舍裏。」

「沒有上補習班？」

「呃，不，我是說，不是去上課，就是在這裏。那兩位可以作證。」

爸互扭著他那長滿了硬繭的雙手，好像它們是他身上的累贅，他要把它們折斷、扯掉。他的下頷仍在不斷地抖動。我想起了大佛的耳墜，它們都是厚實而堅穩。我希望爸平靜下來，他可千萬不能扭傷手啊，他是要用它們來工作的呀。

「我錯了，我一直以爲你是一個乖兒子。我寵壞了你！」爸的聲音蒼黯得像灰塵，飄飄幌幌的。

「爸，我依舊很乖呀，你今天怎麼一點也不相信我的話了？我還是以前的我呀。我的兩位好友可以替我作證。」我轉臉去找阿吉和小朱，但不知道他們已在什麼時候離開房間了。

爸仍然搖著頭。「我剛才碰到一個長得很高大的年輕人，他什麼都告訴了我。我已經替你還了借款。你的事，我全知道了。我不該讓你上臺北來的。」他閉上眼睛，嘆著氣：「我更不應該今天親自上臺北來。」

「爸，你不能專聽別人的話。寄宿舍裏，人多嘴雜，有些人喜歡興風作浪，幸災樂禍，巴不得我們父子間鬧得不愉快哩。」

「但我也不能專聽你的啊。我已經聽了你好多年了，總認爲你比梅根有出息，你比梅根有孝心，你樣樣比梅根好！」

「我當然比梅根好，因爲我是你親生兒子。爸，梅根又不是你的親生兒子，他再好也沒有用。」

「閉嘴！」爸一巴掌打在我的嘴角邊；這是他生平第一次打我。「閉嘴！」

「那是眞的，你以前也對我這樣說過；那時，我小學畢業，考上初中，你送我一隻錶，還對我說：我希望你比梅根強，因爲梅根不是我的親生兒子，他再好也沒有用。爸，你眞的對我這樣說過。」

他的球形的鼻子紅紅的，顯得有點可笑。「閉嘴！」他說得很輕，已經不像是在罵我，而像在罵他自己。「閉嘴！」

「閉嘴！」爸吼著。「閉嘴！」他的聲音粗暴，但卻疲乏。我沒有聽到過這樣的聲音。

三

我奇怪爲什麼爸寧可我摔壞了腿，卻不願看到我現在這個樣子？我的確變了一點，但誰不在變？他自己也不也在變？以前，他的脾氣挺好的，今天，卻好端端地對我光火。提提梅根有什麼關係？梅根不是他的親生兒子，那是誰都知道的，怎樣也改變不了。媽旣不能爲他生個小兒子，那也就註定他只有我這個親兒子；他的這份家產註定由我來繼承。縱令我每個月多花千把塊錢，又有什麼了不起！因爲我花的，不正是我自己的錢？

爸當晚要趁夜快車回家去。他丟下一千塊錢。他說，我用錢的時候應該想想這些錢是父兄怎樣掙來的；假如我眞不想讀書，那就乾脆回家去；鋸木廠裏正感到人手不夠。我對這些話，一笑置之。叫我去鋸木頭？笑話！那我當初又何必多讀六年的中學？鋸木是種最機械、最不要花腦筋的工作；認得幾個大字的爸就可以做，只讀過小學的梅根就可以做，何必要我來？而我一直要比梅根強，怎會甘心跟他做同樣的工作？何況，我原本就瞧不起這種行業，認爲它很低賤。

爸來去匆匆，來時愁容滿面，去時怒氣沖天。我覺得爸太大驚小怪。臺北街頭，到處不都有我這樣的青年，有什麼好大驚小怪的？都市這麼富於誘惑力，叫我們怎能不像一隻隻撲燈的飛蛾？逛街、抽煙、喝酒、跳舞、打彈子、泡咖啡館、上夜總會……這都是稀鬆平常的事；在光彩奪目的都市中，它們也只是一些最普通的消遣，算不得什麼刺激了。爸如果肯仔細想想，他就會心平氣和了。難得他上一趟臺北，爸如果不是這麼光火，我就會勸他應該去各處看看、玩玩才對。

然而現在，我眼看爸離去，卻沒說一句話，因爲什麼話都不合適，連一聲再見也說得很輕、很輕。我走出車站，夜已深沉，但街道熱情仍未冷卻。人們正從電影院裏泛濫出來，流向各方。今天，那家一流戲院裏上映的正是一部好片子：孤雛淚；今天，一定有很多人是買黃牛票進場的。於是，我想起了阿吉和小朱。剛才他們悄悄離開，一方面固然是爲了躲避爸，但另一方面，或許正是來電影街作職業性的蹓躂哩。

倘如有一個現代的奧里佛，在他的經歷中，也一定少不了「電影黃牛」這一行！

我想著，覺得很有趣；不一會，就把爸丟給我的不快忘得光光了。袋裏放著錢，腳步也就輕鬆了不少。嘴裏打著唿哨，心裏卻在盤算：今晚該吃點什麼宵夜來安慰安慰自己？於是，我就向「牛肉麵大王」那兒走去；口哨越吹越響，頭也越昂越高。半路上忽然有別人的口哨聲加了進來，我用目光向四周一掃，發現阿吉和小朱就倚在騎樓的柱子邊。他們向我霎霎眼睛，似乎早就看到我了。

「嗨，『亂』絕的啊，你們從宿舍裏溜出來，卻在這兒等我！」

「自然囉，我神機妙算，算定你老子今晚要走，而且也算定你送他上車後，也一定會上這條街來。」

「我倒希望他多住幾天。他十來年沒上臺北了，來一次也不容易；他要是能多玩幾天，快快樂樂地回去，那該多好！」

「多待幾天？嘿，他如果待三天，你就得受三天的罪，這點你沒想到？我如今看到了你老子，才知道他是地道的土財主，兒子用這麼一點點錢，也要斤斤較量的，多想不開！呃，夏平，他今天給了你多少？」阿吉摟住我的背，一隻手伸到我的褲袋裏來。

「還了債，又給了一千塊，也差不多了，對不？」

「不多。反正你心腸太軟，成不了大事；這是你最大的缺點。既然他來了，就表示他疼你這個兒子，你怎麼不趁機敲他一筆？」阿吉問。

「下一次再試。你們的電影票……」

「那還用你問？我們憑空也賺了百把塊哩。這行業，我幹定了。我，我請你吃宵夜。周老大還在那裏等呢，他要跟你見見面。」

於是，在一家咖啡室裏，我看到一個營養好、精神旺的四十左右的男人。他似乎很和氣，拍拍我的肩胛，喚我小老弟。他說，他是一個喜歡結交年輕人的中年男人，他欣賞年輕人的機靈、豪爽、有幹勁，他的事業是全靠跟年輕人合作才建立起來的。他的左手無名指上套著一隻白金的字母指環，手腕上佩著金殼的名牌手錶，合身的西裝，閃亮的皮鞋。臉上並沒有險惡的疤痕。他沒有我想像中黑社會頭目的派頭。

「你希望跟我合作嗎，小老弟？」他說。他的眼睛有種說服人的力量。問你時，眼睛略略瞇起來，但射出來的目光卻是銳利無比的。

「我不知道，我沒有問過爸，他剛回南部去了。」

「嗳，這種事可不能跟自己的爸說，好像你媽積私房錢一樣；擠票、賣票，只是爲自己賺些外快，零花零花，因爲每一塊錢都要向家裏要，多不痛快！」

「當然，爸今天給我錢時，臉色就夠難看的；他心裏不痛快，我心裏也不痛快。」

「可不是？我說的就是這個，自己賺些錢給爸媽瞧瞧，即使以後他不給你寄錢，你也照樣能在這裏過下去。哈哈，那時候，誰說你還是一個孩子！」牛奶和蛋糕給端上來了，他用手一擺，叫大家不要客氣；這時，他的樣子倒又像個父執輩了。

「你家裏有幾個兄弟？」他攪著牛奶，霍地抬頭問我。

「我是我爸的獨生子。」我有點自豪地回答。「我叫夏平，趙夏平。」

「他還有一個哥哥。」小朱插嘴進來。

「胡說！他不是我爸的兒子，他是拖油瓶，叫梅根。他爸死了以後，他媽才嫁給了我的爸。我從來沒有喚過他哥哥。」

周老大笑著。「你倒很有志氣，眞看不出來。這樣說來，你跟梅根的感情一定不好！」

「可以這麼說。不過，他有點怕我，因爲爸總袒護我。嘿，在家裏，我是老大，他是老么。」

周老大繼續和和氣氣地笑著。我也笑了，因爲我很高興。我要所有認識我的人都知道我是爸的寶貝獨生子，而梅根則是一個無足輕重的拖油瓶。一個拖油瓶跟童養媳一樣，是抬不起頭來的。廿六歲的梅根很了解這一點，所以，他在家裏總是低聲下氣地默默工作著。

周老大把牛奶喝完了。「很不錯。從這一點上看來，你很會把握情勢；你只要跟著我，以後一定有辦法。那梅根從前住在什麼地方？」

「誰知道？他從來不談他以前的事，我只知道他生父是梅力山，一個很怪的名字，彷彿是個大力士，只可惜早死了，所以是個短命的大力士。」我笑了兩聲，表示瞧不起那個梅力山。

我們沒有在梅根身上浪費太多的時間，我們接著只談了些吃、喝、玩、樂的事，然後，我們回到宿舍裏。我不放心地說：「阿吉，我們不是要做歌手嗎？爲什麼又答應老大去買賣黃牛票，我們好壞還得練練歌、彈彈吉他呀。」

「誰說不是？但組織合唱團也得要有經費啊。我們正好趁這個機會，賺點錢來，而且，嘿，周老大還是娛樂界的經紀人，跟他混熟了，怕他不提拔我們一下？」

於是，我們就各自上床去了。我們都有美好的夢在等待我們。我的夢中沒有爸，沒有梅根，沒有鋸木廠，我只夢見彩色的巨幅電影廣告一張接一張地排在前面，形成一座彩色的山岡。於是，就在這座山岡之上，一個豪華的舞台在光影中緩緩昇起，而站在那裏的，就是我們——拿著樂器，穿著鑲著緞領的閃亮的上衣……。

我們的日子過得很快活，像在工作，又像在玩樂；只有在警察走過來的時候我們才不得不躲開去。那時，我雖隱約地感到我們這種工作並不是可以在所有的人們面前亮相的，但我們仍然快快樂樂，無憂無慮。阿吉說，對未來想得太多的人是笨蛋。一個人只要能夠適應環境，何愁沒有路？他本來有一隻吉他，我們空下來時就彈著、唱著。我的頭髮也慢慢地留得跟阿吉的差不多了，而且搽上了髮臘，看到年輕漂亮的女孩子也總不忘打起一個響亮的唿哨。

爸仍舊按月寄我一千塊錢。他說，這是他能夠寄給我的最高限額，不論我丟失了或者遇到了什麼意外，他絕對不再補寄。我沒有給他回信，而他的信也就越來越短；巨大的字體，粗暴的語氣，充溢著對我的不滿與憂慮。

我依然沒有回信，因爲我說了實話，他會更生氣；我要撒謊，他也不會再相信。我用左手把匯票揣到口袋裏，右手把信紙揉成一團，丟到廢紙簍裏。年底，我甚至沒有回家去過年。於是，有一天，爸以另一種可怕的姿態衝進我的生活中來。早上，我接到梅根的電報，說是爸突然中風，已被送進醫院裏。

我怔了半晌。在我的記憶中，我甚至沒見過爸患過感冒或者腸炎或者頭痛這一類小病。以前，他是頗以身體健壯自傲的，他嘲笑那些才不過五十歲就經常出入醫院的先衰的人，而如今……我有一個可怕的想法，爸的病或許是由我而起，因爲這幾個月來，我加在他心上的負荷，不會少於他幾十年來的辛勞！

我抓起幾件衣服，往旅行袋裏一塞。阿吉和小朱送我到火車站，陪我到月台上。「夏平，萬一你老子……」我狠狠地打斷了阿吉的話：「什麼萬一，他一直好好兒的，一棒打得倒他？」阿吉像隻野貓子似地尖笑了幾聲：「何必難過？你老子死了，也有你的好處，那份家產不就成了你的？我以好友的資格關照你：萬一你的老子翹了辮子，你可不要讓梅根佔了你的便宜呵；我看梅根這個人，心眼可多著。」

我馬上憤怒起來：「他敢？他是我家的什麼人？到時候，看我的！我乾脆把鋸木廠賣了，攆他走路。我自己吶，就搬到臺北來住，你說可好？」

「你媽呢？」

「我想，她是喜歡和梅根在一起的，我當然要給她一筆錢，餘下來的，當然由我安排來花用。」我的思維隨著阿吉的指引前進。我剛接到電報時的那份憂慮與焦灼全碎裂在擁擠的月台上，浮盪在我心裏的只是對於家產的渴望。

這是上午，春天的上午。整個臺灣像一杯溫開水，暖洋洋的。我坐在對號快車上。我目的地是嘉義與臺南之間的一個小鎮頭。對於鄉村的景色我已看得太多，對於爸的情況我已不再關懷。我泡了一杯茶，抽起一支煙，心裏只想哼支流行的愛情歌曲，想著想著，就吹起口哨來；吹著吹著，就把皮鞋脫下來，雙腳擱在椅背後的鐵檔上，然後，睡意便漸漸地席捲了全身。

四

爸躺在醫院裏，他已從昏迷中醒來，只是雙腿已經癱瘓。他看到我時的神色很冷漠，那對我是一種意外、一種奚落和刺傷，好像我是一個不被歡迎的陌生客。我知道，他是希望看到以前的我——留著小平頭，穿著黃卡琪的制服和黑色的方頭繫帶皮鞋；稚氣中透著英挺。他不喜歡看到現在的我出現。不喜歡我的一切——頭髮、襯衫、褲子、襪子、皮鞋、寶石袖扣……。

他第一句問話低沉而嚴厲：「你沒想到我也會病倒吧？你這次回來，捨不得離開你的一些朋友吧？」

「爸，我是應該回來看你的。」

「我這次病倒以後就沒法工作了，以後就要靠你做兒子的來賺錢養活我了。」

我不知道怎麼回答，因爲我從未想到這一點。我一直在花爸的錢，怎麼馬上就要叫我來養家了？我的歌手生涯猶未開始，哪裏去賺錢？

「爸，你至少可以把鋸木廠賣掉。你不能鋸木，我也不想鋸木，留下它幹嗎？賣掉算了。」

「你這可是眞話？」

「當然是眞的。爸，我在你面前還說什麼假話？那個鋸木廠遲早要賣掉的。梅根雖然喜歡鋸木廠，但他可不是你的親生兒子。」

「閉嘴！」爸又光火了。「閉嘴！」

半個月後，爸出院了。他壯碩的軀體無助地嵌在輪椅上。他的微紅的球形鼻子和微顫的下頷似乎永遠在憤怒地抗議他的遭遇。他的目光愀慼而峻厲，尤其是當他望著我的時候。媽忙著家事，梅根而和一個工人同鋸木頭。我在堆滿原木和木板的場子上蕩來蕩去，不知道做些什麼才好，而且，我也不想做什麼，我只渴望重回臺北，跟阿吉和小朱在一起。

「夏平，你去幫梅根的忙！」爸把輪椅推到我的身邊來。

我一揚頭，拒絕了他：「我不要鋸木，我不是做那種工作的人。」

「誰是應該鋸木的？是你老子應該一輩子鋸木的？」

「至少，有人是應該一輩子鋸木的。」我歪著頭，瞅著梅根。天氣漸漸地熱了，梅根的汗濕的破汗衫上敷著一層木屑，灰黃黃、絨茸茸，想起來都要令人混身發癢。「我要回臺北去。」

「去跟朋友玩兒，還是去補習？」

「我要去臺北，我不要老獃在鄉下。」

「你去臺北幹什麼？」爸釘著問下去。他的雙手緊握住輪椅兩旁的扶手，他想撐著站起來，但我知道他辦不到。「吃、喝、玩、樂，外加打架，對不對？我知道你根本不想讀書。」

「誰說的？我要上臺北去補習。」

「我不許你去。你既沒有心讀書，不如安份守己地待在家裏。」

「我要去，我在寄宿舍裏還有很多東西。」

「我叫梅根替你去拿。你一定要把心收起來，好好做人。」

「我不要梅根去拿。他是我的什麼人？他不是我的哥哥，也不是你的兒子。我不要他碰我的東西。」

「閉嘴！」爸吼著：「閉嘴！」

「他只配鋸木頭。」我狠狠地說：「但是有一天，我們要把鋸木廠賣掉。」

「我不會賣。」

「但是，有一天，它是我的，我要把它賣掉。」

「閉嘴！閉嘴！閉嘴！」爸的輪椅如坦克那樣向我衝來，我矯捷地閃到一邊，他撥轉方向，再度向我猛衝，我躍到旁邊的木頭堆上，高聲嚷嚷：

「爸，你追不到我，打不到我，你的腿不管用了。我站在這裏，離你不過兩三尺遠啊。」

爸駕著輪椅這裏探探、那裏轉轉，他焦灼得如同一隻在透明玻璃窗前猛撲、找尋出路的黃蜂，但可惜的是，他雖費盡心機，也只證明他的無能爲力。

我半俯著身子，笑喊著：「爸，你不中用了，你管不了我了。你們住在這裏。你給我錢，讓我上臺北吧。」

爸慢慢地使輪椅後退，然後又似乎想以七十五度轉變駛向右方。我得意地從木頭堆上蹦跳下來，就在這時，他竟以我想像不到的迅捷掉轉輪椅，向我襲來。輪椅的輪子幾乎撞上我的脛骨。我本能地向後跳回木堆上，慶幸自己重又站在安全地帶裏。我打量了一下，爸離我才兩尺路，但對爸來說，卻是無法跨越的江海！

「下來！」爸說。「下來，夏平，我叫你下來！」

但我還是站著沒動。我不想聽從他的話，因爲即使他光火，他也抓不到我。我那樣漫不在乎地站著，而且微笑著——我沒說話，只微笑著：笑他的沒用。他的下頷如彈簧那樣地抖動著，但腰板卻反而挺直，兩肘支著扶手。我還是笑著。你發怒吧，你追不上我。我永遠在你的掌握之外。於是，突然，他的雙臂用力一撐，上身前傾，向我撲來。我本能地重又向後一躍，爸的碩大的體軀就在這時沉重地倒在木頭堆上，他的腳靠近輪椅，而右手則抓住我左腳褲管的一角，隨即就鬆開了。

媽從廚房裏衝出來，梅根從鋸木棚內跑過來，我則怔在那裏，驚奇著倒在木頭堆上的爸怎會沒有責罵、沒有喘息、沒有呻吟、沒有動彈。我該怎麼辦呢？我該去扶起他還是乘機逃走？媽跑到旁邊，大聲叫著：「梅根，快叫車子，把爸送到醫院去！」這時，我才知道我是眞的闖下了大禍。我幫著媽翻轉爸的身子，發覺他已昏過去了。

爸沒有再醒過來。我禁不住想，爸在撲過來之前曾否考慮過這劇烈的舉動將會致他於死命。他可能完全知道，但他對我的鬱憤已然超過了他對生命的關懷。我已十九歲，但心智卻徘徊在成熟與未成熟的邊緣上。我確實爲這件事而哀痛，爲爸終身的願望之盡付東流而哀痛。

但當我接到阿吉的快信催我北上時，我卻又暗自高興起來。我已擺脫了爸的經濟上的箝制，我是爸的遺產的繼承人，我現在已有足夠的自由去追求我想追求的一切了。

然而，當律師公開了「密封遺囑」的內容之後，我幾乎要像爸那樣暈厥過去。那是一件我從未想到過的事。爸並沒有把財產——鋸木廠——的大部份留給我，而卻把它遺贈給梅根，因爲他說，他現在才完全清楚，他之能夠經營這家鋸木廠，完全是得力於梅根的辛勞工作。他負欠梅根的太多，而且梅根也是眞心愛這個廠的人，它只有在梅根的手裏才會蓬勃起來。我只分到財產的十分之三，而這，還要等到我成年之後才能動用。至於媽得到多少，我已不再關心。我只記得：我搖搖幌幌地扶著窗檻站在那裏，腦子像被大水沖過，又像被大風刮過，空空的一無所有，但同時卻又塞滿了殘枝破瓦。我像沉向水底，又像昇向空中。我想，我是站了好一會，好一會，似乎我已老去十年。然後，我跑回家去，從抽屜裏拿了兩、三千塊錢，留下一張字條，便趁車北上。我不要這個家，不要那份遺產。

我又跟阿吉和小朱在一起了。

但他們對我這次北返卻是非常失望，因爲爸雖死了，我並沒有滿載的收穫。阿吉怪我不會隨機應變。我既是爸的獨生子，應該懂得爸的個性才對。我不該石頭碰針頭那樣地跟爸頂撞才對。我應該用甜言蜜語去使他軟化。我白白地把一份數目不算小的家產拱手讓給了一個毫無血統關係的人，令他去坐享其利。阿吉的責怪常是即興而起：電影院前，彈子檯邊，咖啡室裏，或者餐館桌上，他雖然興致勃勃地對那個話題一提再提，但我的生活樂趣已被虐殺得精光。我最感痛苦的不是他那半諷嘲、半憐憫的語氣，而是當我負氣離家時我總認爲這完全是爸跟梅根的錯，我把怨恨的箭頭指向他們，而如今，我卻把自己恨得半死。

我接連接到媽的好幾封信。她要我回家去。她說，我那樣出走，使她太不放心，也使旁人懷疑她這個做後母的容不了我；只要我能回去，待在家裏，他們將不提財產分配的事。她的信由別人代寫。我把它扯成碎片，我以阿吉的思路去推測媽的企圖，認爲她只是寫寫信、擺擺樣兒，讓人瞧瞧罷了。

有一天，阿吉對我說，周老大找我，說有好消息告訴我，我揣想，十之八九是上歌廳獻唱的事。我換了一件前襟有直條花紋的紫紅短衫，把留到耳根的長頭髮梳了一番，清清嗓子，後跟不著地走了出來。

咖啡室裏，我們坐在最偏僻的卡座上。周老大的臉色不同於往日，端莊與柔和揉合在一起。他很客氣地先遞給我一支煙。我說：

「是歌廳方面的消息？」

「不，我今天要告訴你的，是梅力山的事，我最近才打聽出來。」

天，同樣是大驚小怪！並且，我何必一定要知道梅力山的來龍去脈。梅根的事我尚且不想管，何況是他死去的老子的事。

「二十來年前，梅力山是這兒西門町××幫的頭兒！」

頭兒？難不成泥菩薩似的梅根會有一個在「黑道」裏混的老子？

「我們這種人的頭兒，知道不知道？」他的眼睛機伶地笑著。「而且，他還是一個殺人犯！」

「什麼？」

「殺人犯！梅力山本就厲害，後來，爲了敲榨不遂，竟把一個富孀殺害了。這件事當時曾轟動全省，成了各報的頭條新聞。」

「呵！呵！」

「後來終於被抓到了。初審被判死刑，正在上訴期中，他卻從看守所裏逃出來，又殺死了一個雜貨店的店員，但結果還是被抓到、被處決了。所以我說，梅根是殺人犯的兒子！他自己當然不肯說，但你回去卻可以把他的底細抖出來，讓他在鎮上站不住腳，知道不知道？小辮子抓在你手裏，還怕他怎麼樣。說不定那份家產又會落到你手裏。」周老大笑著：這一回，我看出來了，他的笑有點兒陰險。

因此，我又回到家裏。我只說，我是給媽的信催回來的；我只說，我要在鋸木廠裡獃下去，因爲這是我的家。媽說，這種想法很對，哪裏都沒有家裏的好；一個人總得安安份份地工作，老老實實地做人。她又說，梅根實在很愛我，只是他太忙了。梅根是希望有一個兄弟的。

我微笑著。我知道我這時候的笑有點像阿吉的，又有點像小朱的。我從未得笑如此陰險過。他很愛我，但我是否愛他？我慶幸我從來不曾愛過他。現在更不想愛他——不想愛一個殺人犯的兒子。他緘默地工作者，好多年了，但他的緘默難道是在防止秘密的外洩？從未想到梅根的老子會是這樣的一個人。梅根一輩子的努力工作洗刷得了他老子加在他身上的罪孽與污點？我們這個靠山的小鎭是這樣地淳樸與平靜，讓別人知道了這秘密，還容得下他在這裏安身？

我在場子裏的木頭堆邊走來走去，我不喜歡木頭；或者說，除了在童年時，爸爲我製作的木頭玩具外，我對木頭從未有過好感，但我卻希望堆在那裏的木頭全是我的。還有那彎成橢圓形的電動鋼鋸，我也一點不喜歡；它的熠亮，它的鋒利，在在使我膽寒，但我同樣希望它是我的。我徘徊著，暗自得意著。隔著一段距離，我看到梅根仍然穿著破汗衫在鋸木。鋸木棚裡亮著電燈，工人早已回家。這時，大概是晚上八點，月亮正昇起來，木堆的影子顯得很大、很大。

我又微笑起來，那種又像阿吉、又像小朱的笑。我回家已經三天，我表現得特別安靜、特別友善，我在等待一個挺有利的說話機會。我要一擊而中，讓他沒有回嘴的餘地。

我走過去，大聲地向他招呼：

「喂，梅根，今夜的月色眞好，你怎麼不憩一下，讓咱們兄弟倆坐在木堆上聊一會天？」

他連忙停下來，使勁笑著，唯恐我認爲他笑得不夠好似的。「對呀，我也想跟你聊聊呢，只是人家說好明天要拿的，所以不得不趕夜工。現在造新房子的人多，做傢俱的店多，鋸木廠的生意也就好得不得了，工作簡直做不完。」

「我幫你鋸，你去憩一會。」我說。

他望著我，怕聽錯了似的。我又說：「我鋸鋸看，你在旁邊看著，看我會不會。」

「一定會，那是最簡單的工作，你只要穩住木頭，不要讓它斜就行了。你鋸慣了以後，也會覺得很有趣。」

他替我把木頭放在妥適的位置上，於是我就代替了他。他在旁邊笑著看，彷彿我是小孩子，在玩電動小火車。

我慢慢地推著木頭。那電鋸嵌到木頭的淡黃色的肉裏去，絲絲作響。我說：「梅根，你來我家多少年了？」

「十二年，減去服役兩年，也整整十年了。」

「哦，眞夠長的。你曾打算去做別的工作嗎？」

「沒有。」

「那很可惜。外面實在還有許多很好的工作，以你的體力，一定可以勝任愉快。那該是爸的錯，他不該把你留在這裏的。」

「不，是我自己喜歡留在這裏的，因爲這裏安靜、樸實。」

「你不喜歡臺北？」

「是的。」

「不喜歡臺北的西門町？」我把話題楔到核心上去，但竭力保持著隨便聊聊的語氣。

「是的，我不喜歡——媽也不喜歡。我們不想看到它、提到它、想到它。」他的聲音黯沉而斷續，尾音痛苦地扭曲著。看來，西門町對他是把利鋸，他費力地把它推到他能忘懷的角落去。

我嘴角的微笑又像阿吉和小朱的了。就在這時，我手中的木頭在我的不經意中給推歪了，梅根即時把它糾正過來。他拍拍我的胳臂，安慰我說，第一次鋸木頭，少不了會這樣；多鋸幾次，就會隨心所欲了。這時，我又把木頭推斜了，梅根重想加以糾正，我斷然地擋住了他。

「我喜歡這樣，你別管！」

「斜了，你一定要穩住它，否則，這根木頭就不管用了。」

「我高興這樣，你管不著。這鋸木廠遲早要關門的。」電鋸還在它的軌道上運行著，像一圈光環。我無心鋸木，就把木頭推落到地上。梅根走過來，想把木頭放回到檯子上去，我重又粗暴地擋開了他。「我不要你鋸，這是我的，不是你的。」我把大姆指插在褲帶裏，竭力裝得跟阿吉和小朱一樣。「這裏的一切全是我的，是你把我的搶了去！我以爲你是老實人，原來你跟你的老子一樣塊！這十幾年來，你一直瞞著我的爸、瞞著我、瞞著這小鎮上所有的人。原來你老子是西門町的流氓頭子，而且……

「夏平，我求你，別說下去了。」梅根的雙手在灰撲撲的破汗衫上擦著、擦著，他的那張樸拙的方臉慘白得如同粗劣的大理石。「不要說下去了。我瞞著別人，只是想使自己也能忘記。現在，你對我提到這，是什麼意思？」

「我只想告訴你，這裏的一切，全是我的，不是你的。我替你保守秘密，但你該把爸的遺產轉贈給我。當然，我也會送你幾萬塊錢，好給你去做小本生意。」

「你這個主意是從哪裏來的？」

「西門町的朋友那裏。」

「哦！」梅根怔了一會，臉上的慘白終於漸漸褪去。「你的條件，我答應。我眞沒想到你也交上了西門町的黑道朋友。我說過，十幾年來，我一直想忘記那個地方，更想忘記自己是殺人犯的兒子。我工作得比別人賣力，也希望別人能忘記——我梅根是個殺人犯的兒子。我要別人相信，我是一個安份的正經人。夏平，我會走的，你放心，我有的是力氣，到處可以做工賺飯吃，我根本沒有想要爸的遺產。你放心吧。」

「那末——」

「我也有一個小小的條件：你要跟臺北的那批吃、喝、玩、樂的朋友斷絕往來，否則，你即使把我的底細宣揚出去，我也沒有什麼好怕的。」

「這……這怎麼行？我是一定得去的呀。」

梅根嘆息著：「夏平，你千萬不要上臺北去，千萬不要跟那班黑道朋友結交；明後天，我就會走的，你放心。」他驀然離開鋸木棚，向場子走去。在月光下，他站了一會。這許多年來，他很少這樣悠閒地欣賞過月色。然後，他在木堆上坐下來。我見他凝視著前面，盤腿，靜靜地坐在那裏，宛如一座佛像。

我把那根落在地上的木頭重新撿起來，重新鋸著，直到它最後變成了一片片的木板。

我問自己：梅根爲什麼要這樣？爲什麼要這樣？

電鋸還在轉動。在那圈閃耀著光環裏，我看到了一個答案——梅根只願我像他，而不願我像他的生父。

我切斷了電鋸的電源，向場子走去，向五月的月光走去，向佛那樣地趺坐著的梅根走去。

我知道，我不會讓梅根離去，而且，我也相信，我很快就會忘記梅根是個殺人犯的兒子。

一九七〇年（民國五十九年）十月

街燈亮了

一

小時候，我是一個精力充沛的男孩，黑黑的、壯壯的、蠻不在乎的，就如你在小鎮的街頭巷尾所看到的那些十歲左右的男孩一樣。在那年的整個夏季裏，我總是穿著藍白相間的橫條子的圓領衫和黃短褲，我同伴穿的也跟我的差不多。午後，我們就去溪邊，光著身子在水裏游泳，把衫、褲鈎在大樹的椏枝上，然後，在三點左右，再穿好衫、褲回到巷口來，一起爬在地上玩橡皮筋、玩圓形紙牌。我們的輸贏也只限於這些，一下午，輸掉二、三十條橡皮筋或者幾十張紙牌，也儘夠了。我們可以樂此不疲地一直玩到黃昏，街燈一盞盞地亮了起來的時候。我們的手、我們的腳以及我們的膝蓋，甚至我們的圓領衫和短褲，因長久跟塵土接觸，都已污穢不堪了。於是，那時，我的媽媽、或者是小三的姊姊，或者是大狗的奶奶，也或者是黑炭的妹妹，就會隔著幾丈遠，拉長著嗓子喊：

「小——三——哪，吃——晚——飯——啦！」

喚聲從暮色中飄過來，彷彿還伴隨著飯菜的芳香。我們這時會陡然發覺腰帶鬆了一大截，嘴裏也乾巴巴、淡稀稀的。於是，大夥兒就急急地把紙牌甚麼的塞到褲袋裏，緊緊腰帶，走回家去。爸看到我，就會皺著眉頭問：

「二毛頭，看你這副骯髒相，一下午，去哪裏玩了？書讀了沒有？」

讀初中的哥哥扮著鬼臉插嘴：「讀甚麼書，還不是去玩紙牌了，搜搜他的褲袋就知道了。」

我理直氣壯起來：「你搜好了，看口袋裏有這些東西沒有？我只是在附近跟同學們玩！」紙牌早在我進屋之前就給藏到柴房裏了，他們是抓不到證據的。

爸是個老實人，摸摸我的褲袋，囁嚅的，也就不再開口。媽從廚房裏趕出來，說：「沒玩紙牌，也不該把衣服弄得這麼髒。明天你就自己去洗衣服，看，一件圓領衫，能不能浸出一盆黑水來？」

「算了，算了！」來我家閒聊的堂叔替我解圍：「小孩子嘛，暑假裏不玩，甚麼時候玩？哈哈，男孩子，野一點的好，練就一副鋼筋鐵骨，將來可以挑重任。我想，二毛頭一定在上午已把功課做完了。」

「當然囉，我一早起來就做功課。」我說。我做功課最快：大楷和小楷都是亂塗的，國語和自然也都是胡寫的，反正要塡黑字的地方都塡了，準沒錯兒。

大哥這時又來管閒事：「他早上不到九點鐘就出去了。」

「出去又怎麼樣？跟你在一起，總說我吵了你！我不相信你讀小學時不跟我一樣！」

「算了，算了！」堂叔又說。「小孩子嘛，總是愛玩的。不要玩刀、玩火就是了。你沒有患近視吧？」

「沒有。」

「那很好。」

「你有鬥雞眼！」大哥又說。

「胡說！」我尖叫起來。「你滿臉青春痘！」

媽是眞的生氣了，就重重地推了我一下。「一回來就鬥嘴，也沒想堂叔在家裏。快去洗澡，馬上就要開飯了。」

我擦過爸的身邊。爸在嘆息：「二毛頭這孩子，玩得太不像話了。」

「算了，算了！」我聽見堂叔又在說。我已走向洗澡間去。「算了，算了，小孩子嘛……」

堂叔比爸小上十幾歲。如果說，那樣年紀的他，是我和爸之間的橋樑，也沒有錯。他三十出零，不論從哪方面看，都要比四十五、六歲的爸來得機伶、矯捷而時髦。而且，他的書又比爸讀得多。我喜歡他的衣著、談吐和舉止，卻看不慣爸的肥褲管、舊皮鞋和鴨舌帽。堂叔不是我們家的常客，他是在鄰近的市裏做事，好像是化學工業公司裏的業務員，每月收入有三、四千塊。媽有時在跟爸說：「健民每月都能賺三、四千了，他一個人花用，也沒剩下多少；你哪，每月拿回家來兩千多，一家大小四口，柴米、衣著、車費、學費……你叫我怎麼調度？」所以不管從哪方面看，堂叔確實要比爸能幹多了。而且，堂叔也不隱藏他的能幹，他不僅帶了禮物來，還帶來了對於各種事物的見解，因此，我知道，爸的心裏常常昇起一種願望：但願自己的兩個兒子，以後也能像這個堂弟。

堂叔有一副好口才，說話有吸引力。飯後，他說：

「嘿，阿貴哥，你可知道，這個小鎮，近年來，也小有名氣啦。」

「甚麼名氣？又不出產上品的水果，也沒大老闆來開工廠，永遠是這麼幾條小街、幾條小巷子，十年來都沒有改變過，無怪乎好些人都說這個小鎮沒落了，有本領的都去外面闖天下，我要不是貪戀這座破屋子，也早出去了。」

「阿貴哥，你可是眞的不知道？這個小鎮上，有一件事是名聞遠近的，有些台北佬，還特地為此趕到這裏來吶！」

「這倒怪了，我在這裏也住了多年了，倒沒聽說過這裏有甚麼吸引人的事、物，難不成這裏有特大號的肉圓，但也不至於……」

「最吸引有錢人的、最刺激的！」

「我的確孤陋寡聞，老弟，我眞的不如你！你不妨說出來，讓我聽聽看。」

「賭場！」堂叔說：「地下賭場！」

爸一下子怔住了，彷彿屋子裏躲了一個小偷似的驚愕、恐慌、而又一籌莫展，最後，懷著飄忽不定的希望，問：

「不會吧，你或許聽錯了。」

「不會。市裏很多人都知道。人家選中這裏，因爲這裏隱蔽。阿貴哥，你是老實人，從不玩牌的……」

爸驀地站起來：「那怎麼可以？那怎麼可以？」嘴唇哆嗦，眼睛瞪著黑黑的屋角，一如那裏正藏匿著他恐懼的東西。然後，他又頹然坐下，喃喃地說：「誰是那個沒良心的。呵，呵，這個小鎮，一直是這麼風平浪靜，他怎會打起這個主意來？」

堂叔笑著說：「阿貴哥，你也別大驚小怪啦，你放眼看去，打這種壞主意的人可多的是，我們怎麼管得了？好在我們兄弟倆的錢不會花到那種邪道上去，這就是了。茶餘飯後，聽聽這種花邊新聞，哈哈，也算是有助消化吶！」

爸依然在沮喪：「我想……我想，一個人賺錢也該有個分寸，對不對，健民？好像你，雖然辛苦一點，但賺得光光彩彩。」於是，他忽然轉臉向著我，厲聲地問：「二毛頭，你下午上哪裏去了？是不是去玩紙牌？」

「我在溪裏游泳，後來又在小巷裏跟同學玩捉迷藏。爸，你不是已經摸過我的口袋了？沒有牌，怎麼可以玩？」

「有一天，假如在你的口袋裏搜出了紙牌，我就打爛你的嘴！」

「算了，算了！」堂叔說。「小孩子嘛……」

第二天下午，我仍然跟同學們去玩紙牌。由於爸警告過我，所以我們就躲在一條較爲冷僻的巷子裏。跟游泳一樣，我們對於玩紙牌已然上了癮，好像非玩不可似的。我們叫著，跳著，在地上爬著，發洩著我們的快樂。我們的玩法原始極了，把手中的圓形紙牌用力劈下去，如果牠鍥到了對方的紙牌底下，那末，就算贏了一張。我總用蠟燭油把那張出戰的牌磨得又光、又硬、又薄，劈過去的時候，揚起一股微風，美妙極了。因爲我們日復一日地玩牌，我就研究著：以怎樣的角度劈過去，才可萬無一失。

「堂叔告訴我們，」我對他們三個說：「這小鎭上有一家地下賭場！」

「賭場裏玩的是甚麼牌？」小三問。「是不是跟我們玩的一樣？」

「笨蛋！」大狗說。「他們玩的是撲克、牌九！」

「你怎麼知道的？」黑炭：「你去過了？」

「聽別人說起過，還有骰子，看誰擲的點數大。」

「嘿，那倒好，比我們玩的還簡單！」小三用手背抹著額上的汗。「我們也可以玩。」

「我喜歡玩我們這一種的，劈過去，才夠味。」我說。

這時，有個陌生男人走過來，向我們問路。我告訴了他，他要去的是後面的一條冷巷子。

「他去找誰？」黑炭問。「去看朋友，手裏怎麼不拎一包禮品？」

「他西裝穿得畢挺，爲甚麼不趁計程車？」大狗問道。

「莫不是去賭場的？」我那即興的想法使自己嚇了一跳，但我卻沒有說出來。或許是因爲這件事本身就帶著些許神秘，我打算以後找個機會再去證實牠。

小三又說：「我家的抽屜裏有副骰子，明後天我拿出來玩。」

「好啊，」黑炭說，「玩點兒新鮮的才好！」

我沒有說話，我在懷疑兩粒骰子有甚麼好玩的。對於圓形的紙牌，我有一種偏愛。

「怎麼，你不贊成？玩過以後再說，而且，我們也可以下些賭注，譬如一毛錢、兩毛錢。」大狗老成得很，他比我們大一歲。「二毛頭，你是不是沒有錢？」

「誰說的？我原有三十塊錢，昨晚堂叔又塞給我十塊。」

「好啊，我也有一點。」黑炭說。「我們只是玩玩的。明天下午，我們不要去游泳了。」

我抬起頭，看到前面街燈一盞盞地亮了，而這條小巷的附近則是一片灰沉。小巷被暮靄所呑噬，過後將要被更爲幽黯的黑夜所掩埋。

爲甚麼這裏沒有一盞街燈呢？我想。

二

爸還是在我回家的時候搜索我的褲袋，照例問我下午到哪兒去了？有沒有玩紙牌？我臉上一本正經，心裏卻在暗笑。爸，你也太老實了；你要是眞想知道我一下午在搞甚麼鬼，你就該騎著車子到大街小巷去轉轉。我如果帶著紙牌到你面前來，不就像個小偷，當著人面行竊！

堂叔最近來的次數要比以前的多。我的揣測是，這該跟夏天有關。夏天裏，人是不願意老呆在小屋子裏的。跟親朋們聊聊天，就會把環繞在身畔的溽暑趕到遠處去。我之喜歡玩紙牌，經我推敲的結果，不也是因爲想忘掉火焰般的陽光。夏天是人們喜歡閒蕩、喜歡扯淡、喜歡吵鬧、喜歡把自己的存在忘得精光的季節。未婚的堂叔，對這方面的感受，也一定跟我這個做孩子的差不多。

「堂叔，你一個人住在市裏，很寂寞吧？」

「當然，尤其是夏天晚上，實在叫人悶得發慌。」

「你可以來我家玩。」

「是呀，我今天不是又來了嗎？最近，我多來了幾次，就不由得常常想來。只是老來打擾你們，怪不好意思的。」

爸接了上來：「嗳，健民，你說這種話，就是見外了；我眞高興你不嫌我這裏的粗茶淡飯，倘如你不嫌我的屋子小，我倒希望你過了夜再走呢！」

堂叔謙虛著：「那怎麼行？晚上我還是回市裏去的好，兒得誤了早上的工作。阿貴哥，你知道，在私人機構裏做事，就是忙！」

「你能幹哪……」媽在一邊說。

「算了，算了，反正是不得已。要是……要是我憑空有了幾十萬的話，我就自己開店了。」

我很想問問堂叔，賭場開在哪裏，那裏玩的到底是些甚麼牌？我最近跟小三他們玩骰子，輸了幾十塊；人們在賭場裏下的注都幾百、幾千的嗎？那裏，人們都穿得很漂亮嗎？問題太多，而且，這些問題又都是爸所不願聽的，所以我就只好悶聲坐在那裏，挖挖鼻孔，擦擦腳丫。

「二毛頭，把手放下來！」爸向我嚷著，「你就不能靜靜地坐一會嗎？」

「爸，我不是靜靜地坐著嗎？」

「你就不會端端正正地坐著嗎？有一天，我要把你的手腳全綁起來，好叫你看起來順眼些！」

「算了，算了，」堂叔又來打圓場。「小孩子嘛！」那晚，臨走時，他又塞給我十塊錢。

倘若把我所有的零用錢加起來，我該已經有五、六十塊了，我儘可以買枝嚮往已久的鋼筆，可是現在，我卻全輸給了小三他們。每次，我輸了錢的時候，總忍不住想哭，但又怕小三一夥說我是「小器鬼」，就只好裝出毫不在乎的樣子，啐一下口水，側著頭，說：「哼，這次算你們狠，下次，看老子的！」心裏罵得更狠：「用我錢的是灰孫子！用我的錢買冰棒，吃了就拉痢！買龍眼，吃了核兒就會梗住你們的喉嚨！買毛筆，明天就掉筆頭！」我雖然有時也罵人，但從沒有像賭輸錢時那樣罵得兇的。我發覺賭錢把我的性情帶到暴躁、狠毒這條路上去，如果這時有個同伴碰巧走過我的身邊，摸摸我的腦袋的，我準會一拳揮在他的下巴上，一邊說：「×你娘，你把我的運氣抹光了！」

我指望暑假快點結束，但卻又指望暑假像圈鋼尺，抽出一段，又有一段。我想扔掉這種苦惱的生活，回到學校，開始好好唸書，但我卻又忘不了每天午後跟小三一夥在小巷子裏聚賭的那種提心吊膽的、顫慄的快樂。我問自己：那種快樂，難道是眞的快樂嗎？難道會比游泳、玩球、或者釣魚更有趣嗎？倘若眞的快樂，那末，玩了以後，心裏又爲甚麼會有這種深深的懊惱？而爸對這爲甚麼又要竭力反對？

早上，我在家裏做功課時，思緒就老是東竄西馳的：堂叔今天會不會來？會不會再給我十塊錢？媽說堂叔最近又加薪了，用錢很寬手。唉，哪像爸那樣，向他要一塊錢，就要問個一清二楚，眞小氣，把一塊錢看成箩筐那麼大。對於爸的許多事，我是越看越不順眼了，那肥大的褲管，我看了就煩。那一天，小三就取笑我：「二毛頭，你晚上是穿甚麼睡的？」我呆了一呆。大狗說：「那還用問，拿他爸的褲管往身上一套，不就得了？」像爸這種人，我想是永遠不會加薪的。

午後，爸還在午睡，我就溜了出來。在街上，我又碰到了一個穿肥褲管的人。我抬頭一看，是個頭髮花白、臉色紅潤的老人。他留著一小撮鬍髭，眉毛彎彎的，望過去，彷彿老是在笑。我停下來，多看了他幾眼，他竟忽然停下來問我：

「喂，小朋友，你叫甚麼名字？」

我不習慣在這種情況下把我的名字告訴他。我一味望著他。他是誰呢？我幾乎認得所有住在這個鎮上而又經常露臉的男人，我甚至知道他們的職業：那個是阿雄的爸，擀麵條的；

那個是小英的舅舅，在衛生所當醫師；呵，興華的哥哥嗎，他在農會裏做事……而這個老人，他是誰，他看來不像是個外來客。

我依舊望著他，因爲那張臉對我並不算陌生。誰是這個鎮上第二個穿肥褲管的？我拼湊著記憶。我喊出聲來：

「唐爺爺，你是唐爺爺！我是二毛頭。」

「嗨，」唐爺爺彎身抓住我的手臂。「這就對了，你爸在家吧？」

「當然。他在躺椅上打盹。」

「快叫他醒來！」唐爺爺的嗓門兒很大。他以前本是鎮上縣立初中裏的國文老師，因爲他講課、演說，聲音都很響亮，所以大家便給了他一個綽號，叫做「擴音器」。「走，二毛頭，我到你家看你爸吧！」

我不願回去，因爲在那條冷僻的巷子裏，有同伴正在等我。我更不願同唐爺爺回去，因爲唐爺爺倚老賣老，總要管小孩子們的閒事；自以爲做了幾十年的老師，盤問起來，一句連一句的，老想把對方問倒才甘心。我不願他殘酷地挖掘我的秘密，然後當衆宣揚。然而，我看了看我的左手腕，被唐爺爺揑在手中；我無法脫身，也不敢脫身。

「唐爺爺，你看我長高了多少？」

「嘻，這就對了！」唐爺爺說。「記得我離開的那一年，你才上小學一年級。你今年應該是十一歲了。」

「是的。」

「你有沒有每天記日記？每天練大楷、小楷？」

老毛病又發了，無怪乎喜歡唐爺爺的，只有小小孩。以前，在我入學之前，我曾喜歡過他，因爲他不是一個瞎板面孔的老先生。

「差不多。」我說，「唐爺爺，你前幾年去哪裏了？」

「去北部的中學裏教書。今年，我告老還鄉來了。哈哈，我雖然退休了，但還不老哩。你看我老不老？」

「不老，你簡直跟我爸一樣壯健。」

「這就對了，人就要不服老呀。」

爸午睡時，是不願別人去打擾的，但唐爺爺卻是例外。唐爺爺曾在這小鎭上教過二、三十年的書，也算是個人物。

「嗨呀，阿貴，昨天我才回來，今天就忍不住來看你了。你好嗎？看來好像比以前瘦了些。」

爸本來穿著內衣衫褲，瞧見來的是唐爺爺，趕忙走進臥室裏去套西裝褲，一邊喊叫：

「二毛頭，去買兩瓶汽水來！」

唐爺爺擋住我：「坐坐就要喝汽水，還了得？不用，不用！要是有冬瓜茶，倒一杯來就好了。喂，阿貴，你可不能客氣呀。」

唐爺爺和爸兩個人就在客廳裏坐下來，我既溜不掉，就只好硬著頭皮奉陪。我坐著無聊，很想挖挖鼻孔、擦擦腳丫，但因爲有唐爺爺在，也就始終不敢亂動。我又掛念起小三一夥來了。他們是不是在等我？萬一他們等得不耐煩，上我家來找我，那可糟啦。我不喜歡唐爺爺，尤其是這會兒。唐爺爺，你快走吧，快走吧，快走吧！

可是唐爺爺卻不走。他們的話可多著。其實，大人們的話比我們小孩子的還無聊：誰升了課長啦，誰家的房子翻新啦，誰的大兒子好孝順，每個月寄兩千塊錢給爸、媽啦。陳腔濫調，沒有一點兒新鮮事。我好想瞌睡；迷糊中，我又跟小三一夥在擲骰子。這次，我把輸掉的全贏了回來，可眞是出了一口氣！

「二毛頭，二毛頭！」爸叫醒了我。我的睡相太難看，口水直流；而且，唐爺爺也要走了，因爲爸要上班去。

唐爺爺的大嗓門像在教室裏上課一樣。他說：「這就對了，我退休回家，正想做點事呢；現在有退休金可領，不愁吃，不愁穿，甚麼事都可以放膽做去。」

爸卻是輕悄悄的：「您老要小心，許多人都怕吃眼前虧，所以不敢惹他們，您老可不要先叫嚷開去。」

唐爺爺紅光滿面，白髮閃灼：「我老了，怕甚麼？拚著這條老命不要，會鬥不過他們嗎？不過，你放心，我會謹愼從事的。」

爸還是低聲低語的：「我對誰也沒說過。有時，我想，只要我們這小鎭上的人不去就好了，至於別處的人，他們以前不也是有地方玩的？今天聽了您老的一番話之後，才知道自己的想法不對。有這種場所存在，這小鎭的風氣就會慢慢敗壞下去，因爲誘惑力太大。」

「這就對了，」唐爺爺拍拍爸的肩胛說著。「我走了。」

這就對了，我也在心裏說，你該走了，你早該走了。這就對了，希望你以後不要再來。你這麼老了，想做甚麼事呢？老實說，誰都不會用你；你這麼老氣橫秋的，誰肯每天聽你的教訓！

爸去上班後，我也跟著出去了。今天上午，我對媽說，我要買支原子筆，騙了她兩塊錢。這會兒，我的袋子裏就放著這兩塊錢；我怕在大街上又碰到甚麼人，所以就東彎西轉地走向原先的那條巷子去。到了那裏，我看見他們早在玩了。

「×你娘！」大狗出口罵人。「我以爲你今天被車子撞上了。」

「狗嘴裏長不出象牙來。我家今天來了客人。你們猜是誰——擴音器！」

「嗨，無怪乎你腳底抹了油也溜不出來。今天，我們在路上也碰到了一個人——林秀才！」

我們全都笑了起來。林秀才是擴音器的得意門生，或許他曾像我們一樣調皮過，但聽人說，他自從上了初中之後，就變成一個斯文、聽話的孩子，於是，林秀才這個綽號，也就叫開了。又聽人說，他是一個孤兒，從小就由他叔叔撫養的。他瘦高個子，戴一副眼鏡，說話慢條斯理的：「你們大家——不要——吵，我講——一個故事——給你們聽！」

「他現在可是大學畢業了。」黑炭說。

「而且已經服完兵役，」小三補充著。「他還是跟以前一樣，不搭架子。」

「他在那裏做事?」

「好像是——不太清楚，大概是在公家的機關裏吧。二毛頭，你別再囉嗦，我們趕快玩吧。」

那天，我又把兩塊錢輸掉了。我跺著腳，罵了他們幾句，因此，差點兒跟他們打了起來。他們走後，我就在小巷子裏躑躅，一肚子的不甘心，然後，我順著這條小巷，再往裏走，那裏是越發荒凉、幽黯了，古舊的房子裏，只有幾個窗口亮出來幾方昏黃的燈光。要不是我混身氣得火辣辣的，根本就沒有膽量去穿越。

我朝前走去，於是，在那條小巷的盡頭，我突然看到一座充滿著光亮的屋子，那不僅僅是一個家庭所需要的光亮，而是一個公共場所所需要的那種燦然雪麗的光亮。我好奇地張望了一下，馬上就有一個粗壯、猙獰的男人走過來，氣勢洶洶地問我是不是打算偷東西；我一聽，就跑開了。

那裏，會不會是賭場呢?

但我不敢問爸，因爲我不敢告訴他，我爲甚麼會去那裏。

三

最近，我家的客人很多，堂叔、唐爺爺和林秀才——林榮。堂叔和他們不是一起來的，但他們的話題卻是一樣的：賭場。我發覺爸是在技巧地向堂叔探聽他是從誰的口裏得來的消息，以及賭場的確實地址。堂叔的回答是：反正是從閒談中得來的，是誰說的，哪會記得這麼清楚；而且，根據一般的情況來判斷，賭場往往是流動的，固定在那裏，似乎不可能。這句話，我倒也親自證實了，因爲過幾天，我再去那條小巷後面瞧瞧，那裏卻是一片黑海，哪裏還有甚麼燈光和人影。

然而，賭場一定仍在小鎮上，只是轉換場地而已。

而唐爺爺所要研究的就是這一點，而且，我還終於明白，唐爺爺退休下來想替家鄉做的第一件事，就是要除掉那個臭名遠揚的地下賭場。他先通知了警方，然而警方卻還沒查出頭緒來。

對這件事，我照理是可以漠然置之的，然而，或許是因爲那天晚上我碰巧發現了它，也或許是因爲那時我正沉緬於小小的賭博中，對於賭博這玩意兒的勾人心魄的誘惑力有種親身的體驗，因此，我的興趣也跟大人們的一樣濃厚。我期待著這件事情的發展，彷彿我自己也是當事人中的一個。我在下午仍跟小三一夥玩骰子。我說：

「喂，你們知道擴音器正想跟賭場鬥法嗎？」

他們搖搖頭。小三說：「我認爲小鎮上有個賭場也沒有甚麼關係。」

「當然有關係。他們是怕我們長大了，都往賭場裏跑。」

「往賭場跑，又有甚麼關係？我現在已經很會擲骰子了。」大狗說。「我倒想看看那裏面是甚麼樣子。」

「我也是。」黑炭說。

「不行，」我說。「唐爺爺說，做了賭徒，就甚麼事都不想做了。」

「我們現在不也是小賭徒？」小三說。

「不是，我們現在是玩玩的。」

「他們不也是玩玩的？哈，只是他們是大人，輸贏大。」大狗踢踢牆根。「我倒有個新鮮消息告訴你：聽說開賭場的是林秀才的叔叔！」

「胡說，不可能！」我很不高興。許多人喜歡胡說八道。林秀才這麼好，他的叔叔怎麼會幹這種事；而且，近些日子，林秀到我家來過幾次，他是跟唐爺爺站在一起的——痛惡那個地下賭場。

「信不信由你。林秀才的叔叔本是一個流氓，告訴你，擴音器想抓賭，就得抓到林秀才叔叔的窩！」

那天，我又很晚才回家。我一條又一條地穿越巷子，很想再度碰到那晚所碰到的，然後，我失望地走回來，卻在一家文具店的前面碰到了林秀才。

「喂，二毛頭，你到底在哪裏玩呀，這麼晚還不回家？」

我笑了笑，拉著他，往我家走。

「要我講故事？」

我神秘地眨眨眼睛。「不是。我有一件事情告訴你，很重要，是你很想知道的。」走到我家門口，我才湊著他的耳朵說：「你不會相信吧，別人說，那家賭場是你叔叔開的！」

「甚麼？二毛頭！」他輕叫起來。

「林榮哥，這個消息大概錯不到哪裏去。」

「胡說。他每天都跟我一起吃晚飯。他經常在東大街的新屋子裏，他經常對我說，一個人要規規矩矩。」

我扮了一個鬼臉。「那末，晚上，他在哪裏呢？」

林榮哥沉默下來。我推測，怕連考試時的難題也不會使他這麼傷透腦筋。於是，便開始說話了，聲音是戰戰抖抖的「可是……他爲甚麼要這樣呢？他已經有了不少錢了。他要很多錢做甚麼用？何況，他也沒有兒、女！」

「可以留給你，你是他的姪子。」

他倚在我家門邊，渾身無力。「我不要，我不要，我自己會賺錢。我寧可賺錢來養他，也不要他的這種髒錢！我不要！」

爸走了出來，問：「甚麼事，二毛頭？」

「沒有甚麼，」我說。「沒有甚麼！」我乘機溜進屋裏。一看，客廳裏已經坐著堂叔。我進去時，他連眼皮也沒抬一下；我喚他時，他也只輕輕地嗯了一聲。我看他臉色灰黃，似乎已經病了。怪不得前兩天媽對爸說：「健民也眞是太想賺錢了，最近人變得又黃又瘦，你不妨勸勸他，賺錢要緊，身體更要緊。」爸馬上把她的話頂回去：「怎麼，你今天倒說這種話了，每次我把薪水拿回來時，你就恨不我這條命可以多換回一點錢來；現在，你既然看到了健民這副樣子，以後可就千萬別再跟我嘀咕了。」

我到後面去洗澡，洗澡間在廚房的隔壁，我扭開水龍頭，洗沖個夠。我想起了游泳，想起了我輸去的錢，想起了幾次撒謊、向媽騙錢；我問自己，爲甚麼我不去游泳呢？不去玩球呢？不去釣魚呢……爲甚麼我每天下午要出去賭錢？難道我是眞的成了小賭徒了？

我洗完澡，吃了剩飯；出來時，堂叔已經走了。林榮哥正神色凝重地在跟爸說話。他看到我，便拉住我的手。這時候，我倒很想要他講個故事，但我知道他沒有這種心情。他是很愛他的叔叔的，正如他的叔叔很愛他一樣。或許他的叔叔一直瞞著他在幹這種見不得人的事，正如我一直瞞著爸、媽在玩骰子一樣。他就這樣地拉著我的手有好一會兒，然後，他走出屋來，我送他到巷口。

「林榮哥，你可不能完全相信我的話啊！」

「你沒有錯。今天，你的堂叔也這麼說。」他拍拍我的肩，但聲音很憂傷。「對我，他是個好叔叔，是嗎？」

「當然是的。」

「我要勸勸他。他做這樣的事，對別人固然沒有好處，對我也沒有好處。」

「當然，」我說。「當然，但你不怕他罵你？」

「我還不知道他會不會生氣。他是個好叔叔，我希望他能接受我的意見，從此洗手。」

他走向被街燈照耀著的街上；瘦瘦長長的身子，怪伶仃的。

我回過身去，看見爸正站在我的後面。爸說：「或許該請唐老去勸勸他的叔叔；唐老也在小學裏教過書，曾是他叔叔的老師。」

我說：「爸，你也認得他的叔叔吧，或許你也可以去勸勸他。」

「呀，這種事，外人怎麼可以勸；勸得不好，麻煩可大啦。他的叔叔有個綽號：『林中虎』，你可知道他的厲害？」

我們回到家裏，但我的心卻不肯留在家裏，它在大街小巷中四處亂飛，像螢火蟲那樣，亮著小小的燈，想照出一角秘密。

「林榮今晚上一定會失眠！」爸在說。

「多管閒事，多受閒氣；依我的意思，林榮很可以不管這件事。那邊是叔叔，這邊是恩師，他袖手旁觀，才算聰明。」媽說。

「婦人之見！」爸說。「他不管這件事，誰管？正因爲是他的叔叔，他就更得管一管。他是一個正經的青年人，剛到社會上來，自然想做一些他認爲有意義的事，假如有這麼一個開賭場的叔叔，卻裝做沒看見，那他還能管別的事嗎？他還挺得起腰、昂得起頭嗎？」

「好啦，好啦！」媽說。「算你們男人眼光遠，不過，世上的壞事不也多是你們男人幹的！」

這天晚上，我翻來覆去的睡不著。我說過，我的心安寧不下來。現在，我的心已在大街小巷中飛厭了，竟飛到林榮哥的家裏去。林榮哥雖然正坐在那裏看書，但明顯地，他是在等他的叔叔回來。他要勸勸他的叔叔，跟叔叔徹底地談一談。他的叔叔直到凌晨才回家，一進門，看到林榮還坐在客廳裏。

「怎麼，這會兒還沒睡？甚麼時候了？用功也不是這麼用功法的！」林榮的叔叔說。

「我睡不著，叔叔，你每天這麼晚才回來，究竟在外面做甚麼呀？」

「我早說過了，跟朋友們聊天；我四十幾歲的人了，還用你擔心？去睡，去睡，別累壞了身子。」

林榮替叔叔遞香煙、遞茶水，替叔叔拿來了睡衣。林榮是個很有孝心的孩子。

「怎麼，想陪我熬夜嗎，阿榮？」

「想陪叔叔坐一會，想跟叔叔談談天。」

林榮的叔叔警覺地望著他。林榮說：

「叔叔，聽說你在外面開賭場，這是真的嗎？」

林榮的叔叔驟然色變。「誰在你面前胡說八道？你別相信！」

「有好幾個人都這麼說過。我眞希望這不是事實。叔叔，從明天起，你把賭場子歇了吧。我們也不缺少錢用。」

「我的事，用不著你做小輩的管！」

「叔叔，不是管你，是我求你。我們甚麼生意都好做，幹嗎要做這種犯法的生意？即使你不做生意，我想，我每個月的收入，也夠我們兩個開支了……」

「住嘴！老實說，要是換了別人，我早就賞他兩下耳光，讓他清醒、清醒了！你快去睡！」

「叔叔，你不能這樣固執，警察機關已經在注意這件事了，如果有一天他們問到，我那時，我也會照實直說的。」

「滾進去！你說這種話，難道就不記得你是我養大的嗎？你又不是甚麼警察，我開賭場，關你屁事！快給我滾進去！」

我在床上輾轉著而又輾轉著。我知道不管林榮哥說得多婉和、多有理由，但「林中虎」是不會被他說服的。何況那種地下賭場，忽而東，忽而西，警察要想查獲它，怕也不很簡單哩。

四

我的揣測沒有錯，林榮哥在第二天告訴我爸說，他跟叔叔幾乎吵了起來。

「他也傷心，我也很傷心。」林榮哥說。「他很固執，我也很固執。我們兩個在這件事情上怎麼也談不攏的。」

爸沒有說話，即使唐爺爺來了，他也沒開口。大家全知道，林榮叔姪平日親愛得如同父子。

「唐老師，你爲甚麼不說我做得很對呀？以前，你是這樣教導我的：教我做人應該這樣，或者不應該那樣。現在，你又爲甚麼不說一句公道話呀？」林榮哥霍地站起來叫嚷。他那斯文模樣全然消失，一夜未睡的雙眼更充滿了灼人的怒火。

「慢慢來，林榮，我是不希望你們叔姪的感情爲此破裂。」唐爺爺說。

「破裂？我們各走極端，不破裂也沒辦法。如果你要我放棄，那我就馬上離開這裏，永不再來！」

唐爺爺走過去，按著林榮哥坐下。「當然，你是對的，林榮，你完全對。我只是不想叫你太爲難。」

「是的，他是一個好叔叔，像父親一樣愛我。」林榮哥悲哀地說。

「而你卻是一個好青年，」唐爺爺說。「我瞭解你的痛苦。你想奔向你的理想，不料，第一步就碰上了一塊大石頭。」

「我會報答他的。」林榮哥說。「我會奉養他的。」他又說。「他怎樣愛過我，我也會怎樣孝順他。」他說了又說。

這是午後，爸今天又沒午睡，林榮哥也沒有。我倒希望他能睡一會。假如他常常睡眠不足，他也許會像堂叔那樣地委頓不堪。

我也想睡，但我又想聽他們說話，而且，我也牽掛著小三一夥在等我。我拿不定主意。

我站起身，去喝冷開水。爸說：

「二毛頭，別老呆在大人身邊，到外面玩兒去！」

我知道他們有話要說。我喝完了冷開水，順手又把媽上午放在茶盤邊的兩塊錢揣到褲袋裏。嘿，無怪乎最近媽老說記性壞，常把零錢丟了。我走在街上，一邊走，一邊向左右張望。在一家冰果店裏，我看見堂叔正坐在那裏喝汽水，身邊放著一隻皮箱。我走進去，喚了他一聲。我渴望他能爲我買一盒冰淇淋，或者一支三色雪糕。他用錢一向很寬手，我這個想望，總不算過分吧。沒想到他一看到我，就顯得很不耐煩，隨即就嘎著喉嚨說：

「二毛頭，天氣這麼熱，你不呆在家裏，到外面來幹嗎？」

「出來玩呀！堂叔，等一會兒，你要不要到我家裏去？」

「今天不去了，我很忙。」

「那末，你去哪裏？你帶了皮箱是去台北嗎？」

「皮箱裏是一些要推銷的東西。小孩子，不懂事，不能亂猜。」

我還是等在那裏，望著他桌上的那隻空了的汽水瓶以及還未喝完的半杯汽水。我要一支雪糕，我在心裏說，我要一支雪糕！

「堂叔……」

「算了，算了，拿兩塊錢去買一支雪糕，別來纏我！」他從褲袋裏挖出兩個鎳幣來，喀啷一聲，丟在玻璃桌面上。

我像被劈了一個耳光似的，臉頰火燙。我果眞這樣惹人厭嗎？我果眞這樣不要臉嗎？他侮辱我時，也該想想爸跟他的感情呀。我也從褲袋裏摸出兩個鎳幣來，同樣咯啷一聲丟在桌面上。

「謝謝，我也有兩塊錢，可以買支雪糕！」

我拿了雪糕就走。我希望堂叔以後不要再來我家，因爲我是不願再招呼他了。我寧可喜歡林榮哥，因爲不管他心裏有多難過，他也絕不會對孩子們濫發脾氣的。我不知道他們今天在我家裏商討些甚麼。

吃完了雪糕，也到了小巷。我對他們三個說：「我今天沒有錢，不玩了。」

「沒有關係，我們可以把錢借給你。」

「我不想借錢，輸掉了，以後照樣得還。」

「也可能是會贏呢。二毛頭，你爲甚麼不想你會贏呢？」

我有點兒心動；要能贏了，就可以把偷偷拿來的兩塊錢放回到茶盤邊去，可以再買一支雪糕來啃。黑炭把兩個鎳幣塞到我的手中，我想了想，結果還是拒絕了。

「我不要，今天眞的不想玩。」我說，「我有一個消息告訴你們：林秀才跟他的叔叔眞的要幹起來了！」

「好啊！」小三說。「那我們就有好戲瞧啦。」

「看警察怎麼去抓他們。」大狗說。「或許只有林秀才領路，才會抓到他們。」

大家全不想再玩了，便聚在一塊兒，談論這件事。他們三個都說，林秀才是個大傻瓜，他幹嗎要管。輸贏都是他們一家人，而且，他又不想競選鄉長、議員甚麼的。

我們第一次在黃昏未來之前回家，因爲我們要在晚飯之後再碰頭。我們想要看看他們是怎麼行動的？可是，那個晚上，壓根兒就沒有動靜。

小三一夥相信林秀才投降了，幾天過去，我也相信林秀才投降了。我們整個下午又在擲骰子。我們在小巷裏幾乎沒有看到警察經過。對這件事，我們已經不再感到興趣。我們轉而談論誰家丟了甚麼東西，或者，誰在戲院門前打架。提起戲院，我倒想起了電影。在這個暑假裏，我連白戲都沒看一場，而這幾天，演的又是打鬥片，所以晚飯之後，我就向媽要了五塊錢去看電影。我在戲院裏一直看到深夜十一點才出來。不料，一出戲院，就給大狗抓住了：

「喂，二毛頭，剛才林秀才在暗巷子裏給人整了一頓。」

「聽說還挨了一刀。」小三補充。

「他帶了便衣警察去抓賭，一定是他叔叔的部下幹的。」黑炭說。

「那末，抓到了沒有？」我問。

「怎麼抓得到？沒有他領路，別人怎麼摸得著？」大狗回答。「而且救人要緊，他已經被送到醫院裏去了，說不定會翹辮子哩！」

大熱天裏，我一連打了兩個寒噤。我把拖板脫下，拿在手裏，赤著腳跑回家去。家裏也是亂鬨鬨的。爸已趕到醫院去看林榮哥了，媽在整理東西，準備第二天一早就去市裏看堂叔，因爲有人來通知，堂叔賭輸了錢，虧空了公款，被警方扣起來了。我在客廳裏轉了幾圈，最後，媽就把我趕到臥室裏去。在我上床之後，大哥問我：

「二毛頭，你是不是在玩紙牌？」

「不是，我在看電影呀！」

「我是問你每天下午是不是在玩紙牌？」

我沒有回答。我是在玩比紙牌更壞的骰子。我只問：「哥哥，你說林榮哥會不會死？」

「誰知道？據說，他的叔叔也已經趕到醫院裏去看他了。」

「這會不會是他的叔叔叫人幹的？」

「不知道。大家都猜測這是他叔叔手下人自己的主意。這回可搞慘了，他叔叔原是把他當作兒子看待的；他叔叔自己可沒有兒子呀。」

「一句話，他叔叔不該開賭場的。」我說。

「二毛頭，你每天下午是不是在玩紙牌？」

「說來說去，他的叔叔不該開賭場的。」我重覆著。「還有，我的堂叔也不該去賭的。」

「二毛頭，你聽見我的話沒有？」大哥嚷了起來。

「你窮叫甚麼？」我說。「你看，我明天下午是不是會出去？」

第二天，我一整天都呆在家裏，小三一夥也沒有來找我；或許，他們也一整天沒有跨出自家的大門。黃昏，爸和唐爺爺都回來了。有一個消息正是我急想知道的：林榮哥雖受重傷，但卻已經脫離險境。

唐爺爺懊喪地說：「啊呀，早知道林榮會闖下這麼一場大禍，該我去的。我今年六十歲了，即使把老命送掉，也算不了甚麼。」

爸把一杯冬瓜茶遞到唐爺爺的手中：「您老怎麼可以這麼說，好在林榮已經沒有生命危險，只要在醫院裏調養個把月，就可以完全康復。」

我擠過去，插嘴說：「唐爺爺，那麼，那個賭場呢，你們是不是還要去抓呢？」

「林榮的叔叔說，他決定把他關掉。」爸摸摸我的頭，忽然注意到我的衣服，就驚訝地問：「二毛頭，今天，你的衣服怎麼這麼乾淨？」

我笑了笑，不好意思地望向窗外；在我能夠瞧見的淡墨似的皀色中，街燈一盞盞地亮了起來。

一九七〇年（民國五十九年）十二月

附錄

沉默的天堂鳥—童真

司馬中原

遠在十年前，我就從港臺各地的刊物上，經常讀到童眞的作品，最先從作品上認識了童眞。她的作品一向都有著特殊的風格，可以明顯看出她嚴肅的創作精神，因此我就在心裏想著有這樣一位朋友。

後來香港有位朋友寫信給我，提到過，在當代的文壇上，童眞的作品是相當有份量的。同時，在海外的一些雜誌上，我所撰稿的地方，童眞也在撰稿。這位朋友告訴我，童眞居住在南部的橋頭鎭，我卻一點也不知道。因爲在所有的文藝性集會上，很少見到她。

除了作品外，她的沉默是出乎尋常的，可以說很少參加文藝性的集會，當時由於潛沉於創作的關係，我所接觸的文壇上的朋友也非常少，在我所認識的朋友裏面都不認識童眞。又過了好幾年，我讀到童眞的作品愈多，對她的敬仰也愈深了。

五年前，文協南部分會，開年會的時候，我曾到會去找她，年會是在大貝湖開的。風和日麗的晴朗天，我們坐在湖心一個招待所裏談天。當時我就問一位朋友：

「哪位是童眞？」

「那位女士就是童眞。」那個朋友就笑指著我的對面說：

我發現當時童眞女士也正朝我微笑著。我立刻上前去告訴她，我對她的仰慕，她說著同樣的話，同時介紹了她的先生——對翻譯和理論都有很深造詣的陳森先生。他們夫婦都有著溫和有禮，誠懇熱情的氣質，使我非常傾慕。

在荒僻的南部地區，寫文章的朋友不多，在作品上互相切磋的朋友更少了。他們那時候住在橋頭鎭台糖宿舍區，距我的住處鳳山並不遠，所以我們有很多互相往還的機會。當時我寫作的環境差，不但孩子多，而且經濟窘困。童眞女士的寫作環境則非常的理想。他們寫作環境理想，也並不是在經濟上的，而是在於家庭的和睦和互諒互助，陳森兄很能夠爲太太安排舒適的寫作環境。他一直不求聞達，所以他們夫婦在時間上沒有一般社會上那樣的衝突。他們的時間都是用在閱讀，談心和創作上。

他們的居所前後都有很大的庭院，卻長滿了亂蓬蓬的荒草，在我個人總覺得這些庭園太荒蕪了。

「有那麼大的庭院，不去整理，實在太可惜，假如我有時間的話，倒很願意來你們這兒當園丁。」我說。

「我們不是不感到荒蕪，而是沒有時間用在整理庭園上。」童眞笑著說。

「那麼你們忙些什麼呢？」

「陪你這樣的客人談天，我覺得比整理花木重要得多。」童眞又笑說。

童眞是個最忠於藝術創作的人。她的聲音是從沈默中發出來的，也就是說她的作品就是她思想的聲音。

慢慢我發現，我愛上了他們家的客廳，愛上了他們住處安謐、寧靜的氣氛，以及她那一群活潑潑的寶寶們。當我能抽出閒暇時，總是在傍晚搭車去他們那兒，享受她的好菜和醇酒，清清靜靜談著些文學上的問題，也交換了很多創作上的意見。很多年來，眞正能夠使我感覺到從談話中受益的也就是同他們夫婦在一起了。

由於創作的風格和見解的相同，使我非常留戀他們那個地方。一個有月亮的夜晚，我們曾從客廳談到餐廳，從餐廳再談回客廳。告別時，他們夫妻送我到糖廠的招待所，我們在明朗的秋月下，在扶疏的花木叢中，忘其所以的一直談到深夜。離開時，才發現火車和汽車都沒有了，我看看錶已經到了深夜一點鐘，我又忘了帶車錢，祇帶著一身的興奮和愉快，就這樣踏著月光走了將近二十多公里的路，直到天亮，才回到家裏去。

童眞不但寫得一手好的文章，在家庭中更是個好妻子，好母親。她對於子女的教育同照顧都是那樣的溫柔、慈祥。具有深厚的愛心。

文壇上的朋友大半知道他們夫婦是以好客聞名的。踏進她家的門眞如到了蒙古，祇要「有朋自遠方來」，夫妻兩個就會放下筆來，忙得團團轉，甚至丟開工作，用很長的時間陪著朋友聊天。

童眞的一手菜是跟著名廚師學來的，您踏進她家，都有大啖的機會。他們離開南部遷到中部，我遷來北部也離開南部。彼此天南地北，相隔很遠，雖然涎垂三尺，久欲去潭子盤桓，但也抽不出時間來了。

有些朋友寫過介紹童眞的文章，把她比作袖珍美人，也有的過份誇張地說她體重僅有三十多公斤，但那祇是遊戲文章而已，童眞雖是小巧型的，也不至於眞的能作「掌上舞」罷。

他們夫妻對朋友雖是非常的敦厚、誠懇、熱情，但他們實在是有著嚴肅的一面，對於人生的忠實，對於作品的不斷尋求的態度最使人敬佩。

童眞從事創作，已有十多年的歷史了，十多年來除了勤勉創作之外，她從沒爲自己呼喊和標榜過什麼。如果說童眞是一隻鳥，那麼她該是隻沈默的天堂鳥，她只在作品裏面發出清脆悅耳的鳴叫，決不像一些麻雀，總是吱吱喳喳地洋洋自得。早先，好像曾有人說過一個笑話：說作家王爾德，編劇上演，觀衆非常稀少，有些人就問他：

「你的戲情形如何？」

「戲是非常成功，但是觀衆卻失敗了。」王爾德說。

要是把這個笑話引用在童眞的作品上，正是同樣情形。

童眞不是個多產的作家，她每天大部份的時間沈浸在創作裏面，，所出版的也不過是薄薄的幾本書。從她「古香爐」「黑煙」到「愛情道上」到「爬塔者」，「霧中的足跡」、「彩色的臉」，以及最近所寫的「車轔轔」同「夏日的笑」這幾部創作，我們可以看出她的作品在不斷的進步，我個人總是在想：一個作家最難得的就是能夠不斷地否定自己以往的成就，朝更高處去攀越，如果不是這樣，光是一部又一部地出產同樣作品的話，那就是一個文匠了，也就是說沒有不斷的引昇，那些作家失去了創作的原始動力，也就是殭化，停頓的訊號。在這方面，溫柔而纖巧的童眞是無比嚴肅，無比堅韌的。

假如以單純的商業價值去看，童眞的幾本書可以說是毫無商業價值的，大部份的讀者都不能夠接受她的作品，在這方面，童眞可以說是有些兒寂寞。但，我想不但是童眞，任何一個有深度的作家，都有著耿介的性格，不會去迎合大衆的口味。事實上，她忍受得住這種寂寞，從來沒有把這種寂寞掛在心上，她心裏所想的祇是讓寂寞幫助她，使的作品，在寂寞中悄悄生長，使它發出更深厚、更悅耳的聲音。

雖然我們不常相聚，但我總有一種奇怪的情感，就是當我在思想，在寫作的時候，我們的精神、我們的思想都會在一束燈的圓光下相遇相契。我想，這些眞純的友情，對於童眞是很重要的，像現在遠在美國的聶華苓，像我們這些在臺北的朋友，隨時都在記掛著她，記掛著她的創作，這種彼此間無聲、無形的鼓舞與激勵，對於彼此都有很大的幫助。不管是我個人，或是童眞，或者是其他的朋友，每有新書出版的時候，一定要先寄給對方，並且誠意地接受對方的批評。這些批評的嚴格，會嚴格到出乎意外的程度，我個人有很多作品，都接受過童眞所給我的意見。

在創作上，童眞的立足點站得非常的穩。她對於文學的認知也是非常的深。她的作品從不在皮相上求新，而是在實質上、深度上、表達上，求精、求深、求新。所以她的作品，無論站在傳統的，或是現代的角度上去看，都是夠穩實的。她的生命經歷，比起一般作家並沒有什麼特殊的地方，她早年在浙東鄉土上的生活，算是東方閨閣的生活。後來雖然經歷過民族整體的離亂，但是她並沒有實際地接觸那些廣泛的各階層的生活。從少女到主婦，她的生活面廣度和深度都嫌不夠，由於她創作的心意堅韌，因而她作品的表達面盡量地拓廣，同時她能夠秉持熱愛，不斷地吸取生活知識，溶入她的生活，再發而爲文。

我個人覺得對於時代生活的認識，實在是創作最重要的基礎，因爲我們單有概念是不夠的。童眞也深深明瞭這點，最可貴的是，她在作品中處處流露著她對整個民族人群生活的關心和那種純粹的母性之愛。童眞雖然在這方面使人稱讚，但是，我覺得文學作品除了內容同取材，表達的深度也佔著很重要的部份。這一部份正是童眞和我們共同追求著的。

生活在當代的作者群，在創作生活中感覺到最痛苦的就是藝術與生活的雙重重擔，同時落在一個人的雙肩上面，顧慮到現實的生活，就妨害到藝術的精度，顧慮到藝術的精度，就會使現實生活的壓力加倍深重。童眞雖有著家庭，有著這麼多子女，爲他們的教育與求學要分去不少心血，同時一個女作家，無論她的家境怎樣，總是有很多瑣碎的家務去待她親自的操心料理。由於陳森兄很能爲她安排，使她能夠長久保持著一個安定的，不爲柴米焦愁的理想寫作環境，所以她在生活顧慮上應該是比較少。也正由於這樣，這些年來，她作品的進步是飛躍的。在「霧中的足跡」、「車轔轔」這兩部長篇裏，她所表露的技巧使我自愧不如，我相信她這一部長篇近作——「夏日的笑」，一定會有更好的表達，使我去領會，去學習。

自他們遷居到中部潭子鄉後，我們差不多也有將近四年的時間沒見面了。我對於他們夫婦的懷念，好像懷念著遠去美國的聶華苓大姊一樣。在夜晚，我常會面對著攤開的稿紙，任思緒像游絲般的遠行，從回憶當中去想念他們。

憶及在大貝湖初次同他們夫婦見面的景況，以及我在他家非常靜雅的客廳裏所閒談的問題，眼前便會浮起她的影子，她從作品的拓展中把她帶領著走出了閨閣，走向了這一個廣大的社會。但是她的人還是保有著東方的閨秀風格，高雅的氣質和溫文的談吐。在她的話語裏面可以揀拾到很多靈明的透徹的觀念，在在地給我啓發。也許中國古語說得對「一瓶不響，半瓶叮噹」。我想他們夫婦所以能夠固守沈默的原因，也許是他們認識文學這條道路是非常的遙遠，非常的艱難罷？等於我們在爬山一樣，除了懷著某種怔服什麼的心情，含蓄虛心地朝上爬外，那裏還有餘閒去眩示自己呢？我們想征服什麼，結果總是被山征服了。擁抱文學也正這樣，我們總是想不斷地攀援，不斷地引昇，不斷地去征服，但是最後我們還是被文學征服了。

我不敢說，童眞目前的作品，達到了如何如何高的水準，至少，她這種耐得寂寞和在寂寞當中不斷追求的精神，給我太多的鼓舞。

童眞的身體不太紮實，由於過份勤勉創作的關係，有一度時間幾乎患上了肺病，但是後來她寫信說：她的病已經慢慢地轉好了。更由於她常常夜晚伏案爲文，以致她的腰部常有酸疼的現象。一般的東方人由於營養，生活同體格的關係，創作年齡都比西方人要短，同時中國的文字，不像西方拼字母的那種方式，可以坐下來就打字，必須要一筆一筆地澆著心血寫在稿紙上，所費的功夫也比較大，我們希望童眞在創作之餘，還是要避免過份的操榮，同時盡量地注重身體的保養，使得她能夠有那樣的精神，那樣的體力支撐著，使她創作年齡有一般比較長久的時間。這樣她才能夠有充份的精力，去完成她龐大的創作的構想，使得那些構想，都變成一部部擲地有聲的作品，給我們這座荒涼的文壇帶來更多清新的、悅目的聲音。這就是我個人恒在祝福著並且盼望著的。

童眞，這隻沈默的天堂鳥，她仍會在以後的很多作品裏發出她的鳴唱，我懇切地希望很多青年朋友們能夠進入她的作品，細心地去體會，去體會到一個精心創造的藝術品同贋品之間不同，同目前粗製濫造的那些所謂「閨閣派的小說」完全不同；我覺得世界上最好聽的聲音就是思想的聲音，這種聲音，在童眞的作品裏面是充份流露著的，就好像我幼時讀著張愛玲的作品一樣，也許童眞沒有張愛玲那樣高的才華，但是她比張愛玲更有耐心，她在不斷地鍛鍊著她的功力，有一天，她的功力自會補足她才華的不足；在文學藝術越來越蓬勃發展的今天，一些比較精煉的藝術作品，應該逐漸被廣大的讀者群所喜愛，童眞的寂寞不會太久了。

鄉下女作家童真

夏祖麗

鄉下人總是要比城裏人早起的。住在彰化溪州西螺大橋邊的女作家童眞就是一個早起的人。二十多年來，她早已習慣了在早晨五點半就起床了。起床後總是先整理那一百五十坪大院子，她在那裏種植了十幾種果樹、三十幾種花草，在每一季氣候沒有明顯變化以前，那些屬於這個季節的花草果樹都已經盛開了。她家的春天總比別人家的先來到。

童眞很喜歡一個人靜靜地觀察那些花草。她認爲它們在早上看起來有早上的色調，晚上又有晚上的光采。一枝花草從盛開到凋謝就像喜怒哀樂的人生一樣。

早上，弄完了早飯，送走了丈夫和兒女去上班、上學後，她就提著菜籃去買菜。鄉下的青菜便宜又新鮮，都是農婦們挑著自己種的菜去賣。她總喜歡多撿幾種菜買回家，吃起來特別清香好吃。

每天買完菜回家時，都要經過一大片草坪。雖然家就在眼前，但每次仍忍不住要在誘人的綠坪上休息一下。這一大片地原是台灣糖業公司的糖廠，後來拆掉了，就種了許多樹木、花草，整理成一個公園。

她每天煮飯、燒菜的時候，也就是她構想小說的時候。她說，那時，她的手在忙，心裏卻有空，就把平時看到或聽到的一些人物和事情拿出來想，把它編成一個故事。一邊燒菜，一邊想，也使枯燥漫長的廚房生活變得有趣而短暫。也許有人會想她大概常會把菜燒焦了吧！不然，多年來的主婦生活已經把她訓練得一走進廚房就輕巧俐落起來了。一個小說故事構想好了，她又會在廚房裏思考用怎樣的人物來表現這個故事的主題和思想。故事中的主角和主要配角出來了，她才開始寫。寫好了，再修改。她的小說都很合情合理，讀者很容易接受。

她不喜歡寫大綱。她的第一本長篇小說「愛情道上」是先寫大綱，然後再寫成的，她自己不很滿意。後來她就不寫大綱了。

童眞是不習慣坐在書桌前構思的。每當她坐在書桌之後，就開始寫。她是一個愛乾淨的人，家裏的地板總是刷洗得很乾淨，窗戶擦得光亮，她的書桌卻是亂得不得了。桌上是什麼東西都有，有稿紙、有東歪西倒的墨水瓶、藥罐、有廢棄的痱子粉罐，這塊見不得人的地方卻是她的小天地。每當她搬一次家，她就把桌上的那些亂七八糟的東西都丟掉，把書桌好好地整理一番，但是沒有多久又恢復了亂七八糟樣子了。別人看來越是亂，她卻越覺得有秩序，這似乎也是許多作家的毛病之一。

每天下午是她一個人的天下。她喜歡先小睡片刻，起來後靜靜地坐在客廳看書，有時看倦了，她就到院子裏或公園裏去散散步，那裏有許多參天的大樹，有時她可以在那兒坐上半天。這種享受是她這幾年才有的，從前，因爲孩子小，她就沒有這份清閑，現在，兩個大兒子和一個女兒都離開家到外地去唸大學，小兒子也是整天在學校裏。

晚上八點到十一點是童眞寫作的時間。她寫稿子從不熬夜，也不抽煙或喝茶，只是要絕對的靜。鄉居的生活倒很能滿足她的這種習慣，因爲鄉下人沒有什麼娛樂，大家都睡得很早，不到十點鐘已經是寂靜無聲了。這使她能安心寫作，也是她一直到現在寫得很勤的原因之一。

她的丈夫陳森在台灣糖業公司工作，也經常翻譯英美小說和文藝理論的文章。二十多年來，童眞一直隨著丈夫住在台糖公司的宿舍裏，從花蓮光復、高雄橋頭、臺中潭子到現在的彰化溪州，一直沒有在大都市裏住過。

鄉居的生活使得她很少與外面的人接觸。也許是這個緣故，她到現在仍說一口寧波話。她自己常開玩笑地說：「我的寧波話說得太好了，所以國語說不好。」有時，她的「阿拉寧波」話一出口，就連她的兒女都不太聽得懂呢！

語言上的隔閡也許就是她不善交際的原因之一，遇到生人就會有些木訥。如果你和她靜靜地、慢慢地聊，你又會發覺她是個很會聊天的人。她的那口硬綳綳的寧波官話倒也相當吸引人。

童眞本人給人非常「鄉下」的感覺，她描寫起都市來卻什分道地，寫盡了都市百態，她是一個很善於描寫都市生活、都市人的作家。

她說：「我難得到臺北去一次，每去一次對都市生活的改變都特別敏感，我想這也許是我自己隔了一個距離去看都市，反而比生活在都市裏的人感受得深。」

「我喜歡都市生活的某一部分，比如聽音樂會、看話劇、看畫展；但是我更喜歡鄉下的生活，也許我已經是鄉下人了。」

常看童眞的小說會發覺她也很善於描寫人物，她把人物刻劃得很深入透徹。問到她是怎樣去構思一個人物的？她說，小說中的人物是虛構的，卻要很細心地去揣摩，想像某種性格的人會穿什麼樣的衣服，會說出怎樣的話？然後很自然地把這個人物發展下去，能讓人覺得他們是在日常生活中常會見到這種人。她認爲人物是小說中最重要的部分，一個人的家庭背景會影響到他的心理，心理又會影響到他的性格行爲，描寫一個人物時，要把各方面都寫出來，這個人才會立體化。小說中的人物總要比普通人特別一點，如把普通人寫進小說去，總要把他化妝一下。

她的生活圈子有限，她寫作的題材卻很廣。她是怎麼樣去發掘題材的呢？她說：「嗯！一個小說家能寫出這麼多種不同的人物、不同的生活，倒並不一定非要去親身經歷；他可用自己敏銳的感觸、廣博的同情心、豐富的想像力和哲學的基礎來把主題深刻化，用有力的故事深深地打動人心。

「當然，如果描寫自己熟悉的生活或人物會更眞實，更成功些。我的『夏日的笑』有幾章是描寫監獄的生活，『寂寞街頭』，有幾章是描寫工廠的生活，我曾多次到監獄和工廠裏去參觀。小說家的感觸總是要比一般人敏銳的，有時，一件事情在表面上看起來很平淡，卻有它的不平凡之處，這也就是小說的題材。」

說到這裏，她好像想起了一件事，就笑了起來說：「我的腦子常常會胡思亂想，有時我在炒菜時忽然會想到客廳裡的傢俱擺設該換換了，等我的先生回來了，我就把這意見告訴他，但我的那些突如其來的想法往往會被他否決掉。我認爲我這種喜歡東想西想的毛病有時對寫作卻是有益的。我覺得豐富的想像力是一個小說家絕不可少的。」

曾經看過童眞寫的一個短篇小說「僅有的快樂時光」，文中是描述一個得了癌症去醫院求診的老人的故事，她把醫院的氣氛和老人的心情都抓得牢牢的，讓人讀後非常感動，問她在怎樣一個情況下寫成這篇文章的，她說：「有一年，我右手的兩隻手指有點小毛病，不能寫字，就常到醫院去照鈷六十。我在醫院裏遇到了一個得了癌症的鄉下老人，他知道他自己快死了，卻對生死看得很淡，他那種表情和那種對人生的看法給了我很深的感觸，我就以他爲主角，寫了那篇『僅有的快樂時光』，後來，很多人都告訴我他們喜歡這篇文章。你說我把醫院的氣氛和老人的心情捕捉得很成功，我想主要是那件事情留給了我很深的印象。」

童眞覺得短篇小說比長篇小說更能表現不同的形式，寫過長篇後，寫短篇是一種調劑。她覺得寫長篇很苦，前面寫得好，後面也要好，不然，前面就等於浪費了。她寫作時也常會遇到困難，她不怕難，卻喜歡難，她覺得越是困難處，也越能表現技巧，也就是最能拿出一點東西來。

目前，童眞已經出版了六本長篇小說、五本中篇小說、四本短篇小說集。她的作品在結構和形式上都很新，她認爲藝術貴在多變，如果老寫某一種形式的小說，就會讓讀者覺得枯燥，她寫作時總是儘量嘗試各種形式。她希望變新，但絕不勉強自己去變，或變得離譜。她說：「福克納曾經說過『人不要超越別人，要超越自己』，我希望自己能夠做到這一點，那我在寫作上就會更進一層了。」

女作家童真

鍾麗慧

有人說，婚姻是女人生命的分水嶺。女作家童眞女士的寫作生命就是開始於婚後，因爲她的另一半陳森，是位翻譯家，經常翻譯英美小說和文學評論文章。更重要是陳先生認爲她是「一塊『可琢之玉』」。

夫婿知其爲「可琢之玉」

童眞曾寫過：「現在想來，我是大大地上了他的當，以致二十年來（時爲民國六十年）我苦苦追求，熬夜來捕捉那個飄忽的夢——像在春三月的田間捕捉那隻翩飛的七彩粉蝶。」其實，她已捕捉了七彩粉蝶，擁有五本短篇小說集、五部中篇小說、七部長篇小說的創作成果。

童眞如同大多數的作家，先從散文著手，爾後才從事小說創作。民國四十年開始寫短篇小說，當時她隨任職臺灣糖業公司的夫婿住在花蓮縣光復鄉。自幼孱弱的她總是寫寫病病，或是邊寫邊病。

四十四年底，以「最後的慰藉」這個短篇小說，獲得香港「祖國週刊」徵文的「李白金像獎」。這個獎鼓勵她更勤奮地創作。

四十五年，舉家遷往高雄橋頭，她「在搖滿鳳凰木綠影」的小書房裏寫下很多短篇、中篇。

四十七年五月，由高雄大業書店出版第一本短篇小說集「古香爐」，收有十四個短篇小說：「古香爐」、「最後的慰藉」、「春回」……等等。作者在後記裏說：「有幾篇著重於心理嬗變過程的剖解；有幾篇著重於人物的刻畫；有幾篇著重於闡釋小小的眞理。主題是以發揚人性爲基點，而以發揮人性、追求人性光明爲終點。」

在此同時，臺北自由中國社也出版了她的第一本中篇小說集「翠鳥湖」。

四十九年八月，由臺北明華書局出版第二本短篇小說集「黑煙」，收有「黑煙」、「熄滅了的星火」、「穿過荒野的女人」等十四篇。

司馬中原曾說：「嚴格起來，『黑煙』只是童眞試煉作品的綜合。那一時期，作者自知她龐大的創造野心與其內在經驗世界的周極不成比例，形成過重的荷負、過巨的精神壓力；但她仍像一隻蜘蛛，在風暴中綴網。

「她初期的短篇作品，恆以其理想的生存境界爲中心，欲圖構建成一圈圈縱橫柔密的閃光的環繞。她精神的質點與作品的價值，全建立在內發的眞誠上。她創作的道路，不是單一的直線，而是一面綜錯的網。

「以『黑煙』言……她已經把她思想的觸角探入煙雲疊壓的歷史，探入熙攘喧呶的大千世界，雖未直入中心，亦已觸及邊緣。

「在早期，童眞的短篇作品就顯示出現代感覺和淡淡的現代色彩了。『黑煙』所收各篇，就氣韻說，是清麗典雅的。」

民國五十一年，完成第一部長篇小說「愛情道上」，於民國五十二年六月，由高雄大業書店出版。

童眞自述：「很多人的第一部長篇彷彿都有自己的影子在，而我卻沒有……。但它卻帶給我一個好處：寫了它，就使我有膽量寫第二部。」

這第一部長篇小說，是她先寫好大綱，再依大綱慢慢寫成的，她自己不很滿意。此後，她就不寫小說大綱了。構思完成，確定所要表達的主題、幾個主角的性格和職業，以及幾十個字能夠說完的故事，就動筆了。

司馬中原說：「『愛情道上』一書，童眞取其最熟悉的浙東小鎭——章鎭爲背景，那兒是她安度童年的家鄉，也是她早期經驗世界的中心，人物活動其間，實應充滿色彩濃郁的鄉土風情。」

民國五十一年是童眞豐收的一年，除了在「中華日報副刊」連載「愛情道上」外，一口氣在香港出版了四本中篇小說集——「黛綠的季節」（友聯書報雜誌社）、「相思溪畔」（環球圖書雜誌社）、「懸崖邊的女人」（鶴鳴書業公司），和「紅與綠」（虹霓出版公司）。

民國五十二年十一月，由臺北復興書局出版第三本短篇小說集「爬塔者」，收有的十九篇是「爬塔者」、「溪畔」、「眼鏡」、「花瓶」……等。

小說如東方的錦繡

五十三年，童眞又搬家了，仍搬到小鎭上——臺中潭子。在這個新家她著手寫第二部長篇小說「霧中的足跡」，以自流井爲背景。

「霧中的足跡」頗獲司馬中原的青睞，他前後讀了九遍才撰寫評論。司馬中原認爲：「『霧中的足跡』是童眞極爲堅實的產品，一幅精緻的東方的錦繡；她自其經驗世界的深微處作小角度的切入，托現出一些已逝時代中常見的眞實人物。像揹負著男性傳統優越感而又渴求眞實愛情的文岳青，企圖以本身勇氣摒除傳統囿限、追求理想愛情的林範英，叛逆社會不合理壓力、顯彰獨立自我的江易治，接受新教育薰陶、感受新舊觀念衝突、而實際身受其痛的林範強，純情而天眞、涉世不深的許舒英，質樸不文的長春和小梅……她把這眞實人物放置在自流井產鹽地這樣眞實的背景上，任他們按照各自本身的意識去決定他們自己的命運和歸宿。

「這樣嶄新的手法運用於長篇作品，是一項空前的嘗試，因它破除了傳統的『架構』方法。『霧中的足跡』不是刻繪愛情的『故事』，而是那一時代人生的顯形。在書中，童眞隱退了，她既非旁述者，亦非代言人；她唯一繪出的，就是她所親歷的時空背景，她把那些眞實人物，融在那樣的背景當中。『霧中的足跡』所表達的愛情悲劇，不是出諸童眞的臆想，而是出諸時代的壓力；不是出諸外在的行爲，而是出諸內在的意識；不是限於悲劇的主人，而是所有那一時代人物的無告的沈愴。」

童眞自己也說：「我寫『霧中的足跡』的動機，無非是想抓住那個時代的情景、人物、思想、衣飾……給那個時代留下一角剪影而已。」

在創作「霧中的足跡」的同時，童眞也寫了不少短篇小說，於民國五十四年八月，由臺中光啓出版社出版「彩色的臉」一書，收有「彩色的臉」、「風與沙」、「一個乾燥無雨的下午」、「黑夜的影子」等十二篇。

司馬中原曾說：「『彩色的臉』一書，使童眞獲得極高的評價，被譽爲成功的現代作家，這評價正是她初期碰索的結果。」

其實，在那一時期她還有許多短篇小說作品發表，直到民國六十三年七月才結集成書——「樓外樓」，由臺北華欣文化事業中心出版，共收有「樓外樓」、「純是煙灰」、「僅有的快樂時光」、「夜晚的訪客」等十一篇。

其中「樓外樓」是她最喜歡的作品。她說：「我常喜歡把好幾層涵義同時編織到一個短篇裏，乍看是這樣，但底下卻可能還有一些。……『樓外樓』，『表面』只是一個人爲了愛妻去追求一座新樓，而最後卻寧可爲了獲得新樓而把妻子拱手讓人，但『底下』卻是把追求新樓作爲追求理想的象徵；一個人，幾經挫折，追求的雖仍是那個目標，但本質卻已改變。

人生的悲哀就在這裏。至於物慾與情慾的無法滿足以及兩個同業因機遇的不同而『昇』、『降』有殊，則只是另一些涵義而已。」

另外，「純是煙灰」是侯健教授頗感偏愛的小說，他說：「它揉合了悲天憫人，在不動聲色的斂抑裏，渲染出濃重的感傷色彩。故事是民國三十八年大動亂的餘波。周少勃和玉茹，是亂離中共患難的一對，卻因爲少勃的傳統——不忍說是舊——道德的束縛，不敢乘人之危，錯把愛情認做自私，以致自誤誤人。少勃的錯誤婚姻，從自敘與烘托兩種方式裏逐漸透露。方法仍是斂抑的——比較狄更斯處理孝女耐兒之死或『紅樓夢』及『花月痕』裏面，黛玉和韋痴珠之死，和海明威的『戰地春夢』中凱西之死，就可以了解這種方式的特質。『我』和少勃，都是舊了的人，大約也可以說是小人物，他們有濃厚道德執著，卻也有持久不變的感情——友情和愛情。題目的『純是煙灰』大約是人生一切的最終譬喻。『昨夜有風』始，『今夜沒有星辰』應當是『昨夜星辰昨夜風』和『如此星辰非昨夜』的綜合。前者是李商隱，『此情可待成追憶』的李商隱；後者是黃仲則，落拓潦倒的文人。這一切是人生的諷刺？……而對小人物所遭遇的自我衝突，價值與行爲上的衝突，表現得餘意盎然，而其人性是美麗的。

女作家林海音則喜歡「僅有的快樂時光」一篇。「僅有的快樂時光」寫的是患癌症的老人，在醫院遇到同病相憐的老人，後來兩人結伴同遊，共享僅有的快樂時光，小說中另穿插小孫女的理想和願望，代表充滿希望的年輕生命。

童眞說：「這篇主要寫老年人不畏怯死亡，以及兒女忙碌，同病相憐的老人結伴同遊，追求晚年的快樂時光。」

很多文友或讀者都讚美她把醫院的氣氛和老人的心情捕捉得很成功。她說：「有一年，我右手的兩隻手指有點小毛病，不能寫字，就常到醫院去照鈷六十。我在醫院裏遇到了一個得了癌症的鄉下老人，他知道他自己快死了，卻對生死看得很淡，他的那種表情和那種對人生的看法給了我很深的感觸，後來，我就以他爲主角，寫了那篇『僅有的快樂時光』。我想主要是那件事留給了我很深的印象。」

直到今天，童眞仍自信這篇短篇把老人的心理揣摩得很仔細。

五十六年元月，光啓出版社又出版了她的十八萬字的長篇小說「車轔轔」，她從五十四年新春執筆，到第二年三月才完成，五月開始在「新生報副刊」連載。

「車轔轔」中有三位女主角：白丹、紀蘭、史小曼。白丹是個善良、單純的好女孩，但不知道自己追求的是什麼；紀蘭是最有理想的一個，不顧一切阻力追尋她的理想，她喜歡戲劇，是個熱心的贊助者；史小曼則談不上理想，但懂得抓住機會追求物質享受。

童眞述說創作「車轔轔」動機：「那時，因爲有感於文壇的捧『角』之風甚盛，文藝眞僞不分，也少價值觀，我雖出身商業世家，總認爲在商固可言商，在文卻也只能言文，這觸發我構思一部以描繪這一代的迷惘、慾求、堅韌與職責爲主題的長篇，於是，我就開始撰寫『車轔轔』。『車轔轔』對那一期間的藝文界有批判，也有建議；據我所知，當時似乎還沒有一部作品這麼犀利地指向那一方面的。」

五十八年二月，高雄長城出版社出版了她的第四部長篇小說「夏日的笑」，文長達四十四萬字。這部小說自五十五年六月動筆，至五十六年六月才完稿。她說：「寫作經年，無日或息，熬白了半頭黑髮。」足見其嘔心瀝血之苦。

「夏日的笑」甫出版不久，「現代學苑」雜誌的「書刊評介」欄，由老松執筆說：「在幾乎分不出『文藝』與『言情』的現今文藝創作裏，這是一本值得推薦的文藝小說。內容以一個平實而健康愛情故事爲主幹，並以三種不同的愛情方式去陪襯它，場面十分熱鬧。」

同年五月，臺北立志出版社出版了童眞的第五部長篇小說「寂寞街頭」。她曾爲了書中有幾章描寫工廠的生活，多次前往工廠參觀。這部二十八萬字的長篇小說，著手於五十六年十月，至五十七年十月完稿。她說：「該文前半部寫於臺中潭子，完成於彰化溪州。西晒的房間，夏日苦熱，整天以電扇助涼，卻因此患上了風濕痛。」

儘管病痛纏身，體重總維持四十來公斤，她仍寫作不輟。

五十九年九月，臺北立志出版社出了她的第六部長篇小說「寒江雪」，二十八萬字。意寓人生在追求目標的過程中，得失無常，禍福難料。

六十三年十月，她又完成第七部長篇小說「離家的女孩」，十六萬字，曾在「中華日報副刊」連載，尚未出版。

寫了十一部小說

數一數童眞女士筆耕二十餘年的成績，共創作了五本短篇小說集、五本中篇小說集、七部長篇小說。

六十六年，她再搬回臺中潭子定居，因爲健康情況不佳，而不再從事心力交瘁的小說創作了。她說：「現在儘有時間欣賞別人的作品了。」

對於自己的小說作品，童眞自剖說：「不光是寫故事。寫小說不是寫故事，我寫的是人物、我的見解、我的人生觀……但不明白地說出來，讓讀者自己去細細地讀，慢慢地體會。」至於寫作的態度，她說：「我專心專意地寫，不爲名利。因此今天，再回頭看我小說，我完全沒有後悔。」

她的好友司馬中原稱她爲「沈默的天堂鳥」，司馬中原說：「童眞從事創作，除了勤勉創作之外，她從沒爲自己呼喊和標榜過什麼。如果說童眞是一隻鳥，那麼她該是隻沈默的天堂鳥，她只在作品裏發出清脆悅耳的鳴叫，絕不像一些麻雀，總是吱吱喳喳地洋洋自得。」

又因三十多年來，她總住在鄉間小鎭——花蓮光復、高雄橋頭、臺中潭子、彰化溪州，直到現在定居臺中潭子，而且她又很少參加文藝界聚會，因此，又被夏祖麗封爲「鄉下女作家」。

這位民國十七年出生於浙江商業世家的女作家，在結婚前從未有當作家的志願，她回憶當年說：「入學而後，我最突出的功課不是國文而是數學，因此，我在日後攻會計的姊姊的勸導下，遠豎在前方的標牌上，寫的也是工程師，而非寫作家。」後來，她自覺身體不適於工程鉅任，面臨抉擇的關鍵，卻遇到她的業餘翻譯家丈夫，她憶述：「當時，陳森是以才子型的姿態出現的，他能寫論文，能譯小說，但卻理智得不會寫小說。不會的，總是最好的，他就把這個無法實現的理想建築在我這個瘦女人的身上，認爲我是一塊『可琢之玉』……」

幸虧有陳森先生這位掘玉礦的人，否則，文壇將失去一塊璞玉。

一九八五年四月（民國七十四年四月）

一個具有三種年齡的女人

陳森

說她像個女孩子也好，說她像個中年的黃臉婆也對，甚至說她像個老婦人也沒有什麼不是；反正，在我看來，她是兼具三種年齡的女人。

他的父母給了他一個很有筆名味兒的姓、名——童眞。有時，我想，或許，正因爲這個姓名，促使從小學開始，數學成績一直遙駕其他各科成績之上的她從事於耍筆桿的活兒。她有一顆不怕上當、何妨糊塗的心，有雙能夠數清大樹高處葉子的年輕眼睛，有在熟人面前毫不克制的笑聲，當她在家裏跟孩子們一道歡笑時，外人很難分辨出那笑聲裏還摻雜著一個屬於孩子的母親的。那時，她就很像一個女孩子。但她瘦弱，時常鬧些小病，感冒發熱，腰酸背痛，這時，她就臉也不洗，頭也不梳，懶拖拖地一邊做事，一邊埋怨我不會替她買菜、燒飯，孩子們不會幫她洗衣掃地，那種嘮叨勁兒以及憔悴模樣，就像一個令人厭煩的黃臉婆。而近五、六年來，她接連寫了五個長篇，把一頭烏髮寫成花白，再配上一身暗色的衣著，從背後望去，幾次被人認爲是老太太。然而，在某個冬日，她竟能覆上頭巾，頂著冷風，興致勃勃地趕去看她那個寄宿中市，就讀高三的大兒子；後來，兒子回家說，同學們硬說那天去看他的是他的大姊！

童真作品目錄

書名	類別	出版者	出版年月
①翠鳥湖	中篇小說	自由中國社	民國47年
②古香爐	短篇小說集	大業書店	民國47年
③黑煙	短篇小說集	明華書局	民國49年
④黛綠的季節	中篇小說	香港友聯公司	民國51年
⑤相思溪畔	中篇小說	香港環球出版社	民國51年
⑥懸崖邊的女人	中篇小說	香港鶴鳴書業公司	民國51年
⑦紅與綠	中篇小說	香港霓虹出版社	民國51年
⑧愛情道上	長篇小說	大業書店	民國52年
⑨爬塔者	短篇小說集	復興書局	民國52年
⑩霧中的足跡	長篇小說	長城出版社	民國54年
⑪彩色的臉	短篇小說集	光啓出版社	民國54年

童真作品評論索引

篇名	作者	期刊名	刊期	時間	頁次
①童眞女士的兩本書：「翠鳥湖」、「古香爐」	王鼎鈞	自由青年	19卷10期	47年5月	頁10～11
②論童眞（階段評論）	司馬中原	台灣新生報		55年7月5日～6日	7版
③沉默的天堂鳥	司馬中原	幼獅文藝		55年9月	
④車轔轔	老松	現代學苑	4卷7期	56年7月	頁42
⑤夏日的笑	老松	現代學苑	6卷5期	58年5月	頁40～41
⑥鄉下女作家童眞	夏祖麗	婦女雜誌	45期	61年6月	頁40～41
⑦「樓外樓」讀後	張茲棟	中華文藝	8卷4期	63年12月	頁100～102
⑧「鄉下女作家」童眞	鐘麗慧	文藝月刊	190期	74年4月	頁13～20
⑨車轔轔兼論小說的故事	詹悟	台灣日報		73年9月2日	